U0824652

民法典司法解释案例解读丛书

《最高人民法院关于适用〈中华人民共和国民法典〉时间效力的若干规定》

案例解读

杨立新 李怡雯 阙梓冰 ◎ 编著

中国法制出版社
CHINA LEGAL PUBLISHING HOUSE

《民法典司法解释案例解读丛书》总序

《民法典》于2021年1月1日开始施行，同日，最高人民法院有关适用《民法典》的一批司法解释也开始生效，作为在审判实践中适用《民法典》的指导，保障《民法典》的正确实施。

对最高人民法迅速出台适用法律的司法解释的做法尽管存在不同看法，但是，司法解释在我国司法实践中的重要作用却是不可否认的事实。依照我的看法，最高人民法院适用法律的司法解释就是我国的“法官法”，对于制定法的正确适用，以及补充制定法的立法不足，都具有不可替代的重要价值。在《民法典》通过之后、施行之前的时间里，最高人民法院对以往的民法适用的司法解释进行了全面清理，通过颁布新的司法解释，修订原有的司法解释，废除过时的司法解释，为《民法典》的正确实施提供了及时的、必要的指导，具有重要的法律适用价值，也具有重要的理论研究价值。

对判解进行理论研究，是笔者在19世纪90年代开始进行的研究工作，既有理论研究的意义，也有司法实践的价值，对于推动立法发展、司法进步和理论研究的深入，都具有重要的作用。尤其是在《民法典》开始施行，最高人民法院颁布、修订大量的相关司法解释的情况下，研究这些司法解释就具有更重要、更深刻的意义。

我们选择最高人民法院最新颁布的《民法典》司法解释进行案例解读，出版《民法典司法解释案例解读丛书》，意图在于揭示司法解释的条文要义，准确理解《民法典》条文的适用规则，保障正确实施《民法典》的规定，更好地保护民事主体的合法权益，同时也助力于民法理论研究的不断深入。

《民法典》刚刚开始实施，最高人民法院适用《民法典》的司法解释刚刚颁布，大家都处于学习、理解和研究的过程中。我们借助于参与立法，参加制定司法解释讨论的优势和研究民法理论的基础，对最新颁布的《民法典》司法解释进行研究，并且结合真实的案例进行解读，是一个尝试，希望我们的努力能够对法官的法律适用和广大读者对《民法典》以及适用《民法典》司法解释内容的理解和掌握有所助益。由于时间仓促，我们对司法解释的解读难免存在不当，恳请读者批评指正。

中国人民大学民商事法律科学研究中心研究员
中国人民大学法学院教授、博士生导师
兰州大学民法典研究院名誉院长、首席研究员
杨立新

2021年1月6日

目 录

附录

最高人民法院关于适用《中华人民共和国民法典》时间效力的若干规定

（2020年12月14日最高人民法院审判委员会第1821次会议通过 2020年12月29日最高人民法院公告公布 自2021年1月1日起施行 法释〔2020〕15号）

根据《中华人民共和国立法法》《中华人民共和国民法典》等法律规定，就人民法院在审理民事纠纷案件中有关适用民法典时间效力问题作出如下规定。

【条文要义】

《最高人民法院关于适用〈中华人民共和国民法典〉时间效力若干问题的规定》（以下简称本司法解释），其实质就是我国的《民法典》施行法。只是我国在立法上不习惯在新法实施之时以法律的方式制定某部法律的施行法，而是采用由最高人民法院颁布司法解释的方法，确定法律实施的有关规则。例如，2010年6月30日颁布的《关于适用〈中华人民共和国侵权责任法〉若干问题的通知》（法发〔2010〕23号）。所以，在《民法典》实施之际，由最高人民法院颁布该司法解释，确定如何施行《民法典》，在适用《民法典》的时间效力及有关溯及力的问题上，作出具体规定。

本司法解释共分四章28条，分别规定了《民法典》适用的时间效力的一般规定、溯及适用的具体规定、衔接适用的具体规定和附则。

一、适用《民法典》时间效力的一般性规则

本司法解释的第一部分，是适用《民法典》时间效力的一般规定，共有五条，规定了一个基本规则和四个具体规则。不过，这五个规则都是适用《民法典》时间效力的一般性规则。

（一）施行《民法典》应当适用法不溯及既往规则

本司法解释的第1条是适用《民法典》时间效力的基本规则，即法不溯及既往以及例外的规则。

法不溯及既往的规则是法律适用的基本规则。在立法和司法上，不能用新法去规范已经发生过的主体行为。

适用《民法典》同样如此。我国《民法典》是在以往30多年制定的民法单行法的基础上编纂而成的。我国原来的民法单行法的形成时间跨度较大，留有较多的过往时代的痕迹，包括存在较多的不当甚至错误的规定。在经过编纂形成的《民法典》中，既有以往立法的成熟条款，也有经过改进甚至纠正的更新规则，还有根据时代发展作出的创新规则。因此，在《民法典》实施之后，对《民法典》实施之前的法律事实发生的民事法律关系适用《民法典》的规定，可能对保护当事人的合法权益是不利的。因此，在原则上，《民法典》没有溯及力，只是对《民法典》施行后的法律事实引起的民事纠纷案件，适用《民法典》的规定。

（二）施行《民法典》适用不溯及既往规则的例外

不过，法不溯及既往的效力也不是绝对的，在特别情形下，法律也可以在有条件的时候，确定其具有溯及既往的效力，对新法实施之前发生的法律关系适用新法的规定。适用《民法典》也是如此。例如，在《民法典》施行前的法律事实引起的民事纠纷案件，原则上应当适用当时的法

律、司法解释的规定，但是，如果根据实际情况，法律、司法解释确定了可以适用的规定，则《民法典》的规则就可以溯及既往地予以适用。因此，本司法解释第1款规定，《民法典》施行前的法律事实引起的民事纠纷案件，适用当时的法律、司法解释的规定，但是法律、司法解释另有规定的除外。

对于《民法典》施行前发生的法律事实一直持续到《民法典》施行后引起的民事纠纷案件，由于该民事法律关系从《民法典》施行之前一直延续到《民法典》施行之时，因而在原则上就应当适用《民法典》的规定，即适用新法的规定。当然，如果法律、司法解释另有规定的，适用除外条款的规定。

（三）施行《民法典》适用不溯及既往的例外规则

在适用《民法典》不溯及既往规则的基础上，还要遵守以下几个具体规则：

1. 有利溯及规则

法不溯及既往规则的第一个例外规则，是有利溯及规则，是本司法解释第2条规定的规则，即《民法典》施行前的法律事实引起的民事纠纷案件，当时的法律、司法解释有规定，但是《民法典》的规定更有利于保护当事人的合法权益、更有利于维护社会和经济秩序、更有利于弘扬社会主义核心价值观的，就可以适用《民法典》的规定。

2. 新增规定规则

法不溯及既往规则的第二个例外规则，是新增规定的适用规则。这是本司法解释第3条规定的内容，即《民法典》施行前的法律事实引起的民事纠纷案件，当时的法律、司法解释没有规定，而《民法典》有规定的，可以适用《民法典》的规定。

在《民法典》生效后，已经有法院依据《民法典》和本司法解释中关于新增规定溯及力的规定，对涉婚姻撤销的案件作出了裁判。该案原告李某与被告江某经人介绍相识后，很快确定了恋爱关系，订婚后双方开始同居。2020年6月，李某怀孕，后双方登记结婚。但登记结婚后不久，江某向妻子坦白，其已身患艾滋病数年且长期服药，虽然江某坚持表示其所罹患的艾滋病已不在传染期内，且最终证明李某确实并未被传染，但丈夫的病依然让李某无法接受，故李某决定终止妊娠并向法院起诉要求撤销婚姻。法院认为，《民法典》实施之后，登记结婚前隐瞒重大病情的，不仅可以撤销婚姻，而且新增无过错方还可以要求过错方主张损害赔偿的规则。原、被告登记结婚时间虽然在《民法典》实施之前，但婚姻状态一直持续至今，从保护无过错方的利益出发，按照有利溯及的原则，法院最终依据《民法典》的相关规定，判决被告向原告支付相应的赔偿。

该案属于适用《民法典》和本司法解释"有利溯及"原则的典型裁判之一。本案一方面，运用本司法解释第3条的规定，援引了《民法典》婚姻家庭编第1054条第2款新增的"婚姻无效或者被撤销的，无过错方有权请求损害赔偿"的规定，对《民法典》施行前的婚姻关系发生争议的案件进行裁判。另一方面，在说理上，也充分考量了新规则溯及适用是否更有利于保护民事主体合法权益、是否会明显减损当事人合法权益、增加当事人法定义务或者背离当事人合理预期等问题，为相应规则的溯及适用进行了充分论证。

3. 细化规定规则

本司法解释第4条规定的是细化规定的适用原则，即《民法典》施行前的法律事实引起的民事纠纷案件，当时的法律、司法解释没有具体规定而《民法典》有具体规定的，适用当时的法律、司法解释的规定，但是可以根据《民法典》相关规定进行裁判说理。

4. 既判力优于溯及力规则

本司法解释第5条规定的是既判力优于溯及力规则，即《民法典》施行前已经终审的案件，当事人申请再审或者按照审判监督程序决定再审的，不适用《民法典》的规定，仍然适用当时的法律、司法解释的规定。

在上述四个《民法典》适用的具体规则中，前三个规则即有利溯及规则、新增规定规则和细化规定规则，都是第1条第2款但书规定的内容，即“法律、司法解释另有规定的除外”。这就是说，《民法典》施行前的法律事实引起的民事纠纷案件，应当适用当时的法律、司法解释的规定，但是，如果《民法典》的规定属于有利溯及规则、新增规定规则以及细化规定规则范围的，就可以适用《民法典》的规定。应当注意的是，在适用第 4 条即细化规定的适用规则时，应当仍然适用当时的法律、司法解释，由于当时的法律、司法解释与《民法典》的规定是抽象规则和具体规则的关系，因此，可以依据《民法典》的细化规定进行裁判说理，而不直接作为裁判依据。

至于既判力优于溯及力规则，针对的是《民法典》施行之前的民事纠纷案件，已经经过一审、二审，有了发生法律效力的民事判决或者民事调解，当事人申请再审或者按照审判监督程序进行再审的，不得适用《民法典》的规定，而应当适用当时的法律、司法解释规定。

二、《民法典》具有溯及适用效力的具体规定

本司法解释规定的第二部分，是《民法典》具有溯及既往的适用效力的具体规定。这一部分规定的内容比较多，也比较细，在具体适用时，应当认真研究，准确掌握，根据要求正确适用《民法典》。

（一）溯及适用的范围

本司法解释的第二部分，从第 6 条至第 19 条，共有 14 个条文，详细列举了《民法典》具有溯及既往效力的具体规则。这些《民法典》的内容是：英烈保护规则、流押和流质条款、合同效力规则、格式条款效力规则、合同解除时间认定规则、合同僵局处理规则、保理合同规则、丧失继承权规则、侄甥代位继承规则、打印遗嘱效力规则、自甘风险规则、自助行为规则、好意同乘规则和高空抛物损害责任规则。《民法典》的这些规则都具有溯及力，都属于有利溯及规则、新增规定规则的适用范围。

（二）《民法典》具有溯及既往适用效力规则的类型

在《民法典》上述14种具有溯及力的规则中，基本分为两种类型：

1. 适用有利溯及规则的具体规则

第一种类型是适用有利溯及规则的具体规则。包括：本司法解释第7条规定的流押、流质条款的溯及适用，第8条规定的合同效力的溯及适用，第19条规定的高空抛物，坠物损害责任规则的溯及适用。

2. 适用新增规定规则的具体规则

第二种类型是适用新增规定规则的具体规则，这一部分的内容较多，包括本司法解释第6条规定的英烈保护规则、第9条规定的格式条款规则、第10条规定的合同解除时间认定规则、第11条规定的合同僵局处理规则、第12条规定的保理合同规则、第13条规定的丧失继承权规则、第14条规定的侄甥代位继承规则、第15条规定的打印遗嘱效力规则、第16条规定的自甘风险规则、第17条规定的自助行为规则、第18条规定的好意同乘规则。

3. 新增规则的具体适用

在《民法典》生效后，已经有法院依据《民法典》和本司法解释的规定，对涉保理合同解除的案件作出了裁判。该案原告为远东国际融资租赁有限公司（以下简称远东公司），其在《民法典》生效前，向法院起诉称，2019年10月15日，该公司与上海海寓公寓管理有限公司（以下简称海寓公司）、上海景闳远寓公寓管理有限公司（以下简称景闳公司）签订《有追索权保理合同》。同时，远东公司与海寓公司签订《应收账款转让登记协议》，约定海寓公司将其与景闳公司签订的基础合同项下的应收账款2970万元转让给远东公司。远东公司与景闳公司签订《服务协议》，约定由景闳公司向远东公司支付服务费。同日，上海合滨投资管理有限公司（以下简称合滨公司）与远东公司签订《保证合同》，承诺为景闳公司在保理合同项下向远东公司应付的债务承担连带保证责任。海寓公司与远东公司签订《最高额股权质押合同》，约定将海寓公司合法享有的景闳公司的49%股权质押给远东公司，用以担保景闳公司在保理合同项下向远东公司应付的债务。但此后，除第一期回收款及服务费外，远东公司至今未收到其余已到期款项。远东公司遂向法院起诉，请求依约解除合同，并获得经济赔偿。法院认为，本案系保理合同纠纷，根据本司法解释第12条的规定，本案应当适用《民法典》关于保理合同的规定。保理合同系具有担保功能的合同，远东公司作为融资租赁公司，可以依法在经营范围内开展相关的商业保理业务。本案中，景闳公司未按约支付回收款，远东公司有权按照合同约定，要求解除涉案保理合同。远东公司选择以起诉的方式主张解除，故该合同已于起诉书副本送达之日解除。根据合同约定，远东公司有权要求海寓公司、景闳公司连带赔偿经济损失，并要求景闳公司支付服务费及相应逾期付款违约金。

在本案中，法院不仅依据本解释第12条的规定，直接适用《民法典》第三编第十六章的规定对《民法典》施行前订立的保理合同发生争议的案件进行裁判，而且在认定合同解除问题上，援引了本解释第10条的规定，认定虽然远东公司解除合同未通知对方，而是直接以提起诉讼方式依法主张解除合同，应当适用《民法典》第562条第2款的规定，认定合同起诉书副本送达之日解除。该案准确地适用了《民法典》和本司法解释的规则，具有典型意义。

实践中，还有法院依据本司法解释和《民法典》代位继承规则，对侄男代位继承案件作出了裁判。该案中，被告黄某驾驶小型轿车与王某发生交通事故，造成王某当场死亡。王某生前无配偶及子女，其兄弟姐妹、父母均已去世，王某姐姐的子女均书面表示放弃继承，王某的生养死葬事宜均由其哥哥的儿子王勇负责。王勇因索赔未果，遂向法院提起诉讼，要求黄某及保险公司赔偿因王某死亡造成的各类费用。法院认为，本解释第14条规定“被继承人在民法典施行前死亡，遗产无人继承又无人受遗赠，其兄弟姐妹的子女请求代位继承的，适用民法典第一千一百二十八条第二款和第三款的规定，但是遗产已经在民法典施行前处理完毕的除外”，而《民法典》第1128条第2款、第3款规定“被继承人的兄弟姐妹先于被继承人死亡的，由被继承人的兄弟姐妹的子女代位继承。代位继承人一般只能继承被代位继承人有权继承的遗产份额”。王某生前无配偶及子女，其哥哥和姐姐均先于其去世，虽然王某的生前起居及死后安葬事宜均由侄子王勇负责，但双方并未签订遗赠抚养协议，现王某姐姐的子女均放弃对遗产的继承，王勇作为代位继承人起诉于法有据。法院据此判决由保险公司向王勇赔偿因王某死亡产生的各项损失共64万余元。

在本案中，法院依据本解释第14条的规定，适用《民法典》第1128条新增的侄男代位继承规则，肯定了王勇的起诉资格，并判决保险公司向原告王勇赔偿。该案是国内首例依照《民法典》的规定认定侄男具有代位继承权的判例，较好地践行了《民法典》增加代位继承人范围的规范目的。本案的判决对于处理此后类似案件，提供了有益参考。

针对《民法典》修改的高空抛物规则和新增的自甘风险，也由法院率先作出了裁判。在一起高空抛物案件中，原告庾某因高空坠物受伤，报警后庾某被送入医院治疗。后原告亲属与黄某一起查看监控，确认了侵权人和侵权事实，故诉至法院要求侵权人赔偿。法院依据本解释第19条和《民法典》第1254条的规定，判决侵权人承担相应的责任。从建筑物中抛掷物品或者从建筑物上坠落的物品造成他人损害引起的民事纠纷案件，适用民法典第1254条的规定，故本案应适用民法典。在另一起原告因打羽毛球受伤的案件中，法院指出，《民法典》第1176条第1款规定了自甘风险规则，羽毛球运动是典型的对抗性体育运动项目，除扭伤、拉伤等风险外，较为突出的风险即为参赛者易被羽毛球击中。原告作为多年参与羽毛球运动的爱好者，对于自身和其他参赛者的能力以及此项运动的危险，应当有所认知和预见，但仍自愿参加比赛，应认定为自甘冒险的行为。在此情况下，只有被告存在故意或重大过失时，才需承担侵权损害赔偿责任，否则无须担责。本案被告杀球进攻的行为属于该类运动的正常技术动作，并不存在明显违反比赛规则的情形，故不应认定其存在重大过失，被告无须赔偿。此两件案件中法院的判决，较好地运用了《民法典》和本司法解释的规定，具有一定的借鉴意义。

除判决外，也有法院依据本司法解释和《民法典》的规定，对涉好意同乘案件进行调解。该案中，江某与同事相约自驾皖南，但在驾驶路程中，江某驾驶的越野车翻车后坠入路边水库，驾驶员江某与车后排座位的两名乘客死亡，只有坐在副驾驶位置系了安全带的另一名乘客幸存。2020年，事故死者刘某的家人向法院提起诉讼，要求江某的家人承担事故全部责任，提出了包括死亡赔偿金、丧葬费等在内的共计110万元诉讼请求。由于江某并没有购买车上人员险，这些费用保险公司不承担责任。江某的家人表示，愿意给付一定的补偿，但无力承担如此高额的赔偿。法院在公开开庭审理后，向原告释明了《民法典》的最新规定，后原、被告双方当庭达成调解。

（三）适用《民法总则》与《民法典》时间效力的区分

在《民法典》具有溯及既往效力的规定中，应当区分《民法总则》与《民法典》不同生效时间的区别。

《民法总则》是在编纂《民法典》第一步时完成的立法，自2017年10月1日生效，后来编纂到《民法典》中，成为《民法典》的总则编，基本内容没有变化。《民法总则》自《民法典》施行之时在予以废止之列。因此，在研究《民法典》的溯及既往效力时，应当特别注意《民法总则》规定的制度，适用效力是自2017年10月1日开始的，一般情况下，如果法律事实和民事纠纷均发生在《民法总则》施行前，则应当适用当时的法律、司法解释；如果是在《民法总则》实施后的法律事实引起的民事纠纷案件，则适用《民法典》的规定。

对于《民法典》分则各编的适用则不存在上述问题，应当以2021年1月1日为时间界限，确定《民法典》施行前和《民法典》施行后的法律适用效力。

三、《民法典》具有衔接适用效力的具体规定

（一）《民法典》衔接适用的含义

《民法典》衔接适用，是在《民法典》施行前的法律事实发生的民事法律关系，一直延续到《民法典》施行之后，因该民事法律关系引起的民事纠纷案件，《民法典》的规定具有溯及力，可以适用《民法典》规定裁判的情形。这就是本司法解释第1条第3款规定的情形，即《民法典》施行前的法律事实持续至《民法典》施行后，该法律事实引起的民事纠纷案件，适用《民法典》的规定，但是法律、司法解释另有规定的除外。

《民法典》施行前发生的法律事实一直持续到《民法典》施行后，其民事法律关系就跨越了《民法典》施行前和实施后的阶段。既然在《民法典》施行后，该民事法律关系还继续存在，当基于该民事法律关系而发生争议时，就具有了适用《民法典》规定的条件。这其实已经不是关于《民法典》的溯及力问题了，而是新法具备适用条件应当予以适用。不过，本司法解释第1条第3款规定的但书，如侄甥代位继承遗产处理完毕的规定，就是法律另有规定。对此应当理解为，凡是引起民事纠纷案件的法律事实发生在《民法典》实施前，并且一直延续到《民法典》施行后，只要没有法律或者司法解释的另外规定，都应当适用《民法典》的规定。

（二）《民法典》衔接适用的范围

本司法解释规定的《民法典》衔接适用的范围包括：合同履行持续规则、房屋长期租赁中的优先承租权规则、判决准予离婚条件规则、公证遗嘱与其他遗嘱的效力规则、侵权损害后果延续责任、合同解除权除斥期间规则、撤销受胁迫婚姻除斥期间规则、保证期间规则，共8种具体规定，《民法典》的规定都具有衔接适用的溯及既往效力。

（三）应当注意的问题

1. 跨越《民法典》施行节点的民事法律关系

上述列举的《民法典》具有衔接适用效力的规定，在跨越《民法典》施行前后的节点上，内容有所不同。一是引发民事法律关系产生的法律事实发生在《民法典》施行前，一直延续到《民法典》施行后。二是引发民事法律关系产生的法律事实发生在《民法典》施行前，该法律关系一直延续到《民法典》施行后。三是《民法典》施行前实施的民事法律行为，一直延续至《民法典》施行后。四是《民法典》施行前实施的民事法律行为，其损害后果发生在《民法典》实施后。上述这些情形虽然有所不同，但是都符合《民法典》实施前发生的法律事实，延续到《民法典》实施后的特别要求，因而《民法典》具有溯及力。

2. 《民法典》具有溯及力的规定

在本司法解释的第三部分所列举的《民法典》具有衔接适用效力的规定中，所表述的《民法典》适用效力的说法也有所不同。其中，有的是适用《民法典》的具体条文，如第 21 条、第 22 条、第 23 条、第 25 条、第 26 条；有的是适用《民法典》的章，如第 20 条；有的是适用相关规定，如第 24 条；有的只是概括规定适用《民法典》的规定，如第 27 条。

这些不同说法在具体适用中，确定直接适用《民法典》条文的，就直接适用该条文；直接规定章的，应当适用该章的规定；规定适用相关规定或者概括规定为《民法典》的，应当根据民事法律关系的性质和争议的内容，确定应当具体适用的《民法典》的规则。

在《民法典》生效后，已经有法院依据《民法典》和本司法解释关于衔接适用的规定，对涉准予离婚案件作出了裁判。该案原告唐某向法院起诉称，其与被告钟某某家人产生矛盾时，钟某某不能从中劝解，导致唐某与钟某某及公婆之间的矛盾累积，2018 年起双方开始分居。2019 年 5 月，唐某起诉要求离婚，当时钟某某身体患有重大疾病尚未痊愈，坚持不同意离婚，铜山法院判决不准离婚。判决后，夫妻双方至今仍处于分居状态。2020 年 7 月底，唐某再次起诉要求离婚。法院认为，判断夫妻感情是否破裂，应从婚姻基础、婚后感情、夫妻关系的现状，有无和好可能等方面综合进行考虑。本案中，双方当事人自法院判决不准予离婚后，被告钟某某也积极采取了一些补救措施，收效甚微，夫妻仍然处于分居状态，分居时间超过一年。2020 年 5 月，原告唐某再次起诉要求离婚，法院认为双方夫妻感情确已破裂，无和好可能，原告唐某提出的离婚主张，符合《民法典》第 1079 条第 5 款的规定，故法院判决双方离婚。

本案中，法院援引了本解释第 22 条的规定，认为在民法典施行前经人民法院判决不准离婚后，但双方又分居满一年，一方再次提起离婚诉讼的，应当适用《民法典》第 1079 条第 5 款的规定。本案符合上述情形，双方当事人在不予离婚判决后又分居一年，故法院根据该条规定，判决双方准予离婚。该案准确地适用了《民法典》和本司法解释的规则，具有一定的代表性。

四、关于附则的问题

本司法解释的附则部分主要规定了生效时间的问题。

根据附则的规定，本司法解释的生效时间是跟随《民法典》一起在 2021 年 1 月 1 日生效、施行。本司法解释施行后，在法院审理尚未审结的一审、二审案件适用本司法解释的规定。

一、一般规定

第一条 民法典施行后的法律事实引起的民事纠纷案件，适用民法典的规定。

民法典施行前的法律事实引起的民事纠纷案件，适用当时的法律、司法解释的规定，但是法律、司法解释另有规定的除外。

民法典施行前的法律事实持续至民法典施行后，该法律事实引起的民事纠纷案件，适用民法典的规定，但是法律、司法解释另有规定的除外。

【条文要义】

本条司法解释的条旨是《民法典》不溯及既往的效力及例外规则。

1. 法不溯及既往原则的含义

法不溯及既往，是法治的基本原则。美国《宪法》规定：追溯既往的法律不得通过。《法国民法典》规定：法律仅仅适用于将来，没有溯及力。我国在法治建设中，同样遵循法不溯及既往规则，适用于民法、刑法、行政法等所有法律的领域。我国《立法法》第 93 条规定的内容，就是法不溯及既往规则，即："法律、行政法规、地方性法规、自治条例和单行条例、规章不溯及既往，但为了更好地保护公民、法人和其他组织的权利和利益而作的特别规定除外。"

讨论法不溯及既往规则的概念，应当首先研究法律的溯及力的概念。

法律的溯及力，是指法律颁布后，对它生效以前的行为和事件是否可以适用的效力。可以适用的，该法律就有溯及力；如果不得适用，该法律就没有溯及力。因而，法不溯及既往的原则，是任何法律规则不得适用于其生效之前的行为的法律适用准则。

法不溯及既往规则的法理基础有以下几种主要理论：

（1）法的公布生效说。认为法具有指引作用，无论是确定的指引还是不确定的指引，都是人们提供法律认可的既定行为模式，引导人们依照既定的行为模式实施自己的行为。在新法颁布之前，并不存在新法提供的既定行为的模式，所以，颁布后的新法就不能依据该模式对新法施行之前人们的行为去引导、规制。换言之，新法颁布前的人们的行为，只能按照当时的法律来调整。法律要取得作为法律所具有的拘束力，就必须适用它为它所规范的人，而这种适用必须以法律公布，从而使被规范者得以知晓为前提。新法公布实施，对于之前规范的行为人所实施的行为，被规范者并不知晓，因而不能适用于不知晓该法律的被规范的行为人。

（2）既得权理论说。认为法具有预测作用，凭借法律的存在，人们可以预先估计行为的法律后果，取得既得的权利。未颁布的法律，并不为人们所预知，不能对人们取得的权利起到任何作用。如果新法剥夺或者损害了根据以往法律所取得的既得权利，或者针对过去的交易或者行为创设新义务，施加新责任，或者取消其行为能力资格，则该法律就不能溯及既往并因此而无效。换言之，行为人根据以往法律获得的既得权，不能因为新法的颁布实施而有所改变。

（3）信赖利益保护说。认为法治国家不能用当前制定的法律指导人们过去的行为，更不能用当前的法律处罚人们过去从事的当时是合法而当前是违法的行为，以限制国家权力的扩张与滥用，维护社会秩序的稳定性，保护人们期待的信赖利益。任何社会成员只要依据法律行事，他便有权期待和信赖获得法律规定的积极效果。这种信赖是正当的，不应因法律的变更而失去保护，新的法律不能剥夺社会成员基于原有法律而产生的正当信赖。因新法的颁布实施而损害行为人基于原有法律获得的信赖，将动摇法治的基础，损害法治和法律的威信。

法不溯及既往原则也有例外。这是保护民事主体的民事权利所必须。法不溯及既往原则的例外发生在以下两种情形：（1）法律事实发生在新法颁布实施之前；（2）法律事实发生在新法施行之前但是一直持续到新法施行之后。对于前者，需要有特别事由才可以适用；对于后者，则应当适用新法，但是有特别规定的除外。

2. 法律事实

确定法不溯及既往原则的基础，在于法律事实发生的时间。

法律事实，是指发生法律上的效力的各种事实，也就是发生权利的产生、消灭或者变更效力的各种事实。任何民事法律关系的产生、变更和消灭，都必须基于一定的法律事实。能够引起民事法律关系产生、变更和消灭的客观现象，就是法律事实。

一个民事法律事实的出现，就会引起民事法律关系的产生、变更或者消灭。研究民事法律关系的基本要求，就是要研究法律事实以及法律事实构成，以及是否发生民事法律关系产生、变更或者消灭的后果。

民事法律事实的类型分为事件和行为。如果一个民事法律关系的发生、变更或者消灭需要几个民事法律事实时，这几个民事法律事实的总和，就是民事法律事实构成，简称为事实构成。

（1）事件

事件，是指不直接包含人的意志的法律事实。最典型的事件，就是人的出生和死亡，以及灾害、时间的经过等。这些事实虽然与人的意志无关，或者不直接具有意志性，但是，其一旦发生，就依法在一定的主体之间发生、变更或者消灭一定的民事法律关系。例如，人的死亡，发生继承法律关系；经过一定的时间，就发生消灭时效完成的法律后果，特定的民事法律关系义务人就产生抗辩权，或者发生取得时效完成的法律后果，占有人取得某项所有权的法律关系。

事件的意义在于：①对事件，法律可以规定它是否具有法律后果，以及具有何种法律后果，但是，不能控制其数量和发生与否。这就是，法律对事件只能规定法律后果，却不能进行控制。这正是事件的本质属性所决定的。②当事人对于事件的发生与否，不能进行人为的干预，不能人为地促使或者阻止事件的发生，否则，必须承担不利于己的法律后果。例如，人的死亡是发生继承关系的事件，如果故意杀害被继承人，则使其继承权丧失。③事件本身没有合法性的属性，不具有合法和不合法之分。

（2）行为

行为，是指受人的意志支配的人的有意识的活动。行为分为合法行为和不合法行为。

合法行为，产生法律规定的法律后果是肯定性的法律后果，能够设立、变更或者消灭民事法律关系。合法行为是符合或者不违反民事法律规范的行为，分为表示行为和事实行为。表示行为是法律行为，是指民事主体基于意思表示，旨在发生、变更、消灭民事法律关系的行为。它的特征是，当事人有意识地要建立或者变更、消灭民事法律关系，并通过一定的行为将内心的意思表达出来。如果当事人的意思表示有瑕疵或者缺陷，或者违反法律，即表示行为不合法，该行为就没有法律效力或者法律效力待定。事实行为，是指行为人主观上不一定具有发生、变更、消灭民事法律关系的意思，但是，在客观上能够引起这种法律后果的行为。例如，写作尽管不具有有意识地取得著作权的意思，但是，它能够发生著作权法律关系。由于这种行为是在客观上产生法律后果的行为，所以与表示行为不同，行为人不一定需要具备民事行为能力。

不合法行为，是指不符合法律要求的行为或者违反法律规定的行为，如违约行为、侵权行为、不履行法定义务的行为和不合法的表示行为。这些行为的发生，引起民法的否定性反应，行为人应当承担民事责任，在当事人之间产生请求权的法律关系。

（3）事实构成

事实构成是民事法律事实构成，是指引起某一个民事法律关系发生、变更或者消灭的几个法律事实的总和。例如，遗嘱继承法律关系的发生须有具备有效的遗嘱行为，还须有被继承人死亡的事件。这两个法律事实结合在一起，才能发生遗嘱继承的法律关系，是遗嘱继承法律关系发生的事实构成。

事实构成的意义在于，当法律规定一个民事法律关系的发生、变更或者消灭须具备事实构成时，须按照法律要求，同时具备几个法律事实构成的事实构成，否则不会发生法律规定的后果。

当确定了法律事实发生的时间后，对于《民法典》是否具有溯及力的问题，就可以依照法律事实引起的民事法律关系发生、变更或者消灭的纠纷案件正确选择应当适用的法律了。

3. 施行《民法典》适用法不溯及既往规则的要求

根据以上法不溯及既往原则的一般要求，本条司法解释规定的《民法典》不溯及既往原则的一般规则包括一个基本规则，两个例外规则。具体内容是：

（1）《民法典》施行后的法律事实引起的民事纠纷案件，适用《民法典》的规定。

这个规则至为明显，那就是，只要在 2021 年 1 月 1 日《民法典》施行后发生的法律事实引发的民事法律关系的产生、变更、消灭，并因此而引起的民事纠纷案件，一律适用《民法典》的规定。时间的起点是 2021 年 1 月 1 日零时起。

（2）《民法典》施行前的法律事实引起的民事纠纷案件，适用当时的法律、司法解释的规定，但是法律、司法解释另有规定的除外。《民法典》施行前的法律事实引起的民事纠纷案件，适用当时的法律、司法解释的规定，是《民法典》不溯及既往的基本要求。只要是在 2020 年 12 月 31 日 24 时之前发生的法律事实引起的民事法律关系产生、变更、消灭，因而发生的民事纠纷案件，《民法典》没有溯及力，不溯及既往。但书规定的情形，是法律、司法解释另有规定的除外，如本司法解释第 2 条规定的有利溯及规则，就是除外条款规定的情形，可以适用《民法典》的规定。

（3）《民法典》施行前的法律事实持续至《民法典》施行后，该法律事实引起的民事纠纷案件，适用《民法典》的规定，但是法律、司法解释另有规定的除外。法律事实发生在2020年12月31日之前，但是一直持续到2021年1月1日之后，引起的民事法律关系发生、变更、消灭，并发生民事纠纷案件，其实是具备了适用《民法典》规定的要求，因为法律事实发生后，一直持续到《民法典》施行之后，当然具有了适用《民法典》的条件，应当适用《民法典》的规定。具有但书规定情形的，即法律、司法解释另有规定的除外，如果法律或者司法解释对此作出另外的不得适用《民法典》规定的规定，就不适用《民法典》的规定。例如，本司法解释第14条关于侄甥代位继承的溯及适用规则，即："被继承人在《民法典》施行前死亡，其遗产无人继承又无人受遗赠，其兄弟姐妹的子女请求代位继承的，适用《民法典》第1128条第2款和第3款的规定，但是遗产已经在《民法典》施行前处置完毕的除外。"这种继承关系，就是在《民法典》施行之前发生，一直持续到《民法典》施行之后的继承法律关系，因而应当适用《民法典》的规定。但是，如果该继承法律关系争议的遗产在2020年12月31日之前已经处置完毕，即使在2021年1月1日之后提起诉讼，也不能适用《民法典》关于侄甥代位继承的规定。

【案例解读】

雄鹰投资集团有限公司诉郭某奎、百汇公司民间借贷纠纷案[①]

基本案情

2010年12月21日，被告百汇公司与原告签订借款协议书，约定由原告给被告百汇公司提供借款6000000.00元，借款期限自2010年12月21日至2011年4月20日止，约定利率2%，利息三个月付息一次，到期归还所借款本金及利息。协议签订后，从2010年12月21日至2015年8月

① 审理法院：一审法院为黑龙江省齐齐哈尔市龙沙区人民法院，案号：（2020）黑0202民初367号民事判决；二审法院为黑龙江省齐齐哈尔市中级人民法院，案号：（2020）黑02民终2144号。

31 日被告百汇公司已支付给原告借款利息 11063000.00 元。2019 年 4 月 17 日被告百汇公司、郭某奎给原告出具一份还款计划书，承诺于 2019 年 6 月 30 日前向原告还款利息 977000.00 元，并于 2019 年 9 月 30 日前将剩余借款本金及利息全部还清，同时约定此间不停止利息计算，继续按原利息约定计算至全部款项还清为止。同时约定郭某奎以个人名义作为该欠款本金及利息的担保人，担保期间为主债务履行期届满之日起 2 年。百汇公司和郭某奎承诺如违反本计划书的约定同意承担因原告维权支出的所有费用（包括不限于律师费、仲裁费、律师费、保全费、公告费、执行费、差旅费、鉴定费等）。因百汇公司未履行还款协议，原告起诉至法院。

法院判决

一审法院认为，2010 年 12 月 21 日，被告百汇公司与原告签订借款协议书，系双方当事人真实意思表示，不违反法律规定，且双方自签订协议起已相互履行义务，被告百汇公司、郭某奎应在 2019 年 4 月 17 日与原告签订还款计划书之日起，未按承诺书履行义务是不妥当的，故按还款计划书约定，百汇公司尚欠本金 6000000.00 元及截至到 2019 年 12 月 10 日的尚欠利息为 1869000.00 元、律师费用 80000.00 元。原告的诉讼请求事实清楚，证据充分，应予支持。郭某奎在还款计划书中以个人名义提供担保，故郭某奎应承担连带保证责任。原告请求中的保全费、保险费、差旅费因原告未向法院提供相关证据材料，本院不予支持。

郭某奎不服提起上诉，理由主要认为，雄鹰公司和百汇公司于 2010 年 12 月 21 日签订的借款协议书，在 2015 年 9 月 1 日《最高人民法院关于审理民间借贷案件适用法律若干问题的规定》实施前为无效合同，雄鹰公司无权要求百汇公司支付合同无效期间，即 2010 年 12 月 21 日至 2015 年 8 月 31 日的借款利息，也无权要求郭某奎对该期间的债务承担保证责任。2010 年 12 月 21 日，雄鹰公司和百汇公司签订借款协议书，虽然是各方的真实意思表示，但是在 2015 年 9 月 1 日民间借贷若干规定实施之前，公司之间的借贷行为并不合法，因为依据《最高人民法院关于人民法院审理借贷案件的若干意见》（以下简称《民间借贷司法解释》）第一条“公民之间的借贷纠纷，公民与法人之间的借贷纠纷以及公民与其他组织之间的借贷纠纷，应作为借贷案件受理”及《贷款通则》第七十三条“行政部门、企事业单位、股份合作经济组织、供销合作社、农村合作基金会和其他基金会擅自发放贷款的；企业之间擅自办理借贷或者变相借贷的，由中国人民银行对出借方按违规收入处以 1 倍以上至 5 倍以下罚款，并由中国人民银行予以取缔”之规定，民间借贷的主体必须有一方是公民，公司之间的借贷行为不被准许，其签订的借款合同亦为无效合同，这一点在《最高人民法院关于对企业借贷合同借款方逾期不归还借款的应如何处理的批复》中已予以明确。因此，百汇公司与雄鹰公司签订的借款协议书。在 2015 年 9 月 1 日《民间借贷司法解释》实施之前为无效合同，合同无效期间没有法律约束力。而对借款协议无效，郭某奎没有任何过错，故依据《担保法》第五条第一款“担保合同是主合同的从合同，主合同无效，担保合同无效。担保合同另有约定的，按照约定”及《最高人民法院关于适用〈中华人民共和国担保法〉若干问题的解释》第八条“主合同无效而导致担保合同无效，担保人无过错的，担保人不承担民事责任”之规定，郭某奎对借款协议无效期间的债务依法不承担任何保证责任。

二审法院认为，雄鹰公司要求百汇公司偿还借款及郭某奎承担担保责任，提供了双方于 2019 年 4 月 17 日签订的还款计划书为证，百汇公司和郭某奎对该证据真实性无异议，双方间存在债权债务及保证合同法律关系的事实清楚。该还款计划书是双方对之前借款事宜的重新确认，在签订计划书时，百汇公司和郭某奎对借款合同效力和已经支付的利息数额均未提出异议，现郭某奎上诉主张 2010 年 12 月 21 日的借款合同无效，没有事实和法律依据，不能成立。根据还款计划书的约定，一审判决郭某奎承担连带保证责任，以及计算利息数额，并无不当。综上，郭某奎的上诉请求，依法不予支持。

法理解读

本案涉及本解释第1条的规定，本解释第1条规定是为了确定《民法典》溯及力的基本原则。法不溯及既往是法律适用的基本原则，也是法治社会的应有之意，该原则意味着，法律颁布后，对它生效以前的行为和事件不具有溯及适用的效力。这主要是因为新法颁布之前，行为人为某项行为时，只知晓当时的法律，也就只能按照当时的法律来明确行为的预期。一项生效法律，要取得作为法律所具有的拘束力，就必须为被规范主体所知晓，从而保护当事人之间的合理预期和因信赖现行法所产生的信赖利益。[①] 但是，既然是原则，就必然存在例外的情况。法不溯及既往原则的目的是为了更好地保护民事主体的合法权益，但特殊情况下某项不完善的法律被修改，或者新法增加了某项旧法没有规定的内容时，新法就会具有溯及既往的效力，如此的目的，是更能够达到更好地保护民事主体的利益，此时应当肯定新法溯及既往的效力。[②] 总而言之，如果某些法律事实可能发生在新法颁布实施之前，那么必须有充分的正当性才能溯及既往；如果某些法律事实可能发生在新法颁布实施之前，但一直持续到新法施行之后，此时原则上就应当适用新法，除非有特别的除外规定。题述案例便是因溯及力问题产生争议。

本案中，一审法院依据彼时有效的法律和司法解释即《合同法》《担保法》《最高人民法院关于审理民间借贷案件适用法律若干问题的规定》等来审理案涉借款协议书及后续签订的尚未履行完毕的还款计划书的合同有效性问题，认为被告百汇公司与原告雄鹰公司签订借款协议书，系双方当事人真实意思表示，也不违反法律的强制性规定，故对双方均具有拘束力。郭某奎作为保证人，应当按照还款计划书的约定履行保证人的义务。但是，郭某奎在上诉理由中就认为，雄鹰公司和百汇公司签订借款合同的

---

① 贺栩栩：《法的时间效力界限与法的稳定性》，载《环球法律评论》第5期。

② 不少学者均提出法不溯及既往属于原则，但也有例外情况，除了有利溯及外，还不适用于程序法、法律解释和适用规则。参见杨登峰、韩兵：《法不溯及既往原则的地位和适用的例外》，载《金陵法律评论》2009年第1辑（总第16期）。

时间是2010年12月21日，在当时，根据《贷款通则》以及其他相关司法文件的规定，企业之间是不能互相进行资金拆借也就是不能互相贷款的，当时所谓的民间借贷，主体必须有一方是自然人，当双方都是公司时，借贷行为是不被准许的，因此借款合同也就是无效的。如此，作为主合同的百汇公司与雄鹰公司签订的借款合同无效，郭某奎自然也就不需要承担保证责任。另外，即使2015年9月1日《民间借贷司法解释》实施后，企业之间的借贷合同被认定为是有效的，那么也应该认定，在2010年12月21日至2015年8月31日，双方的合同无效，期间内雄鹰公司无权要求百汇公司支付借款本息，也无权要求郭某奎承担保证责任。

但是，如前述理论分析所述，既然法不溯及既往是原则，就必然有例外。本案借款合同的当事人之间签订的借款行为虽然发生在《民间借贷司法解释》施行前，但是引起纠纷的案涉借款行为属于持续性法律行为，且该法律行为持续至新的规定即《民间借贷司法解释》实施之后，持续性的法律行为具有适用新规则的基础。更为重要的是，如二审法院所指出的那样，《民间借贷司法解释》之所以规定企业间的借贷原则上有效，是因为民间借贷是社会融资的重要手段之一，在不违反法律的禁止性规定和公序良俗的情况下，具有积极的社会作用。而且《民间借贷司法解释》规定企业间借贷合同有效，也更能够尊重当事人的真实意愿，避免对意思自治造成过分伤害，因此除非法律另有规定，否则此类更有利于保护当事人权益的规则就应当具有溯及力。所以在本案中，合同的有效性问题应以彼时的新规则即《民间借贷司法解释》的规定作为判断的标准和依据。当事人之间自愿达成借款协议，郭某奎自愿承诺承担保证责任，就应当依照约定诚实履行义务，而非以旧法的规定为由逃避责任。综合上述，本案一审和二审法院判决郭某奎承担相应的保证责任，应属正确。

第二条　民法典施行前的法律事实引起的民事纠纷案件，当时的法律、司法解释有规定，适用当时的法律、司法解

释的规定，但是适用民法典的规定更有利于保护民事主体合法权益，更有利于维护社会和经济秩序，更有利于弘扬社会主义核心价值观的除外。

【条文要义】

本条司法解释的条旨是《民法典》适用溯及力的有利溯及规则。

“法不溯及既往”是民众信赖利益的保证，被视作依法治国所要求的法则，但却不是绝对原则。我国《立法法》在第93条这同一个条文中，也规定了有利溯及原则，即“法律、行政法规、地方性法规、自治条例和单行条例、规章不溯及既往，但为了更好地保护公民、法人和其他组织的权利和利益而作的特别规定除外”中的但书规定，“为了更好地保护公民、法人和其他组织的权利和利益而作的特别规定除外”，就是有利溯及规则。

1. 有利溯及规则概述

有利溯及规则，是指新法在一定条件下可以作为处理新法实施前发生事项的依据。

法律溯及既往分为“不利溯及”和“有利溯及”。新法溯及既往，会减少甚至剥夺民事主体依据旧法取得的权利和利益，或者增加新的义务和责任，这就是“不利溯及”；新法溯及既往会赋予民事主体以权利和利益，或者减少、免除已承担的义务和责任，就是“有利溯及”。有利溯及规则有利于保护民事主体的民事权益。

对于法律适用机关而言，不论法律对当事人有利还是不利，只有在立法机关明确规定新法溯及既往时，才能溯及适用。因此，确定有利溯及规则的效力范围须满足两个条件：（1）新法比旧法更为有利；（2）法律明确规定了溯及既往效力规则。

就广义范围而言，有利溯及规则的适用范围，包括以下四个方面：

（1）程序法规则从新。实体法遵循不溯及既往原则，程序法遵循溯及既往原则，即所谓“实体从旧，程序从新”。实体法溯及既往会影响法的安定性和人民对于旧法的信赖利益，而程序法溯及既往有助于新法迅速、妥善地适用。

（2）解释类法律从新。解释类法律具有溯及既往的效力，在本司法解释中，被称为“细化规定适用规则”。解释类法律包括：①解释规范。解释法律是对被解释法律内在含义上的澄清，原则上反对借解释之名行修改法律之实，所以其效力上溯至它所解释的法律生效之日。②校正规范。当一项法律制订后，有某些必须纠正的瑕疵，立法机关为校正这些瑕疵而作的规定，属于校正规范。这类法律应当溯及既往。③补充规范。补充规范指旧法因特定理由被撤销，为填补被撤销法律所遗留下来的法律漏洞制定的法律。这类法律是对旧法的补充，属于旧法的一部分，应当与被补充法律的精神、原则相吻合，回溯地与被补充法律同步生效是在情理之中的。

（3）限时法从新。限时法是指规定有失效日期的法律。限时法是特别时期为解决特殊问题制定的法律文件，一般会对常态下的法律效果作较大的变更，或者加重义务和责任，或者给予特别优惠。人们对限时法的废止日期有明确的预期，即便在限时法失效后，对该期间发生的行为也应当按照限时法处理。

（4）作为法不溯及既往规则的补充，认为法律规范的效力可以有条件地适用于既往行为，即有利溯及规则。我国实体法有利溯及规则体现为，如果先前的某种行为或者关系在行为时并不符合当时法律的规定，但是依照现行法律规定是合法的，并且与相关各方都有利，就应当依照新法律承认其合法性，并且予以保护。新、旧法律哪一个更有利，不应当仅在新、旧法律的规范层面上比较，还应当结合案件事实以适用结果为依据，并以法律适用的结果为最后的检验标准。

2.《民法典》有利溯及规则的适用

就《民法典》的适用而言，有利溯及规则是指上述第四个部分，即实体法中的有利溯及规则。

本条司法解释规定《民法典》有利溯及原则的适用规则是：

（1）发生争议的民事纠纷案件的法律事实发生在《民法典》施行前，而不是因该法律事实发生的民事法律关系争议发生在《民法典》施行之前。尽管发生争议是发生在《民法典》施行之前，但是该案件的法律事实发生在《民法典》施行之前，才可以发生有利溯及规则的适用问题。

（2）因《民法典》施行之前的法律事实发生争议引起的民事纠纷案件，无论争议发生在《民法典》施行之前或者之后，都存在适用《民法典》的可能性。在《民法典》施行之前的法律事实发生纠纷的案件持续到《民法典》施行之后，或者《民法典》施行之前的法律事实在施行之后发生的民事纠纷案件，也符合《民法典》有利溯及规则适用的要求。

（3）引起民事争议案件的法律事实发生时的法律、司法解释有规定。这个要件是说，在引起当事人发生争议的法律事实发生之时，对这种民事争议，法律和司法解释是有明确规定的。这种法律和司法解释的规定通常称为“旧法”，而《民法典》的规定则称为“新法”。如果当时没有旧法，就不存在有利溯及原则的适用，也就没有新法、旧法之分了。

（4）《民法典》的规定与原来的法律规定相比较更为有利。正是因为对于发生在《民法典》施行之前的法律事实引起的民事纠纷案件的法律适用有新法和旧法之分，且新法和旧法之间规定并不一致，存在适用效果的优劣区别，因而才有了是否适用《民法典》规则的问题。适用《民法典》的规定，必须符合“有利”的要求。如何确定“有利”，本条司法解释规定了《民法典》的规定须具有三个“更有利于”：一是更有利于保护当事人的合法权益；二是更有利于维护社会和经济秩序；三是更有利于弘扬社会主义核心价值观。

更有利于保护当事人的合法权益，在判断时应当综合考虑权利人和义务人的合法权益，而不是只考虑对权利人的合法权益保护更有利。更有利于维护社会和经济秩序，可以作为在综合考虑权利人和义务人合法权益的基础上考虑的因素，也就是在综合确定对双方当事人合法权益是否有利的考量中，是否有利于维护社会和经济秩序。这是重要的衡量标准。有利于弘扬社会主义核心价值观，就是要用社会主义核心价值观的内容，判断适用《民法典》的规定是否更为有利。

符合上述4个要件的规定，就符合有利溯及规则的要求，对于《民法典》施行前的法律事实引起的民事纠纷案件，就可以适用《民法典》的规定。

【案例解读】

范某顺诉修武县人民政府、修武县住房和城乡建设局房屋征收补偿纠纷案①

基本案情

2007年8月，修武县石油公司破产，原告范某顺通过法院组织的竞拍程序以20万元的价格购得位于修武县环城北路的石油公司西办公楼、东办公楼（在建）、院内平房及其他附属物（不含大门和前院墙及土地使用权）的所有权，8月17日，范某顺与出卖方签订成交协议书。其中西办公楼建筑面积268.38平方米，砖混结构，东办公楼509.60平方米，半框架结构，平房57.33平方米，砖混结构。2008年9月，因幸福公园扩建，原修武县城乡建设局规划科薛某强找到原告，要求将房屋拆除，原告为配合政府工作，在未签订书面协议的情况下，在半个月内将西办公楼、平房及其他附属物全部拆除和清理，东办公楼留作公园的办公用房。事后，原告多次找被告协商给付赔偿问题未果，2014年5月10日，被告修武县住建局曾制作修建字（2014）31号文件向被告修武县人民政府请示拨付范某顺拆迁赔偿款。同年7月10日，修武县住建局经领导批示，聘请斯泰德公司对范某顺的房产进行了评估，经评估总价值为562566元。之后，其制作修建字（2014）48号文件再次向县政府申请拨付该款项，因该款未拨

---

① 审理法院为：一审法院为河南省焦作市武陟县人民法院，案号：（2015）武行重字第00001号；二审法院为：河南省焦作市中级人民法院，案号：（2016）豫08行终68号。

付，导致原告提起行政诉讼。在案件审理过程中，原告曾申请对其资产进行评估，但因对象灭失，而无法鉴定。2015 年 6 月 19 日，修武县拆迁办根据相关资料对范某顺的三座房产进行了评估，评估总价值为 328031 元。

现范某顺诉至法院，要求修武县人民政府承担相应的赔偿责任。

法院判决

一审法院认为，原、被告双方均认可就本案已拆房屋征收达成口头补偿协议，虽双方对补偿标准主张不同，但就其达成补偿协议产生的纠纷应属行政案件受案范围。在案证据能够直接证明修武县人民政府是补偿的主体，原告将其列为被告参加诉讼并无不当。被告作为行政机关在征收原告不动产时，应当按照法律、法规等规定，对补偿标准予以明确和固定。本案所涉房屋拆迁过程中，被告行为存在明显瑕疵，导致原告的房屋被拆而补偿标准没有明确，应当按照国家赔偿标准予以补偿为宜。本案的征收行为发生于 2008 年，但被告作为政府机关，长期不履行自己的义务，补偿原告的损失，适用《国有土地上房屋征收与补偿条例》更有利于保护当事人的合法权益。综合全案情况，包括原告的购买价格、当地的房地产价格以及地上附着物等因素，对原告的补偿应参考由被告修武县住建局委托所作出的评估结论 562566 元确定，并支付利息。原告诉请的房屋拆除费用、建筑垃圾运输费用无法律依据，本院不予支持。故依据《中华人民共和国行政诉讼法》第十二条第一款第十一项、《最高人民法院关于适用〈中华人民共和国行政诉讼法〉若干问题的解释》第十五条之规定，判决被告修武县人民政府、修武县住房和城乡建设局于本判生效后三十日内补偿原告范某顺 562566 元并支付利息。

范某顺、修武县人民政府、修武县住房和城乡建设局均不服原审判决，提起上诉。

二审法院认为，一、关于拆迁主体的问题。修武县住房和城乡建设局 2014 年 5 月 10 日向修武县人民政府做出的（2014）31 号《关于拨付范某顺拆迁赔偿款的请示》中记载“经县拆迁领导小组与范某顺协商，范某顺同意先将房屋腾出交给政府……随后，县拆迁领导小组对其中一座房屋实施了拆除……”修武县人民政府有关县领导在该请示报告上予以批示。由此，可以证实，修武县人民政府是本案的适格被告。二、关于补偿标准及数额的问题。范某顺于2015年6月16日向一审法院申请对拆迁范围内的房屋进行评估鉴定，修武县人民政府以“原告申请进行市场价格鉴定于法无据，并且修武县拆迁管理部门已经对本案涉及拆迁房屋的补偿价格依法作出认定，没有鉴定的必要”等理由不同意鉴定。同时，2015年7月7日斯泰德公司以“评估对象已灭失，且无相关资料，故无法评估本案”为由，将此案退回。据此，本院认为，修武县人民政府、修武县住房和城乡建设局在拆迁范某顺的房屋时，应当依法对拆迁房屋的结构、楼层、面积等予以明确和固定。由于修武县人民政府、修武县住房和城乡建设局不及时履行义务，造成现在无法准确评估范某顺在拆迁范围内的房屋的价值。一审法院按照修武县城乡和住房建设局作出的《关于拨付范某顺拆迁赔偿款的请示》中认可的“审核拨付补偿款562566元”的价格补偿范某顺是适当的。三、关于范某顺要求应当按照现在的市场价格及实际拆除支出共计补偿其5438830元的问题。本院认为，范某顺并未举出相关证据证实损失为5438830元。同时综合考虑到2007年8月，石油公司破产，范某顺通过法院组织的竞拍程序以20万元的价格购得位于修武县环城北路的石油公司西办公楼、东办公楼（在建）、院内平房及其他附属物（不含大门和前院墙及土地使用权）的所有权，以及2008年10月范某顺即将部分房屋拆除等事实，一审判决补偿562566元也是适当的。四、关于一审判决修武县人民政府、修武县住房和城乡建设局支付补偿款利息的问题。本院认为，赔付范某顺562566元已充分考虑到范某顺多年来的各项损失。一审判决“利息按同期银行贷款利率从2008年10月1日起计算至履行完毕之日”于法无据，应予纠正。

法理解读

本案涉及本司法解释第2条的规定，本司法解释第2条的规定确立了有利溯及的法律适用原则。如前所述，法不溯及既往原则存在例外情况，《立法法》第93条就明确规定，为更好地保护公民、法人和其他组织的权利和利益而作的特别规定，可以溯及既往。本条规定确立的有利溯及原则的基本内涵是，《民法典》的规定与原来的法律和司法解释相比，更有利于保护民事主体合法权益、更有利于维护社会和经济秩序或者更有利于弘扬社会主义核心价值观的，具有溯及既往的效力。关于“更有利于保护当事人的合法权益”如何理解，存在争论。这是因为在民商事案件尤其是合同类纠纷案件中，当某项规定有利于保护一方当事人的利益时，往往就会造成另一方当事人利益的损害。因此，在判断何为更有利于保护当事人合法权益的问题时，应当综合考虑权利人和义务人的利益平衡问题，而不是只考虑相应规定对权利人的合法权益保护更有利。在侵权类案件中，此结论同样适用。在部分侵权类案件中，对于受害人权益的保护问题可能需要考虑新法的溯及力问题，但在另外部分案件中，需要考虑的则是对于行为人的行为是否免责的问题，以确定新法是否有溯及力。总而言之，处理此条规则，需要秉承利益平衡的思维，综合考虑当事人双方的利益，而非偏袒一方。另外，更有利于维护社会和经济秩序或者更有利于弘扬社会主义核心价值观是从社会整体的角度出发考虑的问题，此时就应当有更为广阔的视野。例如，在处理环境保护问题、英烈保护问题、紧急救助人的保护问题时，适用《民法典》关于绿色原则、英烈保护规则、紧急救助免责规则等，就可以被认为更有利于维护社会和经济秩序、弘扬核心价值观。

本案是一起行政诉讼，争议焦点之一是修武县人民政府是否应当对拆除范某顺的房子承担赔偿责任。原告作为自然人主体，对案涉房屋享有合法的权利，其自然认为被告作为行政机关在征收原告不动产时，应当按照法律、法规等规定，对补偿标准予以明确。但是，案涉房屋在拆除时，政府的行为存在明显瑕疵，一方面在拆除之前没有明确补偿标准，另一方面也没有履行合法的程序。这直接导致案涉房屋已经被拆除，但是连房子究竟有多少价值，如何确定补偿标准都没有确定性的结论。此案件应如何处理，给法院出了一道难题。一审法院认为，本案的征收行为虽然发生于

2008年，但是被告作为政府机关，长期不补偿原告的损失，将造成事实上的不公平，因此决定适用2011年国务院通过施行的《国有土地上房屋征收与补偿条例》，来明确对被征收人的补偿标准，如此将更有利于保护当事人的合法权益。所以，一审法院综合考虑了原告的购买价格、当地的房地产价格以及地上附着物等因素，对原告的补偿标准确定为562566元，并要求政府支付相应款项的利息。到了二审时，二审法院同样认为，修武县人民政府、修武县住房和城乡建设局在拆迁范某顺的房屋时，应当依法对拆迁房屋的结构、楼层、面积等予以明确和固定，从而确定补偿标准，但由于修武县人民政府、修武县住房和城乡建设局不及时履行义务的原因，造成现在无法准确评估被拆除房屋的价值，修武县人民政府、修武县住房和城乡建设局具有过错，应当赔偿，一审法院依照有利溯及原则，适用《国有土地上房屋征收与补偿条例》来酌定补偿款是合理的。同时，二审法院也考虑到，毕竟纠纷发生时，尚没有生效的法律规定来明确赔偿的标准问题，因此被告修武县人民政府、修武县住房和城乡建设局没有及时对范某顺进行补偿，虽然不符合实质正义，但是在一定程度上也是情有可原。而且，一审判决赔偿也已经充分考虑到范某顺多年来的各项损失，因此二审判决在维持了被告修武县人民政府、修武县住房和城乡建设局应当进行赔偿的判项的同时，撤销了赔偿利息的判项，更好地平衡了当事人的合法权益，避免了义务人承担过重的负担，较好地贯彻了利益平衡的理念。

第三条　民法典施行前的法律事实引起的民事纠纷案件，当时的法律、司法解释没有规定而民法典有规定的，可以适用民法典的规定，但是明显减损当事人合法权益、增加当事人法定义务或者背离当事人合理预期的除外。

【条文要义】

本条司法解释的条旨是《民法典》新增规定的溯及适用规则。

本条规定的法律适用规则是，对于那些尽管是在《民法典》施行前发生的法律事实引起的民事纠纷案件，如果《民法典》的规定是新增规定，就可以直接适用《民法典》规定的规则，但是须遵守禁止不利溯及原则。

1. 发生争议的民事纠纷案件的法律事实发生在《民法典》施行之前

发生争议的民事纠纷案件的法律事实发生在《民法典》施行之前，也就是2020年12月31日之前发生的法律事实，在当事人之间发生民事争议，诉讼到法院，形成民事纠纷案件。如果是《民法典》施行之后发生的法律事实引起的民事纠纷案件，以及《民法典》施行之前发生的法律事实一直持续到《民法典》施行之后，都不存在依据本条司法解释规定的法律适用规则适用《民法典》的客观要求。

2.《民法典》的规定是新增规定

《民法典》的新增规定，是指引起民事纠纷案件发生的法律事实发生之时，当时的法律、司法解释对于这种民事争议没有规定，对这种民事法律关系的解决存在法律空白。其中法律是当时生效的现行法律，也包括不与法律相抵触的行政法规，不包括习惯法。司法解释是当时生效的司法解释。这些法律和司法解释对此都没有规定，而《民法典》却对此作出了以前没有规定的规则，就是《民法典》的新增规定。由于《民法典》的规定是新增规定，就不存在新法、旧法的选择适用问题，直接适用《民法典》的新增规定，就为解决该民事争议提供了法律依据，而不至于出现适用法律的空白反而要适用习惯或者法理的问题。

例如，《民法典》第322条规定："因加工、附合、混合而产生的物的归属，有约定的，按照约定；没有约定或者约定不明确的，依照法律规定；法律没有规定的，按照充分发挥物的效用以及保护无过错当事人的原则确定。因一方当事人的过错或者确定物的归属造成另一方当事人损害的，应当给予赔偿或者补偿。"这是我国民法第一次规定关于添附物权属的规则，属于《民法典》新增规定。在《民法典》施行之前的社会生活中并非不存在添附现象，只是我国当时的《物权法》对此没有规定。最高人民法院对添附的一般规则也没有作出过典型的司法解释。因此，对于添附，就具备对《民法典》施行之前引起民事争议的添附事实所引发的民事纠纷案件适用《民法典》新增规定的要件，可以适用《民法典》第322条规定，对《民法典》施行之前发生法律事实引发的添附纠纷案件作出裁判。

3. 新增规定明显不利于当事人的不得适用

本条但书规定，虽然《民法典》施行前的法律事实引起的民事纠纷案件，当时的法律、司法解释没有规定，而《民法典》有规定的，可以适用《民法典》的规定，“但是明显减损当事人合法权益，增加当事人法定义务或者背离当事人合理预期的除外”。这里规定的就是“禁止不利溯及原则”。

禁止不利溯及原则，是新法虽然因旧法没有规定而可以溯及既往地适用，但是，如果新法的规定明显减损当事人的合法权益，增加当事人的法定义务，背离当事人的合理预期的，就不得适用，以防止因适用新法而损害当事人的合法权益。适用《民法典》同样如此。

与“有利溯及原则”的三个有利于相对应，禁止不利溯及原则的判断也有三个标准，就是：（1）明显减损当事人合法权益。适用《民法典》会使当事人依据旧法享有的民事权益受到明显减损的，就在禁止不利溯及原则的范围之内。（2）明显增加当事人的法定义务。适用《民法典》的规定，会使当事人的法定义务明显增加，给当事人增加义务上的负担的，也在禁止不利溯及规则的范围之列。（3）明显背离当事人的合理预期。当《民法典》和旧法之间对特定事项，与当事人的利益得失预期发生明显背离的情形，适用《民法典》的规定明显背离当事人的合理预期，即使是新增规定，也不能溯及适用。

禁止不利溯及规则的适用目的，在于维护法律价值的稳定性，防止适用新法而改变这种价值，损害民事主体的地位和合法权益。

【案例解读】

王某国等诉李某芳添附物补偿纠纷案[①]

基本案情

原告李某风的母亲李某美与被告李某芳的妻子李某华系同胞姐妹，李某华为其姨母吕某香养老。1978年，被告李某芳在招远市阜山镇南院庄村建四间房屋，房屋所有权证号为招房阜字第××号，被告在此房内居住。1980年，被告到烟台工作，被告的姨母吕某香在此房内居住。1995年，吕某香搬出此房，此房无人居住。2006年，经李某华、李某美联系，吕某香同意，两原告对此房进行了修缮，并加盖东、南、西三面平房，对室内进行了装修，两原告搬进此房居住。2010年，吕某香因病去世。同年12月，被告李某芳向原审法院起诉，要求两原告腾出房屋。2011年6月16日，经原审法院主持调解，双方当事人达成调解协议，原审法院作出（2011）招民初字第56号民事调解书，两原告于2011年10月1日前腾出被告李某芳位于招远市阜山镇南院庄村的房屋。2011年11月16日，经原审法院执行，两原告将房屋腾出交给被告。法院委托宏远会计师事务所对两原告修建工程进行了鉴定，结论为：该房平房建设费用（不含各项资质取费）为34839.32元，正屋装饰部分费用（不含各项资质取费）为19759.62元、安装工程（不含各项资质取费）为633.37元、土建部分按资质计算的各项费用为1229.10元、装饰部分按资质计算的各项费用为2679.04元、安装部分按资质计算的各项费用为50.69元，以上费用均系折旧后价值，共计59191.14元；被告对此鉴定报告提出异议，认为该审计报告中涉及了企业管理费、企业利润、住房公积金等费用，与农村建房不

---

① 审理法院：一审法院为山东省招远市人民法院，案号：（2012）招民初字第717号；二审法院为山东省烟台市中级人民法院，案号：（2013）烟民四终字第1585号。

相符，不认可该鉴定报告。因原、被告各自坚持诉辩称理由，致使调解不成。2012 年 3 月 6 日，原告向原审法院提起诉讼，要求被告赔偿经济损失 68000 元。

法院判决

一审法院认为，原、被告所诉争的房屋系被告李某芳所有，两原告在此房内居住时，对该房进行了增建，后因双方发生纠纷，被告要求两原告腾出房屋，两原告于 2011 年 10 月将该房腾出并交付给被告，现原告要求被告支付该房的增建费用，符合法律规定，依法应予支持。按宏远会计师事务所的审计报告，扣除该房增建部分的折旧及资质取费等费用，被告应给付原告平房建设费用（不含各项资质取费）34839.32 元；因诉争房屋系农村房屋，原告建设时未用有资质建筑单位建设，可按无资质建筑队计算建设费用，故审计报告中以资质取费的安装工程、土建部分及装饰部分费用共计 4592.20 元，不应计算。原告对该房的正屋进行了装饰装修，该费用不属于增建部分费用，参照《最高人民法院关于审理城镇房屋租赁合同纠纷案件具体应用法律若干问题的解释》的规定，该费用应由原告自己承担，故原告要求正屋装饰部分费用（不含各项资质取费）19759.62 元，依法不予支持。被告要求的房屋租金等其他费用，因双方未约定，依法不予支持。

宣判后，被告李某芳不服一审判决，提起上诉，理由之一是认为其是涉案房屋的所有权人，未经其同意，任何人均无权对房屋现状作出改变。上诉人从一开始就被上诉人的行为明确表示反对。被上诉人加盖的东、南、西三间平房属于违章建筑，依法不应保护。根据《山东省农村宅基地管理办法》第二十六条之规定，农村居民住宅建设必须报县乡两级相关部门批准。被上诉人建平房未经批准，属于违章建筑，依法应予拆除不予保护。一审法院认定上诉人应支付给被上诉人平房建设费用，于法无据。

二审法院认为，二被上诉人在上诉人所有的房屋内居住期间增建了东、南、西平房，事实清楚。二被上诉人装修、增建房屋期间，上诉人之妻曾到现场去过，上诉人现未提供证据证实在此之后其对于二被上诉人装修、增建房屋的行为表示反对或进行阻止，故应视为上诉人及其妻子对于二被上诉人的添附行为是知晓且认可的。无论二上诉人增建之平房是否经过审批、是否属于违章建筑，因上诉人现已经接受二被上诉人添附之平房，故上诉人应折价补偿二被上诉人增建平房的费用。一审法院结合烟台宏远有限责任会计师事务所的审计报告判令上诉人支付二被上诉人房屋增建费用34839.32元，证据充分。综上，上诉人的上诉理由不能成立，对其上诉主张本院不予支持。原审判决认定事实清楚，适用法律正确，应予维持。

法理解读

本案涉及本司法解释第3条的规定，本司法解释第3条规定明确了新增规定原则上具有溯及力，但存在特殊情形时，则不具有溯及既往的效力，这又被称为“空白追溯”或者“补缺例外”。《民法典》相较于之前的单行法，不仅修改和细化了诸多规定，而且适应时代需求，补充规定了不少内容。比如，《民法典》单独设立了人格权编，从而能够更好地保护自然人的姓名权、隐私权、肖像权、个人信息等重要权益；再如，《民法典》首次将数据、网络虚拟财产纳入保护范围，首次规定了自助行为、好意同乘等。如果某项规定属于《民法典》的新增规定，那么就不存在新法和旧法的选择适用问题，此时原则上直接适用《民法典》的新增规定，将更有助于纠纷的解决。另外，空白追溯不仅能够为解决民事纠纷提供法律依据，也可以避免此前不得不通过法解释等法律续造方法进行漏洞填补。另外，同样需要注意的是，如果适用《民法典》的规定，会明显减损当事人合法权益、增加当事人法定义务或者背离当事人合理预期的，则《民法典》不具有溯及既往的效力。

本案中，当事人之间的核心争议是“房屋居住人在他人的房屋上进行装修，房屋所有权人是否应当补偿”，此问题在民法上属于添附问题，如果彼时民法上有确定添附的物权归属和补偿规则，则相应问题的解决不在话下。[①] 回顾具体纠纷，双方所争议的房屋本来归吕某香所有，2006年经吕某香同意，两原告对此房进行装修并加盖了三面平房，后搬进此房一直居住。四年后吕某香因病去世，被告李某芳遂起诉要求两原告腾出房屋，法院进行了调解，要求两原告腾出房屋，房屋所有权归被告李某芳所有。搬出他人所有的房屋自然没有问题，但是两原告同时认为，其在案涉房屋内居住时对该房屋进行了增建和装修，被告应当支付该房的增建费用。而被告作为房屋的所有权人却不这么认为，其主张自己才是案涉房屋的所有权人，未经所有权人同意任何人都不能对房屋现状作出改变，包括装修增建等。而且，被告认为自己从一开始就反对加盖的行为，因为原告所加盖的东、南、西三间平房根本就属于违章建筑，不应受到保护，不受保护的房屋自然就不应该进行补偿。

这实际上是典型的因添附问题产生的争议，彼时由于没有《民法典》的规定，法官在说理时仅能援引司法解释的规定和相应的法理，并结合公平原则进行处理。二审法院认为，原告在被告所有的房屋内居住期间增建了东、南、西三面平房的事实非常清楚，原告也因此付出了相应的费用，被告的妻子在装修、增建房屋期间曾到现场去过，但没有对装修、增建房屋的行为明确表示反对或者依照合法的手段进行阻止，故应视为认可了原告的添附行为。关于原告增建的平房是否经过审批、是否属于违章建筑的问题，与当事人之间的法律关系不是同一法律关系，既然被告已经接受原告添附的房屋，就应当折价补偿增建平房的费用。因此，二审法院结合烟台宏远有限责任会计师事务所的审计报告，维持了一审法院判决的由被告向原告支付房屋增建费用的诉求。

---

① 在原《物权法》的立法过程中，就是否要规定添附的问题，经过了数次反复。2002年12月，九届全国人大常委会第三十一次会议审议的《民法（草案）》未对添附制度作出规定。2004年10月，十届全国人大常委会第十二次会议审议的《物权法（草案）（二次审议稿）》，在所有权取得的特别规定中增加2条，规定了添附制度。2005年6月，十届全国人大常委会第十六次会议审议的《物权法（草案）（三次审议稿）》，将二次审议稿规定的4个条文合并为1条。2005年10月，十届全国人大常委会第十八次会议审议的《物权法（草案）（四次审议稿）》维持了三次审议稿的规定。2006年8月，十届全国人大常委会第二十三次会议审议的《物权法（草案）》，删除关于添附制度的规定。黄薇主编：《中华人民共和国民法典物权编解读》，中国法制出版社2020年版，第382～383页。

需要指出的是，本案虽然发生于《民法典》施行前，但法院的论述和判决与《民法典》第322条的规定精神一脉相承。在《民法典》施行后，当事人主张因加工、附合、混合而产生的物的归属以及赔偿、补偿问题时，人民法院就可以适用《民法典》第322条的规定，妥善作出裁判。

第四条　民法典施行前的法律事实引起的民事纠纷案件，当时的法律、司法解释仅有原则性规定而民法典有具体规定的，适用当时的法律、司法解释的规定，但是可以依据民法典具体规定进行裁判说理。

【条文要义】

本条司法解释的条旨是《民法典》细化规定具有溯及既往的效力。

关于《民法典》等细化规定，学理上称为解释类法律，是指当时的法律、司法解释只有原则性规定而没有具体规定，《民法典》对此进行了具体规则的规范。在理论上，将这种细化规定即解释类法律，概括为解释规范、校正规范和补充规范，对于这三种规范，法律准许适用溯及既往效力规则，排除法不溯及既往规则的适用。

1. 解释规范属于细化规范

当一项法律只是为了明确和解释已存在的法律中含糊不清和有争议规范的含义时，该法律就是解释性法律。例如，《民法典》对于以往的法律、司法解释只有原则性规定而无具体规定的情形作出了具体规定，虽然并非对旧法的原则性规定的解释，但是，在性质上属于解释规范，因而在法律适用上，《民法典》的解释规范可以适用于《民法典》施行之前发生的法律事实引起的民事纠纷案件。对此，最典型的是《民法典》第1145～1149条规定。原《继承法》第24条对遗产管理人只作了原则性的规定，即："存有遗产的人，应当妥善保管遗产，任何人不得侵吞或者争抢。"这里的

"存有遗产的人，应当妥善保管遗产"的人，其实就是遗产管理人。《民法典》第1145～1149条详细规定了遗产管理人的选定、选定遗产管理人争议的处理、遗产管理人的职责、遗产管理人的责任以及遗产管理人可以收费的规定，都属于解释规范，因此具有溯及既往的效力。继承法律事实发生在《民法典》施行之前，争议发生在《民法典》施行之后的，就可以适用《民法典》的上述规则处理这类纠纷案件，或者按照本司法解释的规定，"可以依据民法典相关规定进行裁判说理"。

2. 校正规范属于细化规范

一项法律施行后，发现存在必须纠正的瑕疵，立法机关对这些法律的瑕疵进行校正而作出的规定，就是校正规范。理论认为，校正规范与立法者本应公布的规则是一样的，只不过是恢复了法律的正常状态而已。所以，校正规范可以溯及既往。例如，《民法典》第406条规定的抵押财产在抵押期间可以转让的规定，就是矫正原《物权法》第191条关于限制抵押财产流转的规定。

3. 补充规范属于细化规范

补充规范，是指旧法因特定事由被撤销，为填补撤销该法律所遗留下来的法律漏洞而制定的法律。这类法律是对旧法的补充，属于旧法的一部分，应当与被补充法律的精神、原则相吻合，回溯地与被补充法律同步生效。补充规范具有溯及既往的效力，属于细化性规范。例如，《民法典》第1142条删除了原《继承法》第20条第3款规定的"自书、代书、录音、口头遗嘱，不得撤销、变更公证遗嘱"的规定，也改变了原《最高人民法院关于贯彻执行了〈中华人民共和国继承法〉若干问题的意见》第42条关于"遗嘱人以不同形式立有数份内容相抵触的遗嘱，其中有公证遗嘱的，以最后所立公证遗嘱为准；没有公证遗嘱的，以最后所立的遗嘱为准"的规定。原《继承法》规定的公证遗嘱效力优先规则是违反遗嘱自由原则的，侵害了被继承人遗嘱自由的权利。《民法典》第1142条对此出了正确的规定，将有关公证遗嘱效力优先的规则全部删除，确立了"立有数份遗嘱，内容相抵触的，以最后的遗嘱为准"的正确规则。对此，应当适用本条司法解释的规定，发生在《民法典》施行之前设立的公证遗嘱，又立有其他形式遗嘱撤回或者变更公证遗嘱的，在《民法典》施行后，应当适用《民法典》第 1142 条规定的上述规则，确认其遗嘱撤回或者变更公证遗嘱的效力，就是因为《民法典》第 1142 条属于补充规范，具有溯及既往的效力。

对于当时的法律和司法解释只有原则性规定，而《民法典》规定了具体规范的，在适用法律上，仍然应当适用当时的法律、司法解释的规定，但是可以依据民法典具体规定进行裁判说理。这一规则要求的是，当时的法律、司法解释并非没有规定，只有原则性规定，缺少具体规定，而《民法典》对此进行了具体规定，且原来的原则性规定与《民法典》的具体规定的含义是一致的，适用当时的法律、司法解释的规定和适用《民法典》的规定在法律适用上没有冲突，因而，在裁判依据上，继续适用当时的法律、司法解释的规定，而在裁判的说理部分，援引《民法典》的具体规定进行阐释，使当时的规定和《民法典》的规定融为一体，使裁判的依据更加充分，更有权威性。

【案例解读】

索特公司诉新万基公司合同纠纷案[①]

基本案情

索特公司在重庆市万州区观音岩×号拥有四块商服用地使用权，并将上述土地抵押给相关银行用于贷款担保，抵押期限自 2005 年至 2011 年。2005 年 12 月 1 日，新万基公司与索特公司签订了《金三峡花园联合开发协议》（以下简称《联合开发协议》），在上述土地上联合开发金三峡花园。约定：第一条，索特公司现已将上述土地抵押给某银行融资贷款，同

① 审理法院：一审法院为重庆市高级人民法院，案号：(2008) 渝高法民初字第 2 号；二审法院为最高人民法院，案号：(2008) 民一终字第 122 号。本案例收录在《最高人民法院公报》2009 年第 4 期。

意在约定时间内将该土地的抵押权解除；第二条，以新万基公司出资、索特公司出土地使用权，共同投资、共享利润的方式，共同进行房地产开发……第四条，新万基公司承诺按项目开发需要逐步投入开发资金，首期资金500万元在合同签订之日起7个工作日内到位，用于前期开发筹备工作。索特公司承诺，本项目所涉及的土地已办理的抵押手续应在不影响开发进度的前提下办理解除抵押的相关手续，并保证不存在其他权利瑕疵，也没有被司法机关查封或被行政机关限制。若第三人对该地块权益提出主张，或权属手续不完善，或有权属障碍，由索特公司负责解决，并独自承担其费用，由此给新万基公司造成的损失，索特公司应承担违约责任；第五条，新万基公司提供合作项目的全部建设资金不低于4亿元，索特公司提供合作项目合法取得的全部建设用地；第六条，新万基公司对索特公司的办公大楼进行四星级酒店的改造升级，改造金额3100万元，改造后，其产权归索特公司所有……第九条，土地上的建筑物、构筑物由新万基公司负责拆除；第十条，本协议签订后，索特公司违约不与新万基公司合作，或者在本项目的方案设计经过政府的审核同意后，索特公司不配合新万基公司向政府以双方名义申请审批联建、立项、规划等工作的，视为索特公司根本违约，索特公司按照新万基公司总投资额的30%向新万基公司支付违约金，并赔偿因此给新万基公司造成的包括并不限于前期设计及往返谈判等各项经济损失。因新万基公司资金不能按开发进度到位而影响了开发或新万基公司未按时支付索特公司利润款，新万基公司应按总投资额的30%向索特公司支付违约金，因项目开发资金问题而造成停工30天以上，除新万基公司应向索特公司支付违约金外，索特公司有权终止合同，并有权通过法律途径要求新万基公司支付因此造成的全部损失。

2005年12月1日，新万基公司与索特公司又签订了《联合开发协议之补充协议（一）》（以下简称《补充协议》）。约定：1. 本项目具备开工条件时，双方共同确定“金三峡花园联合开发项目开发进度表”，并以此作为新万基公司开发资金到位及索特公司工作配合的时间表；2. 本项目无论以任何方式开发、分配所涉及的税费，由新万基公司承担，索特公司只以本补充协议第四条约定的利润分配方式获得税后利润；3. 索特公司以实际交付给新万基公司开发的土地使用权计算分配的税后利润，双方同意按照37万元/亩计算出总利润额，由新万基公司按本条支付给索特公司。索特公司对新万基公司在开发本项目产生的经营风险及亏损不承担任何责任。本补充协议签订之日起一年内，新万基公司向索特公司支付总利润额的30%；本补充协议签订之日起二年内，新万基公司向索特公司支付总利润额的40%；本补充协议签订之日起三年内（或开发期满），新万基公司向索特公司支付总利润额的30%，新万基公司已向索特公司支付的履约定金转为利润额，冲抵新万基公司应付给索特公司的利润额；4. 在本项目开工之时，新万基公司对索特公司现有的办公大楼进行四星级酒店改造，并于一年内按索特公司的方案完成改造，改造所产生的费用3100万元由新万基公司承担，该费用不属于本补充协议第四条新万基公司支付索特公司利润的范围；5. 本《补充协议》是《联合开发协议》的有效附件，与《联合开发协议》有冲突之处，以本《补充协议》为准。

2005年12月5日，新万基公司向索特公司发出《金三峡花园联合开发项目开发进度表（一）》，载明，为推进各项工作的顺利进行，请索特公司在相应时间内配合完成项目前期开发工作，于2006年1月20日前办理好土地解押手续，并要求索特公司予以确认回复。索特公司未予回复。

2005年12月25日，新万基公司与赛迪公司签订了《建设工程设计合同（一）》，约定，新万基公司委托赛迪公司对金三峡花园城进行设计，设计费按22元/平方米计算，暂估为1100万元。合同签订后，赛迪公司出具了设计平面图与设计效果图。

2005年12月25日，新万基公司与索特旅游公司签订了《人员借用协议》。约定，为配合新万基公司与索特公司联合开发项目的进度，索特宾馆已正式停业，为妥善解决索特旅游公司职工在项目建设过渡期间的工作安置问题，索特旅游公司以借用形式向新万基公司输出职工17人，新万基公司按照劳动法规定支付借用人员的报酬、社会保险和福利待遇。2006年3月10日，新万基公司分别向王某敏、洪某等17名职工支付了18980

元工资。

2005年12月，新万基公司与索特旅游公司签订了两份《借款协议》，约定，由新万基公司借款150万元给索特旅游公司。

自2005年12月25日起，新万基公司多次致函索特公司，要求索特公司履行金三峡花园项目开发的配合工作。

2006年1月4日，新万基公司与尚筑公司签订了《重庆新万基地产"万州观音岩"项目全程开发顾问暨营销代理合同》。新万基公司委托尚筑公司担任金三峡项目"全程开发顾问暨营销代理"，代理费用按照本项目销售合同金额的2.2%收取。合同签订后，尚筑公司向新万基公司提供了《服务计划书》。

2006年3月6日，建设银行万州分行致函索特公司称，索特公司未经该行同意，擅自将抵押物与他人合作进行房地产开发，严重侵害了该行的抵押权。要求索特公司必须立即停止侵权行为。

2006年4月10日，新万基公司与杨某歌签订了《房屋拆除合同》，约定由杨某歌承包金三峡花园项目范围内的地上建筑物拆除和垃圾清除工作。2007年4月12日，新万基公司与杨某歌又签订了《金三峡开发项目拆除补充协议》。该协议载明，因新万基公司未能履行其2006年6月开工的承诺，致杨某歌遭受一定经济损失，经双方协商，对2006年4月10日的《房屋拆除合同》作出一定修改。

2005年12月29日，新万基公司向重庆市万州区房地产管理局缴纳了2万元房交会参展费。2006年4月25日，新万基公司向康美凯信公司支付了2006年万州房交会展台设计装修搭建费40340.5元。

索特公司2007年12月20日向重庆市高级人民法院起诉称：其与新万基公司签订《联合开发协议》和《补充协议》后，新万基公司并未按照合同约定履行相应义务，致使联建工作无法进行，联合开发的目的无法实现。据此，请求法院判决解除双方签订的《联合开发协议》及《补充协议》，新万基公司向索特公司支付违约金1000万元。

法院判决

一审法院认为，关于转让行为的法律效力。该土地使用权转让行为违反法律规定，应属无效。首先，《担保法》第 49 条第 1 款规定：“抵押期间，抵押人转让已办理登记的抵押物的，应当通知抵押权人并告知受让人转让物已经抵押的情况；抵押人未通知抵押权人或者未告知受让人的，转让行为无效。”本案中，没有证据证明索特公司将转让行为通知了建设银行与工商银行，根据上述规定，该转让行为应属无效。其次，《最高人民法院关于适用〈中华人民共和国担保法〉若干问题的解释》（以下简称《担保法司法解释》）第 67 条第 1 款规定：“抵押权存续期间，抵押人转让抵押物未通知抵押权人或者未告知受让人的，如果抵押物已经登记的，抵押权人仍可以行使抵押权；取得抵押物所有权的受让人，可以代替债务人清偿其全部债务，使抵押权消灭。受让人清偿债务后可以向抵押人追偿。”由于新万基公司受让的标的物上存在抵押权，根据该款规定，新万基公司可以通过行使涤除权消灭该抵押权，从而对转让行为的效力予以补正，但新万基公司并未行使涤除权，该转让行为的效力未能得到补正。索特公司请求解除双方签订的《联合开发协议》及其《补充协议》，这一诉讼请求不能成立。所谓合同的解除，是使合法有效的合同的法律效力归于消灭，而《联合开发协议》及其《补充协议》系无效合同，故不存在解除的问题。

新万基公司不服一审判决提起上诉。理由之一是认为，一审判决认定双方签订的土地使用权转让合同为无效合同，适用法律错误。根据《担保法司法解释》第 67 条、《物权法》第 191 条的规定，在未告知抵押权人的情况下，转让抵押物的行为并不当然无效。本案中，双方约定由索特公司履行先行解除转让土地的抵押，能够保护抵押权人的利益，该约定不违反法律的强制性规定，转让合同应为有效合同

二审法院认为，关于《联合开发协议》及其《补充协议》的效力问题。根据《担保法》第 49 条的规定，抵押期间抵押人转让抵押物应当通

知抵押权人，否则转让行为无效；《物权法》第191条亦规定抵押期间转让抵押物须经抵押权人同意。其立法目的是为了确保抵押权人的利益不受侵害。但《担保法司法解释》第67条和《物权法》第191条也规定，未经通知或者未经抵押权人同意转让抵押物的，如受让方代为清偿债务消灭抵押权的，转让有效。即受让人通过行使涤除权涤除转让标的物上的抵押权负担的，转让行为有效。上述法律和司法解释的规定体现了相关立法和司法解释的指导思想是要在抵押权人和抵押人、受让抵押标的物的第三人之间实现利益平衡，既充分保障抵押权不受侵害，又不过分妨碍财产的自由流转，充分发挥物的效益。本案双方当事人在《联合开发协议》中约定由索特公司在不影响开发进度的前提下办理解除抵押的相关手续，即以约定的方式将先行解除本案所涉土地上的抵押权负担的义务赋予了索特公司。该约定既保障了抵押权人的利益，也不妨害抵押人和受让土地的第三人的利益，与《担保法》《物权法》以及《担保法司法解释》保障各方当事人利益平衡的立法精神并不相悖，不违反法律规定。从合同法的角度看，转让方对转让标的负有权利瑕疵担保责任，其主动告知转让土地上的权利负担，并承诺由其在不影响开发进度的前提下先行解除抵押，该承诺构成合同中的负担行为，即承担义务的行为，符合意思自治和合同自由原则，且确保了抵押权人的利益不受侵害，与《担保法》《物权法》和《担保法司法解释》的立法本意和制度设计不相抵触。因此，应当确认该《联合开发协议》及《补充协议》有效，双方应按照合同诚信履行，索特公司有义务根据双方商定的开发进度清偿银行债务，从而解除该转让土地上的抵押权负担。

其次，根据《物权法》第15条的规定，当事人之间订立有关设立、变更、转让和消灭不动产物权的合同，除法律另有规定或者合同另有约定外，自合同成立时生效；未办理物权登记的，不影响合同效力。该规定确定了不动产物权变动的原因与结果相区分的原则。物权转让行为不能成就，并不必然导致物权转让的原因即债权合同无效。双方签订的《联合开发协议》及《补充协议》作为讼争土地使用权转让的原因行为，是一种债权形成行为，并非该块土地使用权转让的物权变动行为。相关法律关于未经通知抵押权人而导致物权转让行为无效的规定，其效力不应及于物权变动行为的原因行为。因为当事人可以在合同约定中完善物权转让的条件，使其转让行为符合法律规定。本案即属此种情形。

综上，双方当事人签订的《联合开发协议》未违反法律强制性规定，应为有效合同。一审判决对此问题的认定适用法律不当，应予纠正。双方当事人签订的《联合开发协议》及其《补充协议》系当事人的真实意思表示，不违反法律和行政法规的禁止性规定，合法有效。索特公司未履行合同义务的行为，构成违约，应承担合同约定的违约责任。新万基公司的上诉理由部分成立，本院予以支持。故判决：《联合开发协议》及《补充协议》有效；解除双方签订的《联合开发协议》及《补充协议》；索特公司自本判决生效之日起十日内向新万基公司支付违约金4038万元。

法理解读

本案涉及本司法解释第4条的规定，本司法解释第4条规定是为了明确当《民法典》存在对原规定的细化规定时，法院应如何适用的问题。《民法典》对原规则规定的细化规则，可能有多种情况：一种情况是，对某一条旧法进行了进一步的解释和明确，即当时的法律、司法解释已经有规定，但仅是概括性或者原则性的规定，在解释适用上可能存在分歧和争议，《民法典》对此进行了明确；另一种情况是，某项法律颁布施行后，某个条文立法者想要表达某项意思，但是因为条文的表述存在解释的空间，导致司法实践适用时存在部分争议，因此《民法典》对此进行了明确，明确后的规范与立法者本应公布的规则是相同的，因此也可以溯及既往。《民法典》中此类解释性规范有很多，一方面吸收了既有司法解释的精华，将部分司法解释的规定纳入法典之中；另一方面也将原有的规则进行了细化，使规则在适用时能够更为准确，这些规范，都具有溯及既往的效力。

本案是涉及未经抵押权人同意时抵押物转让的效力如何判断的典型案

例。本案中，索特公司的主要诉讼请求是解除《联合开发协议》及其《补充协议》。对于法院而言，在判断索特公司能否起诉解除时，相应前提应是案涉《联合开发协议》及其《补充协议》是否合法有效。对此问题，一审法院指出，原《担保法》第49条第1款规定，抵押期间抵押人转让已办理登记的抵押物的，抵押人未通知抵押权人或者未告知受让人的，转让行为无效。本案中，没有证据证明索特公司将转让行为通知了建设银行与工商银行，故根据上述规定应认定案涉抵押物转让行为无效。另外，《担保法司法解释》第67条第1款规定了涤除权，但新万基公司并未行使涤除权来消灭抵押权，因此其受让的标的物上存在抵押权，从而导致案涉转让行为无效。此种认定未经抵押权人同意转让抵押物的合同属于无效合同的司法态度，也被许多早期的司法判决所恪守。①

相较于一审法院的态度，二审法院的认定显得更为积极，其从目的解释的角度出发，结合原《物权法》所确定区分原则，对原《担保法》第49条和原《物权法》第191条的规范目的进行了解释。一来，原《担保法》第49条和原《物权法》第191条之所以规定抵押期间转让抵押物须经抵押权人同意，目的是为了确保抵押权人的利益不受侵害。《担保法司法解释》第67条和原《物权法》第191条也规定，未经通知或者未经抵押权人同意转让抵押物的，如受让方代为清偿债务消灭抵押权的，转让行为有效。即受让人可以通过行使涤除权涤除转让标的物上的抵押权负担。上述法律和司法解释的规定体现了相关立法和司法解释的指导思想是要在抵押权人和抵押人、受让抵押标的物的第三人之间实现利益平衡，既充分保障抵押权不受侵害，又不过分妨碍财产的自由流转，充分发挥物的效益。二来，原《物权法》第15条确立了区分原则，即当事人之间订立有

---

① 例如，在临猗湖滨公司诉工行湖滨支行一案中，法院认为：依照《担保法》第49条规定，抵押期间，抵押人转让已办理抵押登记的抵押物的，应当通知抵押权人并告知受让人转让物已抵押的情况；抵押人未通知抵押权人或者未告知受让人的，转让行为无效。经查，抵押人转让抵押物时未按上述规定通知抵押权人即工行湖滨支行和受让人即临猗湖滨公司，故该转让行为无效，不产生抵押财产所有权转移的效力。参见河南省高级人民法院（2011）豫法民三终字第127号民事判决书。

关设立、变更、转让和消灭不动产物权的合同，除法律另有规定或者合同另有约定外，自合同成立时生效；未办理物权登记的，不影响合同效力。也就是说，物权转让行为不能成就的，并不必然导致物权转让的原因即作为债权行为的转让合同无效。双方签订的《联合开发协议》及《补充协议》作为讼争土地使用权转让的原因行为，是一种债权行为，并非该块土地使用权转让的物权变动行为。相关法律关于未经通知抵押权人而导致物权转让行为无效的规定，其效力不应及于物权变动行为的原因行为。因为当事人可以在合同约定中完善物权转让的条件，使其转让行为符合法律规定。综合以上两点理由，二审法院进一步认为，从合同法的角度出发，转让方对转让标的负有权利瑕疵担保责任，其主动告知转让土地上的权利负担，并承诺由其在不影响开发进度的前提下先行解除抵押，该承诺构成合同中的负担行为，即承担义务的行为，符合意思自治和合同自由原则，且确保了抵押权人的利益不受侵害，与原《担保法》《物权法》和《担保法司法解释》的立法本意和制度设计不相抵触。因此，应当确认该《联合开发协议》及《补充协议》有效，双方应按照合同诚信履行，索特公司有义务根据双方商定的开发进度清偿银行债务，从而解除该转让土地上的抵押权负担，未能及时解除的，应当承担相应的违约责任。①

当下，针对此问题，《民法典》第406条作出了明确规定，即抵押期间，抵押人可以转让抵押财产；当事人另有约定的，按照其约定。抵押财产转让的，抵押权不受影响。抵押人转让抵押财产的，应当及时通知抵押权人。抵押权人能够证明抵押财产转让可能损害抵押权的，可以请求抵押人将转让所得的价款向抵押权人提前清偿债务或者提存。转让的价款超过

① 此种认定抵押财产转让合同有效，但不排除当事人违约责任的司法态度，在近年来已经逐渐形成了共识，司法实践中也多秉承此种理念进行裁判。如在陈庄煌与刘晓东等案外人执行异议之诉再审审查纠纷案中，法院认为：关于抵押财产的转让，《物权法》的规定与《担保法》的规定不尽一致。本案应适用《物权法》。该法第191条第2款虽然规定，抵押期间，除受让人代为清偿债务消灭抵押权外，抵押人未经抵押权人同意，不得转让抵押财产，但该规定并非针对抵押财产转让合同的效力性强制性规定。《房产买卖协议》系陈某煌与曾某龙双方真实意思表示，且内容也未违反法律禁止性规定，应认定合法有效。参见浙江省高级人民法院（2017）浙民再112号民事判决书。

债权数额的部分归抵押人所有，不足部分由债务人清偿。由《民法典》的规定可知，只要不存在其他无效的情形，抵押物转让合同应属有效。因此，对于类似本案的涉及未经抵押权人同意时转让抵押物的案件，在《民法典》施行后，就可以适用《民法典》的相应规定，依法对合同效力进行认定。

第五条　民法典施行前已经终审的案件，当事人申请再审或者按照审判监督程序决定再审的，不适用民法典的规定。

【条文要义】

本条司法解释的条旨是适用《民法典》的既判力优于溯及力规则。

既判力优于溯及力规则也叫既判力对有利溯及规则限制的规则。在法律适用中存在的问题，并不仅限于涉及行为发生后法律发生有利变化裁判应当如何适用法律的问题，还存在当法律发生有利变化时，是否可以溯及地变更或者撤销已经发生法律效力的裁判，即有利的法律可否溯及地变更、撤销已经生效裁判的问题。

在这种情况下，如果准许法律在发生有利变化时可以溯及地变更或者撤销已经生效的裁判，则与司法裁判的既判力原则发生冲突，动摇发生既判力效力的裁判的安定性，影响司法裁判的权威。如果不溯及适用，既不利于更好地保护当事人的权益，又涉及诉讼的迟或者早进行在案件适用法律中发生重要作用，有违法律适用的平等原则。所以，在法律适用中，如何处理法律规范的溯及力和裁判的既判力之间的矛盾，就成为法律适用中值得研究和解决的问题。

在解决这个法律适用规则的问题上，通常有三种不同的方法。(1) 既判力优先于溯及力，即变更后的新法对其施行前已经终审裁判的行为无溯及力，不得依据新法撤销或者变更发生既判力的裁判，不能对该案改判适用新法。(2) 溯及力优先于既判力，即变更后的新法对其施行前已经终审的行为有溯及力，可以依据新法的规定撤销或者变更已经发生效力的裁判，改判适用新法。(3) 折衷说，新法对已经发生法律效力的裁判部分可以溯及，部分不得溯及。

对此，我国长期以来的司法实践一直采取第一种模式，即既判力优先于溯及力原则，也就是在新法施行后，对已经发生法律效力的裁判不得适用新法进行改判。其理由一是维持既有裁判的稳定性、安定性，如果新法一经实施，就对新法施行之前依据当时的法律作出的裁判进行改判，判决的安定性和稳定性就无法维持。二是维护司法裁判的权威性，依据新法而改判已经发生法律效力的原有裁判，会使司法权威受到挑战。三是我国司法资源有限，一旦采取溯及力优先于既判力，会给司法机关陡增压力，就现有司法资源尚难以应对目前案件审理的压力，再采取更具有压力的做法，法院将无力胜任。

不过，存在的实际问题是，如果新法与旧法规定明显不一致，而新法的适用更有利于保护权利人的权益，如果对已经发生法律效力的裁判不溯及适用，就不能更好地保护当事人的权益，而且涉及诉讼进行的早或者晚的时间差将在案件适用法律中发挥重要作用，起诉早的，不能使自己的合法权益得到保护，而起诉晚的就能够得到新法的有利保护。这样就会造成法律适用的不平等，有违平等原则。这是在选择既判力优于溯及力，还是溯及力优于既判力原则的两难问题。因此，学者认为，目前，我国司法资源有限，司法权威也亟待确立，选择既判力优先于溯及力的模式比较妥当，将来，随着对民事权利保护程度的提高，选择折衷模式则可能更为理想。

本条司法解释在这个问题上采取了一贯立场，即既判力优于溯及力规则。具体的规则是，《民法典》施行前已经终审的案件，当事人申请再审或者按照审判监督程序决定再审的，不适用《民法典》的规定。这就要求，尊重既判力，维护司法裁判的权威，只要是在《民法典》施行之前已经终审的民事纠纷案件，不论是当事人申请再审，还是按照审判监督程序决定再审的，都须遵守既判力优先于溯及力的规则，不得适用《民法典》的规定，对其进行改判、撤销或者改变原来已经发生法律效力的终审判决。

至于《民法典》施行时尚未审结的一审、二审民事纠纷案件，按照本司法解释的规定应当适用新法的，依照本司法解释第28条的规定，适用《民法典》的规定。

【案例解读】

安达运输公司诉晋某清公司决议撤销纠纷再审纠纷案①

基本案情

安达运输公司依据《中华人民共和国民事诉讼法》第二百条第一项、第三项、第六项规定申请再审称，（一）原审判决对部分事实认定错误，主要证据是伪造的。1. 根据原审法院查明的事实，不能证明晋某清、谭某根的代理人谢某忠、唐某斌按开会通知规定向安达运输公司提交过授权委托书要求参加股东大会，也不能证明其二人要求进入会议召开地点兆富大酒店时遭遇阻拦。安达运输公司有新证据证明原审判决据以认定事实的两份手写填充式《接处警登记表》系伪造。报警、接警记录均只有报警人单方叙述，未见争执双方对事实签字确认。2013年9月29日的《接处警登记表》非接出警本人填写，出警内容和实际情况不一致，不能反映当时实际情况，不能作为证据。广场平台登记表的时间有明显错误，出警内容只是报警人一方陈述，未找对方核实，缺少调查环节。湖北省襄阳市公安局樊城区分局于2017年8月8日向安达运输公司送达书面《襄阳市公安局樊城区分局处理信访事项答复意见书》，综上，足以证明原审判决依据的主要证据是伪造的。2. 唐某斌、谢某忠报警自称在酒店门口遭拒发生纠纷，

① 审理法院：二审法院为湖北省高级人民法院，案号：（2017）鄂民终49号；再审法院为最高人民法院，案号：（2018）最高法民申7号。

唐某斌、谢某忠二人初次报警时间是当日8时58分44秒，会议早已正式开始，即使有人与唐某斌、谢某忠二人起争执，也不是安达运输公司的签到处人员或公司工作人员。3. 湖北省襄阳市汉江公证处出具的《现场监督公证书》确认：截至当日8点30分，股东实际到场人数12名，股东王某勇因路上堵车于9点20分到达会场。这也证明安达运输公司并未阻止具有合法身份合规授权的股东或代理人参会。(二) 原审判决适用法律错误。1. 如前所述，晋某清、谭某根未能行使股东权利的原因是其代理人未按时到会，原审认定安达运输公司股东会召集程序"违法"毫无依据。2.《最高人民法院关于适用〈中华人民共和国公司法〉若干问题的规定（四)》第四条规定："股东请求撤销股东会或者股东大会、董事会决议，符合公司法第二十二条第二款规定的，人民法院应当予以支持，但会议召集程序或者表决方式仅有轻微瑕疵，且对决议未产生实质影响的，人民法院不予支持。"安达运输公司2013年9月29日形成的公司决议，召集程序、表决方式、决议内容未违反法律、法规、公司章程。出席会议股东占公司股权的91.71%，代表表决权76.86%的股东同意通过公司决议，晋某清、谭某根的表决意见对决议不产生实质影响。即使安达运输公司存在"未采取合理必要措施，组织所有股东或代表顺利进入会场，导致晋某清、谭某根客观上未能参加会议行使股东权利"也仅为轻微瑕疵，且对决议未产生实质影响。综上，请求依法撤销一审、二审判决，改判驳回晋某清、谭某根的一审全部诉讼请求或发回重审。

法院判决

再审法院认为，本案审查的主要问题是：原审判决撤销安达运输公司于2013年9月29日作出的2013年度第二次临时股东大会决议是否正确。

晋某清、谭某根主张撤销安达运输公司2013年9月29日作出的2013年度第二次临时股东大会决议的理由是其参加股东会被拒。晋某清、谭某根提交了《中兴三警合一指挥调度系统接处警信息表》、湖北省襄阳市公安局樊城区分局人民广场移动警务平台大队《接处警登记表》及屏襄门派出所《接处警登记表》证明参加会议被拒时进行了报警。《接处警登记表》上接警人、报警人出处警情况信息齐全，上述报警材料证明谢某忠与唐某斌作为股东晋某清、谭某根的代理人在2013年9月29日8时许到兆富大酒店参加股东会时，遭遇阻拦，二人报警，湖北省襄阳市公安局樊城区分局人民广场移动警务平台大队和屏襄门派出所先后出警，建议股东纠纷通过法律途径解决。安达运输公司再审提交的新证据《襄阳市公安局樊城区分局处理信访事项答复意见书》表述"屏襄门派出所于2013年10月和2017年4月20日先后两次提供《接处警登记表》，两份登记表上的报警内容和处警情况均没有经过派出所当天出警民警的核实，不能真实反映当天出警的现场情况"，但是该意见书并未否定谢某忠与唐某斌报警的真实性，亦未明确表明"真实的现场情况"如何，不能否定上述出警材料证据的证明力。原审法院依据报警及出警的证据材料认定晋某清、谭某根的代理人谢某忠与唐某斌参加股东会议被阻拦有证据支持，认定安达运输公司未保障股东晋某清、谭某根参加股东会行使表决权，2013年度第二次临时股东会召集程序违法应予撤销适用法律并无不当。安达运输公司主张本案应适用《最高人民法院关于适用〈中华人民共和国公司法〉若干问题的规定（四）》第四条规定，不应撤销股东会决议。但是《最高人民法院关于适用〈中华人民共和国公司法〉若干问题的规定（四）》第二十七条规定："本规定自2017年9月1日起施行。本规定施行后尚未终审的案件，适用本规定；本规定施行前已经终审的案件，或者适用审判监督程序再审的案件，不适用本规定。"本案二审判决于2017年5月16日作出，因此，本案不适用该规定。

法理解读

本案涉及本司法解释第5条的规定，本司法解释第5条的规定是为了解决溯及力规则和既判力规则的优先性问题。所谓既判力规则，是指对于在新法施行前已经发生法律效力的裁判（包括二审终审判决、一审判决后未上诉的判决以及再审判决等），不得再通过审判监督程序并适用新法进行改判。遵循既判力规则的核心理由在于，在彼时的规则下，既有裁判的安定性价值又需要加以维护，如果新法一经实施就对新法施行之前依据彼时有效的法律作出的裁判进行改判，则判决的安定性和稳定性就无法维系，当事人的预期也会大受损害。尤其是在瞬息万变的交易中，某项生效裁判已经确认了当事人之间的利益关系，新法修改后如果又用新的判决推翻原判决，改变当事人的利益关系，那么当事人将陷入时刻不确定的风险之中，从而导致交易无法顺利进行。如此，司法部门的权威也会大打折扣，司法资源也可能因此浪费。当然，问题总是两面的，实践中，适用新法与适用旧法所作出的判决往往只差几天，直接后果是诉讼进行的时间差别直接影响到案件的实体结果，从而造成了法律适用的实质不平等。不过，价值与价值之间往往无法两全，在必须做出取舍的时候，就需要权威机关作出决断。既然司法解释选择了既判力优先于溯及力的模式，接下来的任务便是对其进行全面的理解与适用。

本案中，再审申请人安达运输公司提起再审的主要理由之一是，认为《最高人民法院关于适用〈中华人民共和国公司法〉若干问题的规定(四)》第4条明确规定，股东请求撤销股东会或者股东大会、董事会决议，需要符合《公司法》第22条第2款的规定。如果会议召集程序或者表决方式仅有轻微瑕疵，且对决议未产生实质影响的，则法院不能判决撤销。据此，安达运输公司在再审理由中认为，2013年9月29日形成的公司决议，召集程序、表决方式、决议内容未违反法律、法规、公司章程。出席会议股东占公司股权的91.71%，代表表决权76.86%的股东同意通过公司决议，晋某清、谭某根的表决意见对决议不产生实质影响，即使安达运输公司存在“未采取合理必要措施，组织所有股东或代表顺利进入会场，导致晋某清、谭某根客观上未能参加会议行使股东权利”的行为，也仅构成轻微瑕疵，根据相应新的公司法司法解释的规定，决议不应当被撤销。因此一审、二审判决决议撤销的做法，应属错误。

但法院认为，原审中晋某清、谭某根主张撤销安达运输公司2013年9月29日作出的2013年度第二次临时股东大会决议的理由是，两位股东参加股东会被拒绝，相应的事实有报警记录、出警记录等予以证实。安达运输公司主张本案应适用《最高人民法院关于适用〈中华人民共和国公司法〉若干问题的规定（四）》第4条的规定，对于轻微的程序性瑕疵不认定为撤销股东会决议的事由，但是《最高人民法院关于适用〈中华人民共和国公司法〉若干问题的规定（四）》第27条明确规定："本规定自2017年9月1日起施行。本规定施行后尚未终审的案件，适用本规定；本规定施行前已经终审的案件，或者适用审判监督程序再审的案件，不适用本规定。"由此可见，本案二审判决是2017年5月16日作出，是在司法解释生效前，因此本案不适用该公司法司法解释的规定。法院的判决便是采纳了既判力优先于溯及力的规则，虽然此种做法在一定程度上没有能够保护公司的利益，但应当看到的是，晋某清、谭某根两位股东根据二审生效判决的既判力，已经形成了稳定的预期，并开展了后续行为，此种做法能够有效维护生效判决的权威性，有利于法律秩序的相对稳定。

二、溯及适用的具体规定

第六条 《中华人民共和国民法总则》施行前，侵害英雄烈士等的姓名、肖像、名誉、荣誉，损害社会公共利益引起的民事纠纷案件，适用民法典第一百八十五条的规定。

【条文要义】

本条司法解释的条旨是《民法典》英烈保护的规定具有溯及既往的效力。

《民法典》第185条规定："侵害英雄烈士等的姓名、肖像、名誉、荣誉，损害社会公共利益的，应当承担民事责任。"原《民法通则》对此未作规定，属于新增规定，本条司法解释规定，在原《民法总则》施行前，行为人实施侵害英雄烈士等的姓名、肖像、名誉、荣誉的行为，损害社会公共利益，在《民法典》施行后提起民事诉讼引起的民事纠纷案件，《民法典》第185条规定具有溯及既往的效力。

在司法实践中适用本条司法解释的要求是：

1. 准确把握实施侵害英烈人格利益行为的实质

行为人实施侵害英雄烈士人格利益行为的实质，是侵害死者的人格利益。制定原《民法通则》时，并未就死者人格利益的保护作出明确规定。随着侵害死者人格利益的案件逐渐增多，在司法实践提出这个问题后，《最高人民法院关于确定民事侵权精神损害赔偿责任若干问题的解释》第3条规定："自然人死亡后，其近亲属因下列侵权行为遭受精神痛苦，向人民法院起诉请求赔偿精神损害的，人民法院应当依法予以受理：（一）以侮辱、诽谤、贬损、丑化或者违反社会公共利益、社会公德的其他方式，侵害死者姓名、肖像、名誉、荣誉；（二）非法披露、利用死者隐私，或者以违反社会公共利益、社会公德的其他方式侵害死者隐私；（三）非法利用、损害遗体、遗骨，或者以违反社会公共利益、社会公德的其他方式侵害遗体、遗骨。”这一规定全面保护死者的人格利益，对死者人格利益实施侵害的行为构成侵权行为，应当承担民事责任，以维护人格尊严。不过，对一般的死者人格利益的保护，《民法典》第994条作出了规定，应当由死者的近亲属行使保护的权利，向法院提出主张，由人民法院作出判决。

2. 保护英烈人格利益的重要价值

在现实生活中，一些人歪曲事实，诽谤、抹黑、恶意诋毁、侮辱英雄烈士的名誉、荣誉等人格利益，损害了社会公共利益，社会影响恶劣，应当依法追究民事责任。《民法典》第185条规定，对侵害英雄烈士等的姓名、肖像、名誉、荣誉，损害社会公共利益的，应当承担民事责任，是对保护英烈人格利益作出的特殊保护规定。这是把保护死者人格利益的经验应用在对英雄烈士的死者人格利益保护上。对此，《英雄烈士保护法》也作出了具体规定，凡是侵害英雄烈士等的姓名、肖像、名誉、荣誉，损害社会公共利益的，应当判令侵权人承担民事责任。通过这样的规定，加强对英雄烈士姓名、肖像、名誉、荣誉等的法律保护，对于促进社会尊崇英雄烈士，扬善抑恶，意义重大。对此，英烈有近亲属的，可以由其近亲属提起诉讼，保护英烈的人格利益。没有近亲属的，检察机关有权提起公益诉讼，依法保护英烈的人格利益。

3. 适用有利溯及原则的要件

适用《民法典》第185条追究行为人对《民法典》施行前实施的该种民事责任的要件是：（1）侵害英烈人格利益的行为发生在原《民法总则》施行前，须在2017年9月30日之前，行为人实施了侵害英雄烈士等的姓名、肖像、名誉、荣誉的侵权行为；（2）行为人实施的行为损害了社会公共利益，而不仅仅是侵害了英烈的人格利益；（3）受到侵害的英雄烈士的近亲属或者检察机关在《民法典》施行后提起民事诉讼，请求追究行为人的民事责任。符合上述三个条件，就可以适用《民法典》第185条之规定，确定行为人承担民事责任。

【案例解读】

叶某光等与西安摩摩公司名誉权纠纷案①

基本案情

2018年5月8日，被告西安摩摩公司通过其自媒体账号“暴走漫画”，在“今日头条”上发布了时长1分09秒的短视频。短视频中的主持人头戴玩偶帽，辅以肢体动作、语调语气变化并在背景声中的阵阵笑声下，发表言词内容。短视频中的言词内容以“如果我考了100分，可以带我去博爱医院玩耍吗”“无孔不入的广告商，已攻占了各科的教材”“如果啊以后在课本里面出现了一些奇怪的句子我们是一点也不会感到惊讶的哦”为开始，在发表了其他言词内容后，发表了“为人进出的门紧锁着！为狗爬出的洞敞开着！一个声音高叫着！爬出来吧！无痛人流！”的言词内容，最后以“更夸张的是啊”对英文句子的中文音译内容收尾。涉案1分09秒视频后在互联网上被广泛传播，被“凤凰科技”“中国青年网”“网易新闻”“搜狐”“新浪网”等多家媒体报道或者转载报道，引发舆论关注。文化行政管理部门监测到有关“暴走漫画”的网络舆情后亦启动了立案查处程序。“今日头条”于2018年5月16日作出了对相关视频进行下架处理以及封禁涉事账号“暴走漫画”的处理措施。随后，“优酷”“爱奇艺”“腾讯视频”等视频网站做出下架“暴走漫画”或者“暴走大事件”相关内容及封禁等处理措施。引发舆论关注后，西安摩摩公司通过微博等形式

① 审理法院：陕西省西安市雁塔区人民法院，案号：（2018）陕0113民初8937号。

发布了澄清涉案视频以及对该视频中错误行为予以道歉的内容，并于当月公开发布了《致叶挺将军家人的一封信》。西安摩摩公司在前述公开信中称，其公司2014年制作的视频内容中因错误引用革命先烈作品，被媒体报道后引发争议，给社会和叶挺将军的家属造成了影响和伤害，已组织人员学习叶挺英烈事迹，进行诚恳道歉。另查明，西安摩摩公司在“今日头条”上发布的视频时长为1分09秒，而非58秒。涉案1分09秒视频系西安摩摩公司剪辑于其在2014年制作的时长约18分的视频。时长约18分的视频于2014年发布，后被下架处理。叶挺是我国著名的军事家，中国人民解放军的创建者之一。20世纪40年代，叶挺在被国民党反动派羁押期间创作了《囚歌》，以表明其坚贞不屈，为理想信念奋斗的志气。叶挺《囚歌》的全文为：“为人进出的门紧锁着，为狗爬出的洞敞开着，一个声音高叫着：爬出来吧，给你自由！我渴望自由，但我深深地知道——人的身躯怎能从狗洞子里爬出！我希望有一天，地下的烈火，将我连这活棺材一齐烧掉，我应该在烈火与热血中得到永生！”原告叶某光系叶挺之子，原告叶某鹰、叶某军均系叶挺之孙，原告叶某梅、叶某燕、叶甲、叶乙均系叶挺之孙女。

法院判决

法院认为，叶挺烈士在皖南事变后于1942年在狱中创作的《囚歌》充分体现了叶挺百折不挠的革命意志和坚定不移的政治信仰。该诗表现出的崇高革命气节和伟大爱国精神已经获得全民族的广泛认同，是中华民族共同记忆的一部分，是中华民族精神的内核之一，也是社会主义核心价值观的体现，是中华民族宝贵的精神财富，同时也是叶挺享有崇高声誉的基础。关于被告西安摩摩公司篡改《囚歌》内容并在网络平台上传涉案视频的行为是否构成对叶挺名誉侵害的问题。判断是否构成侵害名誉应当根据受害人确有名誉被损害的事实、行为人行为违法、违法行为与损害后果之间有因果关系、行为人主观上有过错来认定。《中华人民共和国民法总则》第一百八十五条规定：“侵害英雄烈士等的姓名、肖像、名誉、荣誉，损害社会公共利益的，应当承担民事责任。”《中华人民共和国英雄烈士保护法》第二十二条第一款、第二款规定：“禁止歪曲、丑化、亵渎、否定英雄烈士事迹和精神。英雄烈士的姓名、肖像、名誉、荣誉受到法律保护。任何组织和个人不得在公共场所、互联网或者利用广播电视、电影、出版物等，以侮辱、诽谤或者其他方式侵犯英雄烈士的姓名、肖像、名誉、荣誉。任何组织和个人不得将英雄烈士的姓名、肖像用于或者变相用于商标、商业广告，损害英雄烈士的名誉、荣誉。”本案中，被告西安摩摩公司在其制作的视频中将叶挺烈士生前创作的《囚歌》，“为人进出的门紧锁着，为狗爬出的洞敞开着，一个声音高叫着：爬出来吧，给你自由”篡改为“为人进出的门紧锁着！为狗爬出的洞敞开着！一个声音高叫着！爬出来吧！无痛人流！”。该视频于《中华人民共和国英雄烈士保护法》施行之际，即在网络平台上发布并传播，引发了众多新闻媒体的报道，引起社会公众的关注及网民的评论，造成了一定的社会影响。该视频内容亵渎了叶挺烈士的大无畏革命精神，损害了叶挺烈士的名誉，不仅给叶挺烈士亲属造成精神痛苦，也伤害了社会公众的民族和历史感情，损害了社会公共利益，故被告西安摩摩公司行为具有违法性且其主观过错明显，据此认定被告西安摩摩公司行为已侵害了叶挺烈士的名誉，应当承担侵权责任。关于如何承担民事责任的问题。行为人因过错侵害他人民事权益，应当承担侵权责任。《中华人民共和国侵权责任法》第十五条规定：“承担侵权责任的主要方式有：（一）停止侵害；（二）排除妨碍；（三）消除危险；（四）返还财产；（五）恢复原状；（六）赔偿损失；（七）赔礼道歉；（八）消除影响，恢复名誉。以上承担侵权责任的方式，可以单独适用，也可以合并适用。”本案中，原告叶某光、叶某鹰、叶某军、叶某梅、叶某燕、叶甲、叶乙要求被告西安摩摩公司停止侵害叶挺烈士英雄事迹和精神行为的诉讼请求，经查，在原告叶某光、叶某鹰、叶某军、叶某梅、叶某燕、叶甲、叶乙起诉前，“今日头条”平台下架了被告西安摩摩公司发布的涉案视频并对“暴走漫画”账号进行了封禁，该侵权行为已停止。原告叶某光、叶某鹰、叶某军、叶某梅、叶某燕、叶甲、叶乙要求被告西安摩摩公司在国家级媒体上公开进行赔礼道歉的诉讼请求，虽被告西安摩摩公司发布的涉案视频已经下架，且被告西安摩摩公司也通过《致叶挺将军家人的一封信》等形式向原告致歉，但其客观上实施的侵害叶挺烈士名誉的行为已经造成了严重的社会影响，被告西安摩摩公司应当在国家级媒体上予以正式公开道歉，消除其侵权行为造成的不良社会影响。原告叶某光、叶某鹰、叶某军、叶某梅、叶某燕、叶甲、叶乙要求被告西安摩摩公司赔偿100万元的诉讼请求，本院根据侵权人的过错程度、侵权行为的具体情节、给受害人造成精神损害的后果等因素，结合本案具体情况，酌情认定被告西安摩摩公司向原告叶某光、叶某鹰、叶某军、叶某梅、叶某燕、叶甲、叶乙支付精神抚慰金10万元。

法理解读

本案涉及本司法解释第6条的规定，本司法解释第6条规定是为了解决《民法典》第185条英烈保护规则的溯及适用问题。英烈保护问题是近期兴起的热点问题，党中央和国务院高度重视英烈保护问题，指出，实现我们的目标，需要英雄，需要英雄精神。我们要铭记一切为中华民族和中国人民做出贡献的英雄们，崇尚英雄，捍卫英雄，学习英雄，关爱英雄。近些年来，国家和地方政府也相继出台了大量相关政策文件，包括中央《关于进一步加强烈士纪念工作的意见》、国务院《烈士褒扬条例》、民政部《关于加强零散烈士纪念设施建设管理保护工作的通知》《烈士安葬办法》和《烈士公祭办法》等。除《民法典》外，为加强对英雄烈士的保护，维护社会公共利益，传承和弘扬英雄烈士精神、爱国主义精神，培育和践行社会主义核心价值观，激发实现中华民族伟大复兴中国梦的强大精神力量，2018年4月27日，中华人民共和国第十三届全国人民代表大会常务委员会第二次会议还通过《英雄烈士保护法》，自2018年5月1日起施行。

侵害英雄烈士人格利益行为的实质，是侵害死者的人格利益，在制定原《民法通则》之时，此类现象并不多发，因此彼时并未就死者人格利益的保护作出专门规定。但随着互联网通信技术的发达，通过在各类网络平台中发表言论侵害死者人格利益的案件逐渐增多。最高人民法院意识到此类问题，在制定《最高人民法院关于确定民事侵权精神损害赔偿责任若干问题的解释》时，于第3条规定了对死者人格利益的保护，《民法典》第994条吸收了该司法解释的规定，并明确对于此类案件，应当由死者的近亲属向法院提起诉讼，以对死者的人格利益进行保护。近年来，网络上开始出现一些诽谤、抹黑、恶意诋毁、侮辱英雄烈士的名誉、荣誉等人格利益的行为，此种行为损害了社会公共利益和核心价值体系，造成了恶劣的社会影响。[①]《民法典》第185条对此进行了回应，明确了对于侵害英雄烈士等的姓名、肖像、名誉、荣誉，损害社会公共利益的行为，应当承担民事责任。其中，有资格提起相应诉讼的主体应该是英烈的近亲属，英烈没有近亲属的，则检察机关可以依法提起公益诉讼，以依法保护英烈的人格利益。

本案是英烈保护的典型案例之一。本案中，被告西安摩摩公司运营的自媒体账号"暴走漫画"在"今日头条"平台上发布了一段短视频，短视频中的主持人头戴玩偶帽，辅以肢体动作、语调语气变化并在背景声中的阵阵笑声下，发表以叶挺将军创作的《囚歌》为原型改编的内容。彼时，叶挺将军在被国民党反动派羁押期间创作了《囚歌》，以表明其坚贞不屈，为理想信念奋斗的志气。由于案涉短视频发表于《英雄烈士保护法》施行之际，且"暴走漫画"也有一定的知名度，因此引发了众多新闻媒体的报道，社会公众广泛关注此事。叶挺将军的近亲属认为，该视频内容亵渎了叶挺烈士的大无畏革命精神，损害了叶挺烈士的名誉，不仅给叶挺烈士亲属造成精神痛苦，也伤害了社会公众的民族和历史感情，损害了社会公共利益。被告西安摩摩公司也承认相应行为不当，删除了相应视频，并对叶挺将军的后人进行了道歉。法院认为，被告的行为具有违法性且其主观过错明显，应当认定被告西安摩摩公司行为已侵害了叶挺烈士的

① 康天军：《英烈保护司法实务问题探析》，载《法学论坛》2018年第6期。

名誉，被告对此也明确认可。关于如何承担民事责任的问题。一方面，原告叶某光、叶某鹰、叶某军、叶某梅、叶某燕、叶甲、叶乙要求被告西安摩摩公司停止侵权的诉讼请求，案涉视频已经删除，“暴走漫画”账号也被封禁，应当认定该侵权行为已停止。关于要求被告西安摩摩公司在国家级媒体上公开进行赔礼道歉的诉讼请求，鉴于被告的行为已经造成了严重的社会影响，因此被告西安摩摩公司应当在国家级媒体上予以正式公开道歉。另一方面，法院根据侵权人的过错程度、侵权行为的具体情节、给受害人造成精神损害的后果等因素，结合本案具体情况，酌定被告西安摩摩公司向原告叶某光、叶某鹰、叶某军、叶某梅、叶某燕、叶甲、叶乙支付精神抚慰金100000元。

《民法典》关于英烈保护的规定不仅可以作为裁判规范，同时也是行为规范，其目的在于对一类行为进行积极导向，要求行为人在发表言论时不应侮辱、诽谤他人，当言论涉及英烈问题上，更应谨慎。由于英烈保护规定是原《民法总则》的新增规则，《民法典》对此进行了延续，因此对于行为人实施的侵害英雄烈士等的姓名、肖像、名誉、荣誉的侵权行为，只要在原《民法总则》实施后诉至法院的，就应适用相应规则进行裁判。

第七条　民法典施行前，当事人在债务履行期限届满前约定债务人不履行到期债务时抵押财产或者质押财产归债权人所有的，适用民法典第四百零一条和第四百二十八条的规定。

【条文要义】

本条司法解释的条旨是《民法典》流押、流质条款规定具有溯及既往的效力。

《民法典》第401条和第428条关于流押、流质的规定，都与原《物权法》《担保法》的规定不同，属于有利溯及规则适用的范围。因此，本条司法解释规定，在《民法典》施行之前，当事人在债务履行期限届满前，约定债务人不履行到期债务时，抵押财产或者质押财产归债权人所有的流押、流质条款的，《民法典》的新增规定具有溯及既往的效力，应当适用《民法典》第401条、第428条的规定，只能依法就抵押或者质押的财产受偿，流押、质押条款本身无效。

《民法典》关于流押、流质的规定，都是《民法典》施行之前就有的法律规定，《民法典》的规定是更有利于保护当事人的合法权益、更有利于维护社会和经济秩序、更有利于弘扬社会主义核心价值观的法律规范。其实，就是原《物权法》《担保法》对流押、流质条款规定的规则是不正确的，《民法典》将这些不正确的规定予以废弃，采用了正确的流押、流质规则。

1. 流押条款

《民法典》第401条规定："抵押权人在债务履行期限届满前，与抵押人约定债务人不履行到期债务时抵押财产归债权人所有的，只能依法就抵押财产优先受偿。"与原《物权法》第186条关于"抵押权人在债务履行期届满前，不得与抵押人约定债务人不履行到期债务时抵押财产归债权人所有"的规定相比，本条规定明确了流押约定无效，但是抵押权仍然成立，即订立流押条款不影响抵押权优先受偿效力；而原来的规定是禁止性条款，约定流押条款可能导致抵押合同无效。

流押是一个简称，更准确的称谓是流押契约、抵押财产代偿条款或流抵契约，是指抵押权人与抵押人约定，当债务人届期不履行债务时，抵押权人有权直接取得抵押财产的所有权的协议。

禁止流押的目的是：（1）体现民法的公平原则，有时，债务人为经济窘境所迫，会自己提供或者请求第三人提供高价值的抵押财产，用于担保较小的债权，而债权人乘机迫使债务人订立流押契约，从中获取暴利，损害债务人或者第三人的利益，违反公平原则。如果抵押权设定后，抵押财产价值低于所担保的债权，虽对债务人有利，却对债权人不公平。禁止流押主要是保护抵押人的利益，体现民法的公平原则。（2）体现法律适用的简洁、明快。如果是债权人迫使债务人订立流押条款，债务人虽然可以请求人民法院对抵押合同行使撤销权，保护自己的正当权益，但是，意思表示不真实导致合同被撤销的，需要提供证据证明，如果债务人不能举证证明，法院不会支持其撤销抵押合同的请求。因此，法律直接规定流押条款无效，能够更好地保护抵押人的正当权益。(3）规定流押条款也是抵押权的本质属性要求。抵押权是变价受偿权，抵押财产未经折价或者变价，就预先约定抵押财产转移抵押权人所有，违背了抵押权的价值权属性。

抵押权人和抵押人订立的流押条款一律无效，即使在抵押权实现时订立的实现抵押权协议中，也不得出现流押契约。只有当事人以抵押财产拍卖、变卖或者折价方式清偿债务的，才是正常的抵押权实现方法。

订立流押条款的，虽然流押条款本身无效，但是抵押权仍然成立，因而只能依法就抵押财产优先受偿，使债务得到清偿。原《物权法》对流押条款采取禁止性规定，禁止约定流押条款，约定了流押条款就可能导致抵押合同无效。《民法典》第 401 条改变这样的规定，只要是抵押权人与抵押人在债务履行期限届满前，约定债务人不履行到期债务时抵押财产归债权人所有的，只是“只能依法就抵押财产优先受偿”，而不是说不得约定流押，更不是说流押合同一律无效。

2. 流质条款

《民法典》第 428 条规定：“质权人在债务履行期限届满前，与出质人约定债务人不履行到期债务时质押财产归债权人所有的，只能依法就质押财产优先受偿。”这是关于流质条款效力的规定，与原《物权法》第 211 条的规定相比，本条规定明确了流质条款不影响质权合同效力的规则。

流质也称绝押，是指转移质物所有权的预先约定。订立质押合同时，出质人和质权人在合同中不得约定在债务人履行期限届满质权人未受清偿时，将质物所有权转移为债权人所有。

禁止流质的主要原因与禁止流押的原因相同。当事人在质押合同中约定流质条款的，流质条款无效，但是质押合同符合法律规定的，依然有效。抵押财产一经交付，质权就有效设立，质权人依法就质押财产优先受偿。本条的新增规定，就是要特别明确约定流质条款不影响质权的优先受偿效力。

3. 原《民法总则》实施前发生的流押、流质条款的法律适用

《民法典》流押、流质规定有利溯及适用的要件是：(1) 流押、流质条款发生在《民法典》施行之前；(2) 在债务履行期限届满之前约定流押、流质条款；(3) 明确约定债务人不履行到期债务时，抵押财产或者质押财产归债权人所有；(4) 在《民法典》施行后发生流押、流质条款效力的争议。符合上述四个要件的，《民法典》关于流押、流质的新增规定具有溯及既往的效力，应当适用《民法典》第401条、第428条的规定，只能依法就抵押或者质押财产优先受偿，认定流押、质押条款本身无效即可。

【案例解读】

中静公司诉铭源公司、桂客公司股权转让纠纷案[①]

基本案情

2012年11月29日，朱某群作为出借人与铭源公司作为借款人、姚某作为保证人签订一份《融资借款协议》，约定：一、经铭源公司要求，朱某群同意向铭源公司出借7000万元；借款期限为一个月；各方同意，借款期限延长的，本协议项下股权质押担保期限及姚某保证期限自动相应延长，各方无须另行签署任何其他协议；借款利率为5%/月，借款利息于借款到期后一并支付。二、为了保障朱某群债权，姚某同意就铭源公司于本协议及关联协议项下的义务向朱某群承担连带保证责任，该保证相对独立，本协议不因任何其他条款无效而无效；姚某保证范围包括但不限于本

① 审理法院：一审法院为安徽省高级人民法院，案号：(2013) 皖民二初字第00021号；二审法院为最高人民法院，案号：(2015) 民二终字第384号。

协议项下的借款本息、成本费用、违约金、律师费、诉讼费及朱某群其他实现债权的费用；姚某在保证范围内承担连带清偿责任，如铭源公司不按约定偿付借款本息或相应费用的，朱某群有权直接向姚某追偿；姚某保证在接到朱某群书面索款通知后2个工作日内清偿上述款项。三、为了保障朱某群债权，铭源公司同意将其持有的桂客公司32.1510%的股权（对应出资额9785万元）质押给朱某群以担保其债务的履行。该股权质押合同由朱某群与铭源公司另行签订，作为本协议的附件之一；股权质押合同担保的主债权为本协议项下铭源公司应偿付的借款本息、成本费用及违约金等，担保范围包括但不限于借款本息、成本费用、违约金、律师费、诉讼费及朱某群其他实现债权的费用。铭源公司应在股权质押合同订立后三日内就股权质押事宜向工商行政管理部门办理股权质押登记、并在相关公司的股东名册上办理登记手续，将股权证书（如有）移交由朱某群保管；股权质押合同的签订生效且股权办理质押登记完毕，是朱某群发放贷款的先决条件之一。四、为保障朱某群债权，铭源公司向朱某群承诺，若铭源公司借款期限届满仍未能还款的，铭源公司于此不可撤销地授权朱某群依约处置股权，朱某群有权要求铭源公司立即将其持有的桂客公司32.1510%股权（对应出资额9785万元）以7000万元的价格转让给朱某群指定的任意第三人，铭源公司不得拒绝；朱某群指定的任意第三人无须向铭源公司支付股权转让款，该股权转让款由该第三方直接支付给朱某群用于偿还借款本息，具体事宜由该第三方与朱某群另行协商确定。各方同意，股权依约过户转让给朱某群指定的任意第三人后，视为铭源公司于本协议项下的借款本息已经清偿；铭源公司应按照朱某群的要求，在借款放款前就股权转让事宜事先出具股权转让协议。股权转让协议出具时，股权受让人暂为空白。铭源公司同意并承诺，在股权转让协议生效时，无须铭源公司的另行授权，铭源公司同意由朱某群指定的第三方作为受让主体并由朱某群填补上述空白，铭源公司对此表示认可，无任何异议；铭源公司应按照朱某群的要求就股权转让事宜出具委托朱某群及/或朱某群指定的人全权办理股权转让各项登记手续的经过公证的不可撤销授权委托书，该授权委托书出具后由朱某群持有。朱某群承诺，只有在铭源公司未依约偿还本协议项下借款本息时，方可使用上述授权委托书办理股权转让手续，否则，朱某群应承担由此给铭源公司造成的一切损失；股权转让协议生效条件为：股权转让协议各方签字或盖章，并于本协议项下规定的还款期限届满或借款被宣布提前到期后铭源公司仍未还款时正式生效……七、铭源公司、姚某发生违约的，朱某群有权选择要求铭源公司及姚某自违约行为发生日起连带向朱某群按借款总额的每日千分之一的标准支付违约金，或者按照借款总额的30%一次性支付违约金；若铭源公司及姚某发生违约，朱某群为维护自身债权而发生的一切费用，包括但不限于律师费、诉讼费以及其他实现债权的费用由铭源公司、姚某承担。八、股权质押、股权转让等发生的任何税费由铭源公司承担。九、本协议履行过程中的各项事宜或权利主张应以书面形式。本协议记载的联系地址即为实际送达地址。各文书包括法律文书送达该联系地址，无论相关当事人是否实际签收，即视为实际送达该当事人。该当事人不得以未实际签收而提出任何抗辩。朱某群、铭源公司、姚某分别在协议上签字或盖章。

同日，朱某群与铭源公司又签订一份《股权质押合同》，约定：质押标的为铭源公司在桂客公司持有的32.1510%股权（对应出资额9785万元）及其派生的权益；质押担保金额为7000万元。若铭源公司未在合同规定的借款期限全额偿还借款，或出现朱某群宣布债权提前到期的情形，则无须另行书面授权，铭源公司即不可撤销地授权朱某群将其持有的总计32.1510%的桂客公司股权（对应出资额9785万元）以7000万元的价格转让与第三方，转让价格优先偿还朱某群的借款债权，股权转让协议另行订立并于借款期限届满日或被宣布提前到期时生效；铭源公司应在合同签订之日起3日内办理股权出质登记手续，否则即视为违约；本合同是所担保主合同的组成部分，经双方签章并自股权出质登记之日起生效。铭源公司的法定代表人姚某及朱某群分别在协议上签字或盖章。2012年11月30日，铭源公司与朱某群就本案争议股权在广西壮族自治区永福县工商行政管理局办理了股权出质登记手续。上述协议签订后，铭源公司向朱某群提供了股权出让人为铭源公司，股权受让人、签署时间为空白的《股权转让协议》。

2013年1月18日，朱某群与中静公司签署一份《关于指定受让铭源公司持有桂林客车32.1510%股权备忘录》，约定：朱某群保证其有权处置铭源公司持有桂客公司32.1510%股权，且根据借款协议的授权，处置该股权并指定受让人受让股权的条件已满足；朱某群与铭源公司之间的任何纠纷、联络沟通由朱某群与铭源公司自行安排，与中静公司无涉，中静公司无须与铭源公司就股权转让做任何洽谈；有关股权变更手续由朱某群负责敦促铭源公司和桂客公司办理完成，中静公司予以必要配合；中静公司于备忘录签署当日向朱某群支付1000万元作为股权转让定金，余款于股权变更至中静公司名下且办理完成股权变更登记手续后3个工作日内全额支付。同日，华腾公司受中静公司委托向朱某群转款1000万元。

2013年2月22日，朱某群、铭源公司、姚某、高某（保证人）签订一份《〈融资借款协议〉之补充协议》，协议约定：各方同意，借款的还款期限适当宽延，铭源公司应在2013年2月28日前全额归还借款，借款自2012年12月29日起，按照月利率6%计息。铭源公司承诺就未按时履行《融资借款协议》还款义务的违约行为向朱某群另行一次性支付违约金500万元。铭源公司确认，该违约金是公平合理的，铭源公司放弃请求法院调整违约金金额的权利或对违约金金额进行任何不利于朱某群的抗辩。姚某作为铭源公司实际控制人，同意在宽延的还款期限内为铭源公司向朱某群承担连带保证责任。高某同意就铭源公司在《融资借款协议》与本协议项下借款的偿还义务为铭源公司向朱某群承担连带保证责任。姚某与高某提供的连带保证条款相对独立，不受《融资借款协议》及本协议效力的影响，即使《融资借款协议》及本协议部分或全部无效，姚某与高某仍应向朱某群承担连带保证责任。铭源公司同意，无须另行办理其他登记手续，铭源公司为担保《融资借款协议》项下义务履行而向朱某群提供的桂客公司32.1510%股权质押担保措施在宽延的借款期限内继续有效。

因铭源公司一直拒绝办理股权转让变更登记手续，违反协议约定，桂客公司亦未能依法配合中静公司办理股权变更登记事宜，故中静公司向安徽高院提起诉讼，请求判令铭源公司立即将其所持有的桂客公司32.1510%股权（对应出资额9785万元）转让至中静公司名下并办理股权变更登记手续；桂客公司配合中静公司与铭源公司办理股权变更登记手续。

法院判决

一审法院认为，关于案涉《融资借款协议》《股权质押合同》及《股权转让协议》的效力问题。《中华人民共和国物权法》第二百一十一条规定："质权人在债务履行期届满前，不得与出质人约定债务人不履行到期债务时质押财产归债权人所有。"经审查，本案中，1. 案涉《融资借款协议》中"鉴于"条款第六项约定，若铭源公司届时未能及时清偿欠款的，朱某群有权要求将其持有的桂客公司32.1510%股权以约定的价格转让给朱某群指定的第三方，由朱某群指定的第三方将股权转让款直接支付朱某群以偿还欠款。2. 该协议第四条约定，为保障朱某群债权，铭源公司向朱某群承诺，若铭源公司借款期限届满仍未能还款，铭源公司于此不可撤销地授权朱某群依约处置股权，朱某群有权要求铭源公司立即将其持有的桂客公司32.1510%的股权（对应出资额9785万元）以7000万元价格转让给朱某群指定的任意第三人，铭源公司不得拒绝；朱某群指定的任意第三人无须向铭源公司支付股权转让款，该股权转让款由该第三人直接支付朱某群用于偿还借款本息，具体事宜由该第三人与朱某群另行协商。3.《股权质押合同》约定，若铭源公司未在合同规定的借款期限全额偿还借款，或出现朱某群宣布债权提前到期的情形，则无须另行书面授权，铭源公司即不可撤销地授权朱某群将其持有的总计32.1510%的桂客公司股权（对应出资额9785万元）以7000万元的价格转让与第三方，转让价格优先偿还朱某群的借款债权。上述条款约定的实质内容就是双方事先约定在铭源公司不能按约偿还朱某群借款时，由朱某群将铭源公司质押的股权按照约定的价格转让第三方以抵销铭源公司欠朱某群的债务，即将质物的处置权让渡给朱某群。该约定违反了上述法律的禁止性规定，应确认无效。同时该《融资借款协议》中有关借款利率为5%/月的约定，超过了同期银行贷款利率四倍的民间借贷利率上限，对超过部分也依法不受保护。《融资借款协议》《股权质押合同》的其他内容不违反法律和法规的禁止性规定，应为有效。2013年4月2日，朱某群根据《融资借款协议》的约定，在铭源公司没有按期还款的情况下，将《融资借款协议》中的第三人确定为中静公司，并填补了铭源公司事先出具的空白《股权转让协议》的部分内容。因该《股权转让协议》是基于《融资借款协议》《股权质押合同》中质权人朱某群在债务人铭源公司不能清偿到期债务时，有权单方处置质物，将案涉股权转给其指定的第三人的约定所形成，且除股权受让人及签署时间外的其他内容的形成时间与上述两份协议的形成时间一致，并非铭源公司与中静公司在债务到期后自愿协商达成，在上述两份协议中涉及股权处置的内容已被确认无效的情况下，该《股权转让协议》也应确认无效。

关于中静公司诉请按评估价值确定的公允价格受让铭源公司持有的桂客公司32.1510%股权应否予以支持的问题。鉴于本案中静公司起诉时主张的合同效力与安徽高院经过审理认定的合同效力不一致，根据《最高人民法院关于民事诉讼证据的若干规定》第三十五条的规定，安徽高院于2014年11月11日就合同效力问题向中静公司进行了释明。2015年1月16日，中静公司向安徽高院提交了变更诉讼请求申请书，申请将第一项诉讼请求变更为判令铭源公司持有的桂客公司32.1510%股权，按评估价值确定的公允价格转让给中静公司。从中静公司变更前和变更后的诉讼请求看，均是要求受让铭源公司持有的桂客公司的股权。因铭源公司已将涉案股权质押给朱某群，且办理股权质押登记，朱某群作为质押权人，基于债权而享有股权处置后的优先受偿权，但其无权处分在出质期间质押的股权，且铭源公司已经偿还部分借款，故此种处分行为不发生股权变动的法律后果。因此，中静公司依据《股权转让协议》主张按评估价值确定公允价格受让铭源公司持有的桂客公司股权，没有事实和法律依据，安徽高院不予支持。

中静公司不服一审判决提起上诉。

二审法院认为，中静公司提出受让股权的依据为铭源公司与朱某群签订的《融资借款协议》及其项下的《股权质押合同》及《股权转让协议》，据协议相关条款内容来看，双方约定在铭源公司未能及时清偿债务时，朱某群有权要求铭源公司将其持有的桂客公司32.1510%（对应出资额9785万元）股权以7000万元价格转让给朱某群指定的任意第三人，铭源公司不得拒绝，且该第三人亦无须向铭源公司支付股权转让款，而是直接支付给朱某群以偿还欠款。其实质为在铭源公司不能如约偿还朱某群借款时，朱某群可将铭源公司质押的股权以事先约定的固定价格转让给第三方以清偿铭源公司所负债务，即在履行期限届满前已约定由质权人朱某群以固定价款处分质物，相当于未届清偿期即已固定了对质物的处分方式和处分价格，显然与法律规定的质权实现方式不符。此种事先约定质物的归属和价款之情形实质上违反了《中华人民共和国物权法》第二百一十一条禁止流质的强制性规定，故该约定条款应属无效。

在铭源公司未按期还款的情况下，朱某群将《融资借款协议》中的第三人确定为中静公司，并填补了铭源公司事先出具的空白《股权转让协议》的部分内容。因该《股权转让协议》是基于《融资借款协议》《股权质押合同》中质权人朱某群在债务人铭源公司不能清偿到期债务时，有权单方以固定方式处置质物，将案涉股权转给其指定的第三人的约定所形成，除股权受让人及签署时间外的其他内容的形成时间与上述两份协议的形成时间一致，并非铭源公司与中静公司在债务到期后自愿协商达成。故从实质上而言，尽管受让主体是在不能如期还款时明确的，但受让方式和价款均为事先约定。在上述两份协议中涉及股权处置的内容已被确认无效的情况下，该《股权转让协议》亦为无效。在此情况下，中静公司要求据此受让铭源公司持有的桂客公司32.1510%股权即失去了事实基础，本院不予支持。

法理解读

本案涉及本司法解释第7条的规定，本司法解释第7条规定是为了解决《民法典》第401条、第428条规定的流质、流押规则的溯及力问题。无论是原《担保法》还是原《物权法》，一度都对流质、流押采取严格限制的态度，涉及流质、流押时，条文明确表述为“在债务履行期届满前，不得与抵押（质押）人约定债务人不履行到期债务时抵押（质押）财产归债权人所有”，司法实践中，对于当事人之间达成的流质、流押条款，也秉持彻底否定的态度。[①]《民法典》关于流押、流质的规定，改变了从原《担保法》以来的一贯做法。这使得《民法典》第401条、第428条的规定和原《担保法》第40条、第66条以及原《物权法》第186条、第211条之间存在冲突，亟待进行解决。

学界一直有声音呼吁适当放开流质、流押的绝对禁止，而采取相对禁止或者其他缓和规则。[②] 在原《物权法》立法时，对此问题就颇有争议，之所以最终没有改变流质、流押的绝对禁止立场，法工委解释称有四个原因：第一，抵押权人与抵押人签订流押条款，从形式上看好像是自愿的，但实质上是否自愿，是否没有胁迫是很难判断的。真正公平的意思自治必须通过制度保障。第二，禁止流押的规定不仅追求对抵押人的公平，也要保证对抵押权人公平，如果流押条款订立后，因抵押财产价值缩减导致债权无法满足，对债权人也是不公平的。抵押权的设立不是风险投资，需要公平地保障债权人和抵押人的合法权益。第三，流押条款还可能损害抵押人的其他债权人的利益。第四，流押条款订立后，当事人双方是否依照约定履行了合同，不履行的原因是什么，可能相当复杂，如果因抵押权人的原因造成债务不履行，抵押权人又可以将抵押财产直接转为自己所有，可

---

① 比较典型的几个案例可参见汤某、刘某龙、马某太、王某刚诉彦海公司商品房买卖合同纠纷案，最高人民法院（2015）民一终字第180号民事判决书。该案例为最高人民法院指导性案例。另可见闽成公司诉钢铁公司民间借贷纠纷案，最高人民法院（2019）最高法民终133号民事判决书。该案例载《最高人民法院公报》2020年第1期。

② 具有代表性的文献，可参见高圣平：《论流质契约的相对禁止》，载《政法论丛》2018年第1期。张爱珍：《对禁止流质契约必要性的现实考量》，载《人民司法》2015年第11期。

能会引发更大的麻烦，带来当事人双方特别是债务人更高的成本。流押条款看起来实现成本比较低但是如果低成本不能带来公平的、高质量的经济社会效益，也会产生很多负面影响。[①]《民法典》最终还是考虑到流质、流押的优势，并结合比较法的经验，适当放开了流质、流押的绝对禁止，当事人订立合同约定了类似的流质、流押的，抵押权（质权）仍然成立，因而权利人能够依法就抵押（质押）财产优先受偿。

本案是《民法典》生效前适用流质绝对禁止旧规则裁判的一起典型案例。本案中，案涉《融资借款协议》中“鉴于”条款第6项和第4条等条款均约定，若被告铭源公司届时未能及时清偿欠款的，朱某群有权要求将其持有的桂客公司32.1510%股权以约定的价格转让给朱某群指定的第三方，由朱某群指定的第三方将股权转让款直接支付朱某群以偿还欠款，铭源公司不得拒绝等。这些条款约定的实质就是当铭源公司到期不能偿还朱某群借款时，由朱某群将铭源公司质押的股权按照约定的价格转让第三方以抵销铭源公司欠朱某群的债务，即将质物的处置权让渡给朱某群，亦即实质上属于流质条款，故一审法院将之确认为无效。

但是，仔细考察案涉条款的约定，会发现该约定并非典型的流质条款。案涉合同条款没有约定铭源公司提供的质押股权直接归债权人朱某群所有，而是由铭源公司向朱某群提供已加盖其印章的股权转让合同文本，并向朱某群出具质押股权处置授权委托书，实质是按照双方约定，铭源公司一旦没有偿还到期债务的条件成就时，朱某群有权通过市场交易方式处置质押股权，从中优先受偿。这种附条件实现担保物权的方式，其实就是为了规避法律所明文禁止的流质。而且，考察本案形成时的交易背景，朱某群与铭源公司设立的融资借款关系仅一个月的周期，出借人其实承担了较大的风险，因此为了有效地实现对担保物权的控制，保障债权的实现，双方约定了此种质物处置方式。但是，一审判决还是认为，朱某群和铭源

---

① 黄薇主编：《中华人民共和国民法典物权编解读》，中国法制出版社2020年版，第662－663页。

公司事先约定“将质物的处置权让渡给朱某群”，只要约定先于债务清偿期，而非晚于债务清偿期，就应属于流质，相应条款就属无效。二审法院同样强调了约定是在债务履行期限届满前还是届满后达成的区别，由于本案是在未届清偿期即已固定了对质物的处分方式和处分价格，就与法律规定的质权实现方式不符，此种事先约定质物的归属和价款的情形仍属于流质，故该约定条款应属无效。

其实，如前述法工委立法理由所述，原《担保法》和原《物权法》之所以规定流质无效，目的之一是防止出质人提供的质物过度贬值，失于市场公允价值，从而损害出质人的合法权益。但此种损害并非必然发生，而是视个案而不同的。而且，当事人的真意还是提供担保，将此种约定一概认定为无效，不利于保护债权人的利益，久而久之也会使得借贷变得更为困难。基于此，《民法典》改变了相应作法，规定在债务履行期限届满之前约定流押、流质条款的，债权人仍具有优先受偿力。《民法典》第401条和428条可以说是对流质、流押制度的重大改变，其更有利于保护当事人的合法权益，促进交易，故对于类似本案的纠纷，如果发生在《民法典》施行后，人民法院就应当适用《民法典》的规定，不否认流质、流押的效力，而是承认担保物权人对担保物具有优先受偿力。

第八条　民法典施行前成立的合同，适用当时的法律、司法解释的规定合同无效而适用民法典的规定合同有效的，适用民法典的相关规定。

【条文要义】

本条司法解释的条旨是《民法典》规定的合同效力规则具有溯及既往的效力。

对因合同效力发生的民事纠纷案件如何适用法律，在《民法典》溯及力问题上应当特别注意的是，原《合同法》关于合同效力的规定是基本依据，而《民法典》将合同效力规则集中规定在总则编第六章第三节“民事法律行为的效力”的规定中，法律适用的环境和具体规则都发生了变化。

对《民法典》施行前成立的合同，如果适用当时的法律（如原《民法通则》《合同法》）、司法解释（如适用《合同法》的几部司法解释）的规定合同无效而适用《民法典》的规定则为合同有效的，本条司法解释确定的法律适用原则是“适用民法典的相关规定”。即合同在《民法典》施行之前成立的，如果当时的《合同法》《民法通则》和司法解释认为无效，而《民法典》规定为合同有效的，在《民法典》施行后发生争议、当事人起诉的，应当适用《民法典》的规定，确认该合同为有效。

原《合同法》第52条规定的合同无效情形，与《民法典》规定的民事法律行为无效的情形进行对照，结果是：

1. 原《合同法》第52条第1项规定，一方以欺诈、胁迫的手段订立合同，损害国家利益的合同无效。对此，《民法典》第148条、第149条规定所有因欺诈、胁迫签订的合同，一律为可撤销的民事法律行为。

2. 原《合同法》第52条第2项规定，恶意串通，损害国家、集体或者第三人利益的合同无效。这一规定与《民法典》第154条规定相一致。

3. 原《合同法》第52条第3项规定，以合法形式掩盖非法目的的合同无效。《民法典》第146条规定了更具有广泛概括力的隐藏行为，要根据被隐藏的行为的法律规定确认其效力，其中可能包括有效的规定，如被隐藏的行为是合法行为。不过，本司法解释专门针对虚假行为和隐藏行为规定了第8条，该条规定《民法典》对规定具有溯及力，适用《民法典》第146条的规定。

4. 原《合同法》第52条第4项规定，损害社会公共利益的合同无效。对此，《民法典》第153条第2款规定了违反公序良俗的行为无效。

5. 原《合同法》第52条第5项规定，违反法律、行政法规的强制性规定的合同无效。对此，《民法典》第153条第1款规定了违反强制性法律规定的合同无效，但是，该强制性规定不导致该民事法律行为无效的除外。

例如，违反管理性强制性法律规范的合同，就可能不导致该合同无效。

6. 原《合同法》没有规定，原《民法通则》规定的无民事行为能力人实施的民事行为无效。对此，《民法典》第 144 条作了相同的规定。

上述法律规定对照的结果是，对于合同的效力，《民法典》施行前的法律规定为无效，《民法典》规定为有效的情形，一是欺诈、胁迫损害国家利益的合同；二是违反法律强制性规定但属于管理性强制性法律，不导致该合同无效的合同。其中，对欺诈、胁迫损害国家利益的合同，虽然原《合同法》规定为无效，但是《民法典》并未规定其为无效，而是可撤销合同。因此，可以得出的结论是：

1. 违反管理性强制性法律规定的合同，并不导致合同无效的，就是有效的合同。尽管原《合同法》规定了违反法律强制性规定的合同无效，但是，后来的司法解释对违反效力性强制性规定的合同和违反管理性强制性规定的合同的效力进行了区分，那些“该强制性规定不导致该民事法律行为无效的”合同，属于《民法典》施行前的法律规定为无效，《民法典》规定为有效的情形。

2. 尽管欺诈、胁迫损害国家利益的合同被原《合同法》规定为无效，不过，《民法典》对此却并未规定为有效，而是规定为可撤销的民事法律行为，如果严格地从文义上解读，这并不完全符合本条司法解释规定的条件。然而，对于《民法典》施行前的法律规定为无效，《民法典》规定为可撤销的，虽然本司法解释并未作出具体规定，也可以比照适用这一条的规定，即欺诈、胁迫损害国家利益的合同，应当适用《民法典》的规定。

所以，按照本条司法解释的规定，首先，对于《民法典》施行前成立的合同，违反法律的管理性强制性规定并不导致合同无效的，应当适用《民法典》第 153 条第 1 款规定，认定该合同为有效。其次，对于欺诈、胁迫损害国家利益的合同，虽然《民法典》没有规定其为有效，但是改变了原来无效的规定，规定为可撤销民事法律行为，因此，应当适用《民法典》第 148 条、第 149 条、第 150 条规定，认定为可撤销民事法律行为，如果撤销权人不主张行使撤销权的，就可以直接认定为有效合同

【案例解读】

六十七中学诉张某武确认合同效力纠纷案[①]

基本案情

1999年8月26日，第三中学与九洲食品厂签订《厂地租赁合同》约定出租学校院内后墙角总面积为484m^{2}的土地，租赁期限50年，租金65000元（已付清）。2004年5月，第三中学正式更名为六十七中学。九州食品厂属于个体工商户，目前已注销，张某武是该厂经营者。张某武超出租赁面积在案涉土地上，建设了三层自建房，用于出租和自住。案涉土地是教育划拨用地，租赁场地及超范围占用土地，全部在六十七中学红线规划之内。本案事实部分的争议焦点为：张某武超租赁面积占有案涉土地给六十七中学造成损害的赔偿金额。六十七中学为证明其主张，申请对案涉土地中超出租赁面积484m^{2}的部分自1999年8月26日至2019年5月26日的占有使用费进行了鉴定。汇信公司、中证公司经法院摇号确定接受委托，作出的鉴定意见是：张某武实际占有的土地总面积为1169.89m^2，超出租赁面积484m^{2}占有的面积是685.89m^2，1999年8月26日至2019年5月26日的占有使用费为464800元。六十七中学对租赁面积、占有使用费的金额予以认可。张某武质证，对租赁面积认可，占有使用费的金额不认可，理由是案涉土地张某武承租时是荒地，也是划拨用地，不能比照一般商业用地鉴定。中证公司对案涉租赁土地的占有使用费作出了补充鉴定及说明：占有使用费为207800元，鉴定考虑的因素包括，1. 案涉土地为划拨；2. 案涉土地租赁时为荒地；3. 基于上述因素采用“成本逼近法”进行鉴定，剔除了建筑物的因素。六十七中学对本次鉴定不认可，认可第一

---

① 审理法院：一审法院为浙江省台州市三门县人民法院，案号：（2011）台三民初字第419号；二审法院为新疆维吾尔自治区乌鲁木齐市中级人民法院，案号：（2020）新01民终2251号。

次鉴定的意见。张某武质证，不认可本次鉴定意见，应当按照双方签订合同的租金计算超出面积的占有使用费。一审法院对中证房地产评估造价集团有限公司补充鉴定的意见予以采信。理由为：（一）该鉴定机构剔除租赁土地的建筑物因素，按照其划拨性质进行鉴定，符合案涉土地的性质和案件情况；（二）租赁价款在双方意思自治的范围之内，与市场价无涉，效力限于租赁面积内的土地，而六十七中学在本案中所主张的是超出租赁面积土地的占有使用费，与前者性质不同，不能参照前者得出结论，故张某武按照合同价确定占有使用费的意见，不能成立。六十七中学向法院起诉，要求确认其与张某武之间的合同无效。

法院判决

一审法院认为，关于案涉合同是否有效，根据《中华人民共和国经济合同法》第七条规定，案涉合同签订时确属无效，但根据《最高人民法院关于适用〈中华人民共和国合同法〉若干问题的解释（一）》第三条规定："人民法院在确认合同效力时，对《中华人民共和国合同法》实施以前成立的合同，适用当时的法律合同无效而适用合同法合同有效的，则适用合同法。"案涉合同仍属有效。另外，关于《中华人民共和国合同法》第二百一十四条"租赁期限超出20年部分无效"的规定，对合同法施行之前签订的合同，是否具有溯及力的问题。《中华人民共和国立法法》第九十三条规定："法不溯及既往，但为了更好的保护公民而作的特别约定除外。"问题在于，案涉合同的签订虽在《中华人民共和国合同法》施行之前，但该合同的履行跨越了新旧合同法，上述第二百一十四条对其在合同法施行之后的部分是否有效。一审法院认为，法不溯及既往的理论基础是信赖保护原则，但该原则并不绝对。如果社会发展变化，旧法已经不利于保护当事人权益的，应允许通过新法来修正旧法，此时如坚持法不溯及既往原则，则与保护当事人权利的目的相悖。溯及力的例外包括持续性行为例外，案涉合同属于持续性合同，租赁期50年横跨新旧合同法，符合上述例外情形。依照《中华人民共和国合同法》第二百一十四条"租赁期限超出20年部分无效”的规定，自1999年10月1日合同法施行之日至2019年10月1日，案涉合同有效，超出20年的部分无效。需要说明的是，根据《中华人民共和国民法总则》第二百零一条、第二百零二条规定，期间开始的当日不计入，自下一日开始计算，按照年、月计算期间的，到期月的对应日为期间的最后一日。案涉合同有效的期间（20年）应自1999年10月2日（合同法施行之次日）起算至2019年10月1日（1999年10月1日的对应日）止。另外，张某武抗辩承租案涉土地经过了校委会的批准，与《中华人民共和国城镇国有土地使用权出让和转让暂行条例》第四十五条的规定不符，一审法院不予支持。综上，案涉合同自1999年8月26日至2019年10月1日有效，2019年10月2日起无效。

原告不服提起上诉。

二审法院认为，关于案涉合同是否有效的问题。《中华人民共和国城镇国有土地使用权出让与转让暂行条例》第四十四条规定：“划拨土地使用权，除本条例第四十五条规定的情况外，不得转让、出租、抵押。”第四十五条规定：“符合下列条件的，经市、县人民政府土地管理部门和房产管理部门批准，其划拨土地使用权和地上建筑物，其他附着物所有权可以转让、出租、抵押：（一）土地使用者为公司、企业、其他经济组织和个人；（二）领有国有土地使用证；（三）具有地上建筑物、其他附着物合法的产权证明；（四）依照本条例第二章的规定签订土地使用权出让合同，向当地市、县人民政府补交土地使用权出让金或者以转让、出租、抵押所获收益抵交土地使用权出让金。”本案中，涉案的土地为教育划拨用地，涉案的租赁合同的内容违反国家法律、行政法规的规定，应属无效合同。《中华人民共和国合同法》第五十六条规定，无效的合同或者被撤销的合同自始没有法律约束力。本案中，涉案的租赁合同自始没有法律约束力。一审判决对该此认定错误，本院予以纠正。

法理解读

本案涉及本司法解释第8条的规定，本司法解释第8条规定是为了解决《民法典》确定的合同效力规则和原《民法通则》《合同法》等法律规定的合同效力规则之间存在冲突时，法院应如何适用法律的问题。对于《民法典》施行前成立的合同，如果适用当时的法律（如原《民法通则》《合同法》）及司法解释的规定合同应属无效，而适用《民法典》的规定合同有效的，本条司法解释明确应当适用《民法典》的规则。例如，对于欺诈、胁迫等损害国家利益的合同，原《合同法》规定此类合同应为无效，但是《民法典》将欺诈、胁迫的合同一律规定为可撤销合同，即当事人不撤销时，合同仍会发生效力。在《民法典》施行后，此类合同就应属有效。之所以如此规定，还是为了最大限度地秉承私法自治理念，尽可能地尊重当事人之间达成的交易安排，只要相应合同没有逾越法律的底线，就应认可合同的效力，从而避免过分对当事人进行干涉。当然，对于诸如违反法律、行政法规的效力性强制性规定、违反公序良俗的合同，由于其构成了对公共秩序的破坏，无论依照原《民法通则》《合同法》还是依照《民法典》的规定，都应将其认定为无效合同。

对于合同效力问题的判断，始终是解决案件时最基础但又最重要的问题，不仅是《民法典》相较于《民法通则》《合同法》对于合同效力问题的认定有了新的改变，再往前看，原《合同法》也对原《经济合同法》规定的合同效力规则有较大改变，本案便属于原《合同法》和原《经济合同法》对合同效力问题的认定上的冲突。本案中，1999 年 8 月 26 日，第三中学（六十七中学）与九洲食品厂（张某武）签订《厂地租赁合同》约定出租学校院内后墙角的土地，租赁期限 50 年。后张某武超出租赁面积在案涉土地上，建设了三层自建房，用于出租和自住。由于案涉土地属于教育划拨用地，租赁场地及超范围占用土地，因此乌鲁木齐市第六十七中学起诉要求认定案涉租赁合同无效。法院认为，关于案涉合同是否有效，根据原《经济合同法》第 7 条的规定，案涉合同签订时确属无效，但根据原《合同法》的规定，租赁合同超过 20 年的部分无效。同时，《最高人民法院关于适用〈中华人民共和国合同法〉若干问题的解释（一）》第 3 条规定，人民法院在确认合同效力时，对合同法实施以前成立的合同，适用当时的法律无效而适用《合同法》有效的，则适用《合同法》。案涉租赁合同从1999年一直持续，其间跨越了原《经济合同法》和原《合同法》，法院认为，法不溯及既往的理论基础是信赖保护原则，但该原则并不绝对，如果社会发展变化，旧法已经不利于保护当事人权益的，应允许通过新法来修正旧法，故据此判决，自1999年10月1日合同法施行之日至2019年10月1日，案涉合同有效，超出20年的部分无效。此种做法，实际上就是在区分了新旧法关于合同效力规则差异的基础上，依照新法的规定，认定合同有效。

当然，二审法院依照《中华人民共和国城镇国有土地使用权出让与转让暂行条例》第44条的规定，认为案涉土地为教育划拨用地，案涉租赁合同的内容因违反国家法律、行政法规的规定应属无效，《中华人民共和国城镇国有土地使用权出让与转让暂行条例》是否属于效力性强制性规定，理论和实务界已争论多年，对本案进行评析的重点也不在于此，故不再赘言。借由本案想要说明的是，对于合同效力认定的问题，只要《民法典》与原《民法通则》《合同法》的规定有冲突的，应当适用《民法典》的规定来确认合同效力，从而更好地保护当事人的合法权益。

第九条　民法典施行前订立的合同，提供格式条款一方未履行提示或者说明义务，涉及格式条款效力认定的，适用民法典第四百九十六条的规定。

【条文要义】

本条司法解释的条旨是《民法典》关于格式条款效力的规定具有溯及既往的效力。

1. 格式条款的价值和缺陷

《民法典》第496条规定：“格式条款是当事人为了重复使用而预先拟

定，并在订立合同时未与对方协商的条款。采用格式条款订立合同的，提供格式条款的一方应当遵循公平原则确定当事人之间的权利和义务，并采取合理的方式提示对方注意免除或者减轻其责任等与对方有重大利害关系的条款，按照对方的要求，对该条款予以说明。提供格式条款的一方未履行提示或者说明义务，致使对方没有注意或者理解与其有重大利害关系的条款的，对方可以主张该条款不成为合同的内容。”这是对格式条款及提供格式条款一方应当履行义务的规定，与原《合同法》第 39 条相比有了较大修改。

格式条款的优势是便捷、易行、高效，缺点是无协商余地，双方当事人的地位不平等。故法律对提供格式条款的一方当事人规定了法定义务：（1）遵循公平原则确定当事人权利义务的义务；（2）采取合理的方式提示对方注意免除或者减轻其责任等与对方有重大利害关系条款的义务；（3）按照对方的要求对该条款予以说明的义务。

2.《民法典》对格式条款的新增规定

《民法典》第 496 条对格式条款的新增规定的内容是：

（1）在“采取合理的方式提示对方注意免除或者减轻其责任”之后，增加了“等与对方有重大利益关系的条款”的内容。这意味着，免除或者减轻提供格式条款一方责任的条款，并不是唯一需要提示对方注意的条款，而仅是与对方有重大利益关系的条款中的一种。这显然扩大了提请对方注意的内容，凡是与对方有重大利益关系的条款，都在提示注意的范围。

（2）增加未履行提示对方注意义务的后果。原《合同法》第 39 条规定中，没有规定不履行提示对方注意义务的法律后果，被称为“软义务”。本条对此作出补充，规定了“提供格式条款的一方未履行提示或者说明义务，致使对方没有注意或者理解与其有重大利害关系的条款的，对方可以主张该条款不成为合同的内容”的法律后果。主张“与对方有重大利益关系的条款”不成为合同的组成部分，就等于宣布其不存在、没有效力，这样的法律后果足以威慑提供格式条款一方，须极尽谨慎义务，保护好对方的权益，也保护好自己的权益。

3.《民法典》对格式条款新增规定溯及适用的规则

《民法典》第496条的上述新增规定，对于保护消费者的合法权益具有重要价值。因此，依照本条司法解释的规定，适用《民法典》第496条规定的要件是：(1) 合同是在《民法典》施行前订立的；(2) 提供格式条款一方未履行《民法典》第496条规定的提示或者说明义务；(3) 未对消费者履行提示或者说明义务的行为，使对方当事人没有注意或者理解与其有重大利害关系的条款；(4) 双方当事人在《民法典》施行后对该格式条款效力发生争议。对此，应当适用《民法典》第496条规定，确认这样的条款不成为合同的内容，对当事人没有法律上的拘束力，不能依照这样的条款确定双方当事人的权利和义务。

【案例解读】

岳某1诉阳光人寿公司人身保险合同纠纷案①

基本案情

2018年2月9日，原告岳某1的法定代理人岳某2在被告阳光人寿公司处缴款投保了《阳光人寿臻逸两全保险》《阳光人寿附加臻逸重大疾病保险》《阳光人寿附加住院费用医疗保险A款》，保单载明生效日为2018年2月10日。2018年2月13日，岳某2在被告处缴款投保了《阳光人寿融合医疗保险C款》，保单载明生效日期为2018年2月15日，以上保险的被保险人为原告岳某1。2018年2月12日，岳某2在以上两次投保的《电子投保申请确认书》中书写“本人已阅读保险条款、产品说明书和投保提示书，了解本产品的特点和保单利益的不确定性”并签名，在《人身保险投保提示书》落款处签了名。《阳光人寿附加臻逸重大疾病保险》保

① 审理法院：一审法院为四川省绵阳市高新技术产业开发区人民法院，案号：(2019) 川0792民初852号；二审法院为四川省绵阳市中级人民法院，案号：(2020) 川07民终1928号。

单载明基本保险金额为20万元，该险种的保险条款第2.3条约定："自本附加合同生效（或最后复效）之日起180天内，被保险人发生下列情形之一的：（一）本附加合同约定的'轻症重疾'或'重大疾病'；（二）因导致'轻症重疾'或'重大疾病'的相关疾病就诊，我们不承担保险责任，本附加合同效力终止，主合同效力同时终止，我们将无息退还您所交纳的主合同与本附加合同的保险费。"该险种保险条款第2.3.2条约定："若被保险人经我们认可的医院专科医生确诊首次患本附加合同约定的重大疾病（无论一种或多种），我们按照确诊时本附加合同基本保险金额给付重大疾病保险金，本附加合同效力终止。"保单还载明了其他事项。此后，被告于2019年2月11日和2019年2月15日分两笔通过银行扣款方式收取了原告2019年度的上述险种保费。

2018年7月21日，原告岳某1因左颈部包块到中心医院行彩超检查。2019年1月26日，因左颈部有包块原告在中心医院住院部住院治疗8天，于2019年2月2日出院，出院诊断为："左颈部包块待诊：霍奇金氏淋巴瘤?"原告产生了治疗费用9574.14元，其中自费6231.88元。

2019年2月26日，原告岳某1左颈部包块经华西医院出具《院外会诊病理报告》确诊为"经典型霍奇金淋巴瘤（混合细胞型），并自2月28日在华西第二医院住院治疗15天，出院诊断为'经典霍奇金淋巴瘤（混合细胞型）'ⅡB期中危组"。产生的治疗费用29252.87元，其中原告自费23822.18元。后原告向被告阳光人寿公司提出医疗费理赔申请，2019年3月19日，被告阳光人寿公司作出《理赔决定通知书》，以被保险人投保前存在左颈部包块病史，但未如实告知为由对被保险人岳某1的本次申请作出拒付、解约的决定。原告对该理赔决定不服，诉至原审法院。

法院判决

一审法院认为，阳光人寿公司提供的医疗记录信息为对着电脑屏幕拍摄的照片之打印件，对其真实性无法核实，亦无其他病历档案资料相印证；同时保险合同中的"健康信息告知"栏（问答表）系由被告单位业务员引导机选生成，通过打“√”的形式回答问题，且只能选择“是”与“否”，是完全格式化的电子文本，阳光人寿公司没有证据证明对投保人进行了详细说明和询问。因此，电子化生成的“健康信息告知”栏内容不能反映原告有故意或重大过失未履行如实告知义务，阳光人寿公司也无其他证据证明原告有该情形。故阳光人寿公司以被保险人投保前存在左颈部包块病史，未履行如实告知义务为由解除合同并拒赔的辩解理由，一审法院不予支持。《阳光人寿附加臻逸重大疾病保险》第 2.3 条条款属于被告提供的格式性免责条款。《中华人民共和国保险法》第 17 条规定：“订立保险合同，采用保险人提供的格式条款的，保险人向投保人提供的投保单应当附格式条款，保险人应当向投保人说明合同的内容。对保险合同中免除保险人责任的条款，保险人在订立合同时应当在投保单、保险单或者其他保险凭证上作出足以引起投保人注意的提示，并对该条款的内容以书面或者口头形式向投保人作出明确说明；未作提示或者明确说明的，该条款不产生效力。”《最高人民法院关于适用〈中华人民共和国保险法〉若干问题的解释（二）》第 11 条规定：“保险合同订立时，保险人在投保单或者保险单等其他保险凭证上，对保险合同中免除保险人责任的条款，以足以引起投保人注意的文字、字体、符号或者其他明显标志作出提示的，人民法院应当认定其履行了保险法第十七条第二款规定的提示义务。保险人对保险合同中有关免除保险人责任条款的概念、内容及其法律后果以书面或者口头形式向投保人作出常人能够理解的解释说明的，人民法院应当认定保险人履行了保险法第十七条第二款得明确说明义务。”第 12 条规定：“通过网络、电话等方式订立的保险合同，保险人以网页、音频、视频等形式对免除保险人责任条款予以提示和明确说明的，人民法院可以认定其履行了提示和说明义务。”根据上述规定，保险人阳光人寿公司应向投保人对所涉免责条款尽提示和明确说明两项义务，且明确说明应当以常人能够理解的解释作出说明。但阳光人寿公司并未提供任何证据证明其针对《阳光人寿附加臻逸重大疾病保险》第 2.3 条对投保人履行了上述条款的提示和明确说明义务，所提供的回访音频也没有关于对该 2.3 条款的提示和明确说明内容。因此《阳光人寿附加臻逸重大疾病保险》第2.3条对被保险人岳某1不产生效力，阳光人寿公司不能以此条款免除保证责任。阳光人寿公司虽提出对被保险人岳某1于2018年7月21日在中心医院就诊记录与2019年2月确诊霍奇金淋巴癌的关联性进行鉴定，鉴定机构以被保险人岳某1不配合鉴定为由退回鉴定，岳某1也不因此承担举证不能的法律后果。

阳光人寿公司不服提起上诉。

二审法院认为，本案中“轻症重疾”指的是“相当于AnnArbor分期方案I期程度的何杰金氏病”，即本案岳某1所患疾病。双方争议的是“导致轻症重疾中相关疾病”该如何认定，即2018年7月21日岳某1因“左颈部包块”治疗，能否被认定为“相关疾病”。分析如下：第一，岳某1被确诊为“霍其金淋巴瘤”是2019年2月，此时已经超过合同约定的180天等待期；第二，2018年7月21日，岳某1到中心医院就诊，被诊断为“颈部淋巴结炎”，该病与淋巴结瘤的临床表现都是淋巴结肿大，因为当时没有做病理切片，现在已经无法判断该肿块仅仅是炎症反应还是肿瘤物，再行鉴定也因缺乏科学依据而难以得出令人信服的结论，这也是本院驳回保险公司再次鉴定申请的原因；第三，健康信息栏中关于“其他包块和肿块”的投保说明是在2018年2月购买保险时填写，现无证据证明投保时包块已经存在，投保人有故意隐瞒病史的情形；第四，保险条款中“导致轻病重疾的相关疾病”约定过于宽泛，也不确定，从电话回访记录看，保险公司没有采取合理的方式提示这条对投保人重大利害关系的条款，也没有对该条款予以明确说明。保险公司作为提供格式条款的一方未履行提示或者说明义务，致使对方没有注意或者理解与其有重大利害关系的条款的，其不能以此免责。鉴于双方对医疗费用重新进行了核算，本院予以确认。综上，上诉人的医疗费用的上诉请求部分应当支持，其他部分予以维持。

法理解读

本案涉及本司法解释第9条的规定，本司法解释第9条规定是为了解决《民法典》第496条规定的格式条款效力问题的溯及力问题。格式条款在日常交易中十分常见，格式条款的优势在于便捷、易行，同时能够高效地缔结合同，但缺点是对于格式条款的接受者而言，其只有接受或者不缔约两种选择，而无其他的协商余地，多发于双方当事人地位实质不平等的场合，因此法律需要对处于弱势一方的合法权益进行着重保护。原《合同法》第39条规定了格式条款的效力规则，即要求格式条款的提供者采取合理的方式提示对方注意免除或者减轻其责任的内容。《民法典》新增了部分内容，尤其是在提示对方注意的条款上，新增了“等与对方有重大利益关系的条款”的表述，这实质上扩大了提请相对人注意的格式条款的内容，亦即只要是与对方有重大利益关系的条款，都属于格式条款的提供者提示注意的范围。另外，原《合同法》第39条没有规定不履行提示对方注意义务的法律后果，因此提示说明义务被称为“软义务”，违反了是否会导致合同条款对当事人不发生效力，存在疑问。《民法典》增加了此内容，明确未履行提示对方注意义务的后果是对方可以主张该条款不成为合同的内容，这实质上就等同于相应条款对相对人不发生效力，如此规定，也是为了倒逼格式条款的提供者需尽完备的提示说明义务。

本案中，原告岳某1的法定代理人岳某2在被告阳光人寿公司处缴款投保了三种保险，原告也签字确认表示接受保险合同条款的约束。此后，原告岳某1因左颈部包块到中心医院行彩超检查和住院治疗，共产生治疗费用9574.14元，其中自费部分6231.88元。还到华西医院治疗，产生的治疗费用29252.87元，其中自费23822.18元。基于此，原告向被告阳光人寿公司提出医疗费理赔申请，但被告阳光人寿公司作出的《理赔决定通知书》认为被保险人投保前存在左颈部包块病史，拒付保险金，并通知解除保险合同，因此成诉。法院认为，《阳光人寿附加臻逸重大疾病保险》第2.3条条款属于免责条款，也是被告提供的格式条款，被告应当对此履行提示说明义务。但被告保险人阳光人寿公司提交的证据无法显示其针对《阳光人寿附加臻逸重大疾病保险》第2.3条对投保人履行了上述条款的提示和明确说明义务，所提供的回访音频也没有关于对该2.3条款的提示和明确说明内容。因此法院认定《阳光人寿附加臻逸重大疾病保险》第2.3条对被保险人岳某1不产生效力，阳光人寿公司应当赔偿原告的损失。二审法院同样坚持了此种判断。本案揭示的一个问题是，在举证责任上，一般是由格式条款的提供者举证证明其已经尽到提示说明义务，而非格式条款的相对人举证证明对方没有提示说明这一消极事实。这实质上也加重了格式条款的提供者的义务，要求格式条款的提供者审慎对待此问题，以更好地保护格式条款的相对人的合法权益。

另一个问题是，本案属于没有提示说明“免责条款”，对于《民法典》施行后当事人签订的格式合同中非免责条款而仅是与相对人有重大利害关系的条款，格式合同的提供者没有尽到提示说明义务的，相对人也可以援引《民法典》的规定，主张相应条款对其不发生效力。

第十条　民法典施行前，当事人一方未通知对方而直接以提起诉讼方式依法主张解除合同的，适用民法典第五百六十五条第二款的规定。

【条文要义】

本条司法解释的条旨是《民法典》关于直接以提起诉讼方式主张解除合同规定具有溯及既往的效力。

《民法典》合同编第565条规定：“当事人一方依法主张解除合同的，应当通知对方。合同自通知到达对方时解除；通知载明债务人在一定期限内不履行债务则合同自动解除，债务人在该期限内未履行债务的，合同自通知载明的期限届满时解除。对方对解除合同有异议的，任何一方当事人均可以请求人民法院或者仲裁机构确认解除行为的效力。当事人一方未通知对方，直接以提起诉讼或者申请仲裁的方式依法主张解除合同，人民法院或者仲裁机构确认该主张的，合同自起诉状副本或者仲裁申请书副本送达对方时解除。”该条第 1 款的规定与原《合同法》第 96 条的规定没有太大的变化，第 2 款规定是《民法典》的新增规定，应当适用新增规定的法律适用原则。

1. 合同解除权行使的一般规则

当事人一方享有法定合同解除权，行使解除权的一般规则是通知。这是因为解除权的性质是形成权，以通知方式行使解除权，通知到达对方当事人生效，合同即行解除。

确定解除权生效时间的具体规则是：当事人采取直接通知方式行使解除权的，解除权生效的时间是：（1）解除权人在行使解除权时，只要将解除合同的意思表示通知对方，即产生解除的效力，解除权生效的时间采取到达主义，即合同自通知到达对方时解除。（2）通知载明债务人在一定期限内不履行债务则合同自动解除，债务人在该期限内未履行债务的，合同自通知载明的期限届满时解除。

对方如果对行使解除权解除合同有异议，任何一方当事人都可以向法院提起诉讼或者申请仲裁机构裁决，请求确认解除合同的效力。人民法院或者仲裁机构确认请求权成立的，按照上述解除权生效时间的规定裁判。

2. 《民法典》第 565 条第 2 款的新增规定

《民法典》第 565 条第 2 款规定，当事人直接向法院或者仲裁机构行使合同解除权的诉讼、仲裁生效方式，是新增规定。如果当事人一方不采取通知方式行使解除权，而是直接向法院或者仲裁机构起诉或者申请，以诉讼或者仲裁方式依法主张解除合同的，人民法院或者仲裁机构认定其享有法定解除权，支持该方当事人行使解除权主张的，自起诉状副本或者仲裁申请书副本送达对方时，为合同的解除时间。

有人认为，应当确定在判决书、调解书或者裁决书确定生效时，解除权才开始生效，是错误的。因为解除权是形成权，解除权人向法院起诉、向仲裁机构提出申请，诉状或者申请书副本送达对方当事人时，就已经行使了解除权，当然要把这个时间确定为解除权行使的时间，发生合同解除的效果。

《民法典》第565条规定的合同解除权生效规则很全面，能够适应司法实践的需要，发挥规范合同解除权行使的作用。

3.《民法典》施行前直接以提起诉讼方式行使合同解除权规则的溯及力

本条司法解释规定，溯及既往地适用《民法典》第565条第2款规定的要件是：（1）合同成立在《民法典》施行之前；（2）当事人一方享有的合同解除权也产生在《民法典》实行之前；（3）解除权人未采取以通知对方的方式行使解除权，而是直接以向法院提起诉讼的方式，依法主张解除合同；（4）提起行使解除权诉讼（或者仲裁）的时间是在《民法典》施行之后。

符合这些要件要求的，由于《民法典》第565条第2款规定是新增规定，合同成立和解除权产生当时的法律、司法解释没有这样的规定，因而具有溯及既往的效力，可以直接适用该规定，确定合同解除的时间为起诉状副本（包括仲裁申请书副本）送达对方当事人之时。

【案例解读】

兴义市综合行政执法局诉建民家政公司合同纠纷案①

基本案情

2015年12月7日，兴义市城市管理综合执法局与鹏业公司签订《贵州省政府采购委托代理协议书》，主要约定：兴义市城市管理综合执法局

① 审理法院：一审法院为贵州省兴义市人民法院，案号：（2019）黔2301民初10213号；二审法院为贵州省黔西南布依族苗族自治州中级人民法院，案号：（2020）黔23民终1102号。

作为采购人，将兴义市丰都新区清扫保洁服务项目采购任务的竞争性谈判工作委托给鹏业公司。因丰都新区清扫保洁项目划分为A、B、C、D、E、F六个标包，针对每个标包的范围、采购预算、供应商资质和设施技术要求，兴义市城市管理局于2016年3月与鹏业公司又分别签订了《竞争性谈判文件》，其中列明供应商是否具备独立履行合同所必需的设施和相关技术能力的条件为拟投入设备中需包含路面清洗宽度≥3050mm、清扫能力为70000（m^2/h）的自带污水循环系统、高效节能的洗扫车1辆、核定载重量为380kg的厢式垃圾车6台、核定载重量790kg的厢式垃圾车2台、核定载重量为320kg的路面养护车2台、核定载重量为2440kg的洗扫车1台、核定载重量为2200kg的厢式垃圾压缩车1台（必须为自有、2012年后购买的设备）；并要求若一个供应商中多个标包的，供应商应按承包的工程量增加相应的机械设备，满足清扫要求。当月底，建民家政公司参与项目六个标包的竞争谈判，并分别提交了谈判文件，谈判文件中包含有该公司所有的6辆轻厢式货车、2辆轻型非载货专项作业车、2辆中型专项作业车、2辆轻型专项作业车、1辆污水循环洗扫车相关材料。经竞争性谈判，建民家政公司中标丰都新区清扫保洁项目A、B、C、D、E、F六个标包。2016年5月5日，兴义市城市管理局与建民家政公司对前述六个标包分别签订了《采购合同》，均约定建民家政公司需严格按照市相关要求开展机扫、洒水及洗地工作，机扫率不低于60%，洗地频率每周不少于1次；若建民家政公司有下列行为之一的，兴义市城市管理局单方解除并终止协议，并不承担违约责任：1. 擅自转让、出租特许经营权；2. 擅自将所经营的财产进行处置抵押；3. 因管理不善导致作业服务质量达不到行业标准或发生重大质量、安全事故的；4. 擅自停业、歇业，严重影响到公共利益和安全的；5. 在辖区范围内擅自签订有偿服务协议和收取有偿费用的；6. 法律、法规禁止的其他行为。《采购合同》所附的《道路清扫、保洁劳动用工人数套算表》要求保洁用工人员分为两班，对每条道路应配备的每班保洁用工人数予以确定。此后，建民家政公司对合同约定的区域进行了清扫。2018年7月25日至8月24日，建民家政公司因作业车辆故障未对景湖大道进行机械化作业，亦未上报采取相应保洁补救措施，从而兴义市综合行政执法局作出《关于建民家政公司机械化作业出现严重问题的通报》对建民家政公司给予通报，并扣除相应承包费。2018 年年底，兴义市综合行政执法局在调查建民家政公司履行合同情况中发现该公司于 2017 年 12 月 31 日起将 B 包区域西南环线延伸段、D 包景湖大道路段的生活垃圾清运工作分别分包给案外人马某村、杨某，要求马某村、杨某自购车辆（车辆按建民家政公司及兴义市综合行政执法局要求配置标志标牌）完成垃圾清运工作。兴义市综合行政执法局从而向建民家政公司送达两份“调查证据”，其中一份载明截至 2018 年 12 月 26 日止，建民家政公司负责案涉 A、B、C、D、E、F 包清扫服务项目实际运行车辆共 7 辆，且其中 1 辆为马某村的车辆，其中 1 辆为杨某雇请的驾驶员马前政的车辆。另一份“调查证据”认为建民家政公司在参与案涉清扫保洁服务采购项目过程中，根据招标文件要求匹配 13 台清扫作业车，13 台车所有权均不归属于建民家政公司，属应标造假。建民家政公司法定代表人徐某光于 2018 年 12 月 28 日在前述两份“调查证据”尾部“被调查单位及人员签注意见”栏均签署“情况属实”，并加盖公司公章。2019 年 6 月 5 日，兴义市市容环境卫生管理站根据对丰都片区建民家政公司保洁员的调查情况作出《关于建民家政公司以虚假资料谋取中标情况的调查取证报告》，认为建民家政公司在丰都片区所有路段均未按合同要求的两班次执行，均只有一班次人员进行清扫，每个工人清扫工作量远超合同标准，上班时长过长不符合劳动法规定，机扫保洁只能达到 36.1%，未达到合同约定的 60%。另查明，因开展综合行政执法体制改革工作，兴义市城市管理综合执法局已被兴义市人民政府在 2016 年 5 月 6 日作出的《兴义市综合行政执法局（兴义市城市管理局）主要职责内设机构和人员编制规定》撤销，新组建的兴义市综合行政执法局（加挂兴义市城市管理局牌子）履行原兴义市城市管理综合执法局、原兴义市市政设施管理局、原兴义市城市园林绿化管理中心的全部职责。

现兴义综合执法局向法院起诉请求，判令解除兴义市综合行政执法局与建民家政公司于2016年5月5日签订的《兴义市丰都新区清扫保洁服务采购项目采购合同》(A、B、C、D、E、F包项目共六份合同)。

法院判决

一审法院认为，原兴义市城市管理综合执法局已经政府撤销，其职责由新组建的兴义市综合行政执法局（兴义市城市管理局）履行，原兴义市城市管理综合执法局在履行兴义市丰都新区清扫保洁服务项目采购职责过程产生的民事权利义务由兴义市综合行政执法局（兴义市城市管理局）承继，故兴义市综合行政执法局在本案中主体适格。建民家政公司中标A、B、C、D、E、F六个标包后与兴义市城市管理局针对各标包分别签订《采购合同》，六份合同的主体相同，内容上除标包名称及相应承包价不同外其余内容亦一致，兴义市综合行政执法局以六份合同为据合并起诉，予以受理不违反民事诉讼法关于合并审理的规定。建民家政公司抗辩六份合同应分别起诉的理由不成立，不予采纳。案涉六份《采购合同》系经竞争性谈判程序后双方当事人协商签订，系各自的真实意思表示，合法有效。双方当事人均应严格按照合同约定享有权利、履行义务。然而建民家政公司在履行合同过程中并未按约履行，具体表现为：首先，该公司在竞争谈判阶段为了符合应标者条件参与竞标，提交的竞争文件明确其具备的设施设备型号及数量，从而获竞标资格，但经调查建民家政公司在实际履行合同过程中并不具备相应的设施设备，亦无证据证明该公司在2018年12月28日接受兴义市综合行政执法局调查后在案涉的丰都片区A、B、C、D、E、F标包项目上增加符合合同要求的设施设备，从而导致其机扫率远远低于合同要求。其次，未按照《道路清扫、保洁劳动用工人数套算表》要求将保洁用工人员分为两班工作，加之机械设备不足、保洁工人人数不足还导致建民家政公司投入在案涉项目的用工人员工作量增加、劳动时间延长，违反了劳动法关于劳动时间的规定及合同约定。再次，建民家政公司还擅自将部分路段的垃圾清运工作进行分包。最后，建民家政公司在其作业车辆故障后，在一个月的时间内未采取相应保洁措施，从而影响了景湖大道区域环境卫生。综上，建民家政公司未按约履行合同约定的义务，其中影响了部分路段的环境卫生，在兴义市综合行政执法局对其进行调查后仍未按约履行，鉴于双方当事人的合作现状，涉案合同实际已无法正常地继续履行，现兴义市综合行政执法局以诉讼方式主张解除双方签订的六份《采购合同》，有事实和法律依据，应予以支持。故判决，解除兴义市综合行政执法局与建民家政公司于2016年5月5日签订的涉兴义市丰都新区清扫保洁服务采购项目A、B、C、D、E、F包六份《采购合同》。

建民家政公司不服一审判决，提起上诉。

二审法院认为，案涉六份《采购合同》系经竞争性谈判程序后双方当事人协商签订，系双方当事人的真实意思表示，且不违反法律法规的效力性强制性规定，合法有效。双方当事人均应严格按照合同约定享有权利、履行义务。建民家政公司未按照竞标文件上载明的设施设备型号及数量配备相应的设施设备，建民家政公司对兴义综合执法局2018年12月27日作出的"调查证据""建民家政公司在参与案涉清扫保洁服务采购项目过程中，根据招标文件要求匹配13台清扫作业车，13台车所有权均不归属于建民家政公司，属应标造假"并无异议，且建民家政公司也未向法院提交证据证明在2018年12月28日接受兴义市综合行政执法局调查后在案涉的丰都片区A、B、C、D、E、F标包项目上增加符合合同要求的设施设备，从而导致其机扫率远远低于合同要求；建民家政公司未按照《道路清扫、保洁劳动用工人数套算表》要求将保洁用工人员分为两班工作，加之机械设备不足、保洁工人人数不足还导致建民家政公司投入在案涉项目的用工人员工作量增加、劳动时间延长，违反了劳动法关于劳动时间的规定及合同约定；建民家政公司未按照合同约定机扫面积达到60%，机扫保洁的面积只能达到36.1%，且在其作业车辆故障后，一个月的时间内未采取相应保洁措施，从而影响了景湖大道区域环境卫生；建民家政公司在履行合同过程中，于2017年12月31日将部分路段的生活垃圾清运工作分别擅自分包给案外人马某村、杨某，要求马某村、杨某自购车辆完成垃圾清运工作。综上，因建民家政公司未按合同约定履行义务的行为，影响了部分路段的环境卫生，双方签订的案涉六份《采购合同》无法正常履行，兴义综合执法局向一审法院诉请解除合同，应予以支持。建民家政认为其仅是一般违约，根本违约的理由并不成立。另外，建民家政公司上诉认为一审法院程序违法，适用法律错误，未根据《中华人民共和国合同法》第96条及《最高人民法院关于适用〈中华人民共和国合同法〉若干问题的解释(二)》第24条的规定，给予建民家政公司三个月的合理异议期，直接判决解除双方签订的《采购合同》不当。当事人一方依法主张解除合同的，应当通知对方。合同自通知到达对方时解除；通知载明债务人在一定期限内不履行债务则合同自动解除，债务人在该期限内未履行债务的，合同自通知载明的期限届满时解除。对方对解除合同有异议的，任何一方当事人均可以请求人民法院或仲裁机构确认解除行为的效力。当事人一方未通知对方，直接以提起诉讼或者申请仲裁的方式依法主张解除合同，人民法院或者仲裁机构确认该主张的，合同自起诉状副本或者仲裁申请书副本送达对方时解除。综上，一审法院判决解除双方签订的《采购合同》并无不当，本院依法予以确认。关于合同解除后的法律后果，可由建民家政公司另诉解决。综上所述，建民家政公司的上诉请求不能成立，应予驳回；一审判决认定事实清楚，适用法律正确，应予维持。故判决驳回上诉，维持原判。

法理解读

本案涉及本司法解释第10条的规定，本司法解释第10条规定是为了解决《民法典》新增的诉讼解除合同中解除时点认定规则的溯及力问题。在合同解除问题上，当事人多是以通知方式作出，原《合同法》也对通知解除规则作出了相应规定。在通知解除的场合，通知到达对方当事人合同解除。但是，实践中常见的情形是，解除权人一方不采取通知方式解除合同，而是直接到法院或者仲裁机构起诉或者申请仲裁，要求解除合同。如果法院或者仲裁机构认可解除权的成立，则合同应依法解除。但是，合同解除的时间点应如何计算，是自起诉状副本或者仲裁申请书副本送达对方时为解除时间，还是判决或者裁决作出时间作为解除时间，实践中存在争议。支持前者的观点实质上是将起诉书副本的送达视为通知解除中的一种通知方式，故在通知到达时合同解除；支持后者的观点认为既然起诉到法院，就不再是通知解除，而是诉讼解除，自然需要等待法院确认解除的效力。《民法典》第565条第2款明确规定，当事人直接向法院或者仲裁机构起诉行使合同解除权时，诉状或者申请书副本送达对方当事人时，就发生合同解除的效果。

本案中，案涉六份《采购合同》系双方当事人协商后签订，但在合同履行的过程中，建民家政公司未能按照合同约定使得机扫面积达到60%，且在其作业车辆故障后，一个月的时间内未采取相应保洁措施。另外，建民家政公司在履行合同过程中，还存在将部分路段的生活垃圾清运工作分别擅自分包给案外人完成的行为。因此，兴义综合执法局认为建民家政公司未按合同约定履行义务的行为已经构成违约，案涉六份《采购合同》无法正常履行，故向一审法院诉请解除合同。法院认为，建民家政公司未按约履行合同约定的义务的事实清楚，其违约行为影响了部分路段的环境卫生，在兴义市综合行政执法局对其进行调查后仍未按约履行，鉴于双方当事人的合作现状，案涉合同实际已无法正常履行，故判决合同解除。建民家政公司则上诉认为，当事人一方依法主张解除合同的，应当通知对方，但兴义市综合行政执法局并未履行通知义务。而且，合同解除有三个月的合理异议期，直接判决解除双方签订的《采购合同》不当。对此，二审法院指出，当事人一方未通知对方，直接以提起诉讼或者申请仲裁的方式依法主张解除合同，人民法院或者仲裁机构确认该主张的，合同自起诉状副本或者仲裁申请书副本送达对方时解除。也就是说，送达起诉状副本的行为，相当于通知行为，会发生解除合同的效力，该判决的认定和说理与《民法典》第565条的规定相一致。

由本案件可知，《民法典》第565条规定的合同解除权生效规则其实是确认了以送达起诉状方式解除合同的效力问题，其能够有效明确司法实践的争议，以规范合同解除权行使的效果。在《民法典》施行后，再遇到类似案件时，人民法院就可以依照《民法典》第 565 条的规定，对合同解除的时间点作出认定。

第十一条　民法典施行前成立的合同，当事人一方不履行非金钱债务或者履行非金钱债务不符合约定，对方可以请求履行，但是有民法典第五百八十条第一款第一项、第二项、第三项除外情形之一，致使不能实现合同目的，当事人请求终止合同权利义务关系的，适用民法典第五百八十条第二款的规定。

【条文要义】

本条司法解释的条旨是《民法典》关于合同僵局处理规则的规定具有溯及既往的效力。

1. 合同履行僵局的界定

《民法典》第 580 条规定："当事人一方不履行非金钱债务或者履行非金钱债务不符合约定的，对方可以请求履行，但是有下列情形之一的除外：（一）法律上或者事实上不能履行；（二）债务的标的不适于强制履行或者履行费用过高；（三）债权人在合理期限内未请求履行。有前款规定的除外情形之一，致使不能实现合同目的的，人民法院或者仲裁机构可以根据当事人的请求终止合同权利义务关系，但是不影响违约责任的承担。"这一条文的第 1 款是对非金钱债务继续履行及除外条款的规定，第 2 款是对不能继续履行致使合同目的不能实现的情况下，当事人请求终止合同的规定。与原《合同法》第 110 条规定相比，增加了第 2 款关于不能继续履行致使合同目的不能实现的，当事人有权请求终止合同的合同僵局破解规则的规定。

除金钱债务外的其他合同债务，都是非金钱债务。债务人对非金钱债务不履行或者履行债务不符合约定的，是违约行为，应当承担继续履行的责任。

《民法典》第580条第1款但书作为新增规定，规定的例外情形是：(1)法律上或者事实上不能履行，即履行不能，是指债务人在客观上已经没有履行能力或者法律禁止该种债务的履行。法律不能，是指基于法律的规定而构成的履行不能，如出卖禁止流通物合同的履行不能；事实不能，是指基于自然法则而构成的履行不能，如特定物的灭失造成的履行不能。(2)债务的标的不适于强制履行或者履行费用过高，不适于强制履行是无法继续履行，履行费用过高使继续履行在成本上不合算。(3)债权人在合理期限内未请求履行，继续履行成为不必要。在合同履行中出现上述三种情形时，债权人不能再请求继续履行，但是并不妨碍债权人请求债务人承担其他违约责任。

本条司法解释规定，首先，对于非金钱债务，一方当事人违约，对方可以请求履行的，即能够履行的，还是要尽量履行，促使交易完成，合同目的实现。

当形成合同僵局时，只要存在第580条规定的三项除外条款规定的情形的，就可以适用合同僵局的破解规则。

合同僵局破解规则是说，有前款规定的三种除外情形之一，致使不能实现合同目的，享有解除权的一方当事人不行使解除权，使合同处于“不死不活”的状态。这时，人民法院或者仲裁机构可以根据当事人的请求，确认终止合同权利义务关系，但是不影响违约责任的承担。非金钱债务合同中，违约方存在该条文第1款规定的上述三种情形之一，无法继续履行债务，致使合同目的无法实现，守约方本来享有合同解除权，但是，守约方就是不行使合同解除权，致使合同陷入僵局。

破解合同僵局的方法是，当事人可以请求人民法院或者仲裁机构裁决终止合同权利义务关系。

2. 溯及适用《民法典》第580条第2款的要求

对于在《民法典》施行前成立的合同，当事人一方不履行非金钱债务或者履行非金钱债务不符合约定致使不能实现合同目的，陷入合同僵局的，在《民法典》施行后，当事人请求终止合同权利义务关系的，适用《民法典》第580条第2款规定的合同僵局破解规则。要点如下：

（1）出现上述情形，当事人可以行使终止合同的请求权，将不能继续履行的非金钱债务合同予以消灭，使合同僵局得到破解。

（2）享有请求权的不仅是守约方，也包括违约方，通常应当是守约方提出终止合同的请求。但是，如果守约方拒不请求终止合同，违约方也可以行使终止合同的请求权，请求终止合同。这里使用“当事人”的概念，其实主要是指违约一方享有解除合同的请求权。因为合同的根本目的不能实现，守约方就享有法定解除权，不必行使解除合同的请求权。由于在编纂《民法典》时对这一破解合同僵局的规则有较多的反对意见，因此才采取了这种折中的写法。

（3）无论是守约方行使终止合同解除权，还是违约方行使终止合同请求权，合同终止的，都不影响违约责任的承担，违约方该承担的违约责任必须承担。

（4）这种终止合同的请求权不是形成权，违约一方当事人不享有解除权，而享有请求权，不能一经违约一方当事人主张就发生形成权的后果，而是须向人民法院或者仲裁机构提出主张终止合同关系的请求，由人民法院或者仲裁机构裁决是否应当终止合同。

【案例解读】

新宇公司诉冯某梅商铺买卖合同纠纷案[①]

基本案情

新街口地区是南京市最繁华、最集中的商业区域。位于新街口东北角

① 审理法院：一审法院为江苏省南京市玄武区人民法院，二审法院为江苏省南京市中级人民法院。本案案号不详，收录于《最高人民法院公报》2006年第6期。

中山路18号以南的时代广场，是原告新宇公司开发建设的商业用房。该建筑物为地下一层、地上六层，总面积6万余平方米。地上第一、二、三层约6000平方米的部分区域，被分割成商铺对外销售给150余家业主，其他建筑面积归新宇公司自有。1998年10月19日，新宇公司与被告冯某梅签订了一份商铺买卖合同，约定：新宇公司向冯某梅出售时代广场第二层编号为2b050的商铺，建筑面积22.50平方米，每平方米售价16363.73元，总价款368184元，10月22日前交付，交付后三个月内双方共同办理商铺权属过户手续。1998年10月26日，上述合同在南京市房地产市场管理处登记。合同签订后，冯某梅按约支付了全部价款。1998年11月3日，新宇公司将2b050号商铺交付冯某梅使用，但一直未办理产权过户手续。

1998年，原告新宇公司将时代广场内的自有建筑面积租赁给嘉和公司经营。1999年6月，嘉和公司因经营不善停业。同年12月，购物中心又在时代广场原址开业。2002年1月，购物中心也停业。这两次停业，使购买商铺的小业主无法在时代广场内正常经营，部分小业主以及嘉和公司的债权人集体上访，要求退房及偿还债务。在此期间，新宇公司也两次变更出资股东。新宇公司的新股东为盘活资产、重新开业，拟对时代广场的全部经营面积进行调整，重新规划布局，为此陆续与大部分小业主解除了商铺买卖合同，并开始在时代广场内施工。2003年3月17日，新宇公司致函被告冯某梅，通知其解除双方签订的商铺买卖合同。3月27日，新宇公司拆除了冯某梅所购商铺的玻璃幕墙及部分管线设施。6月30日，新宇公司再次向冯某梅致函，冯某梅不同意解除合同。由于冯某梅与另一户购买商铺的邵姓业主坚持不退商铺，新宇公司不能继续施工，6万平方米建筑闲置，同时冯、邵两家业主也不能在他们约70平方米的商铺内经营。新宇公司为此提起诉讼。

根据原告新宇公司的申请，法院委托大陆公司对被告冯某梅所购商铺的现行市场价值进行评估。评估报告确认，该商铺在2004年3月3日的价值为531 700元。

现新宇公司起诉请求判令解除被告与原告签订的商铺买卖合同，被告将所购商铺返还给原告，以便原告能够完成对时代广场的重新调整。原告除向被告退还购房款外，愿意给予合理的经济补偿。

审理中，法院主持了调解。原告新宇公司认为，为使时代广场真正发挥效益，经营方向和方式必须改变，不可能保留商铺式经营。如果被告冯某梅与案外人邵家再在时代广场内经营商铺，将影响时代广场内新格局下的整体经营。为此，新宇公司不仅愿意给冯某梅退还全额购商铺款，还愿意以承担逾期办理产权登记过户手续违约金的名义，给冯某梅补款48万元，用于补偿冯某梅的经济损失。冯某梅认为，时代广场走到今天这一步，责任全在新宇公司，与己无关；新宇公司愿意给付的款项，不够弥补自己的损失；新宇公司如果真愿意解除商铺买卖合同，应当按每平方米30万元的价格给予赔偿。新宇公司认为，全南京市任何一处房产均无30万元一平方米的价格，冯某梅提出难以令新宇公司接受的赔偿价格，表明其根本不想解决纠纷；这个纠纷不解决，时代广场固然不能竣工，冯某梅也别想经营。由于双方当事人各执己见，调解未果。

法院判决

一审法院认为，《中华人民共和国合同法》（以下简称《合同法》）第8条规定："依法成立的合同，对当事人具有法律约束力。当事人应当按照约定履行自己的义务，不得擅自变更或者解除合同。依法成立的合同，受法律保护。"原告新宇公司与被告冯某梅签订的商铺买卖合同，是双方当事人的真实意思表示，该合同合法有效，依法对双方当事人都有约束力。合同签订后，冯某梅履行了给付价款的义务，新宇公司也将商铺交付给冯某梅使用。后由于他人经营不善，致使时代广场两次停业，该广场内的整体经营秩序一直不能建立，双方当事人通过签订合同想达到的营利目的无法实现，这是在签订合同时双方当事人没有预料也不希望出现的结局。

《合同法》第5条规定："当事人应当遵循公平原则确定各方的权利和义务。"第6条规定："当事人行使权利、履行义务应当遵循诚实信用原则。"原告新宇公司在回收了大部分业主的商铺后，拟对时代广场重新进行规划布局，争取再次开业。被告冯某梅坚持新宇公司必须按每平方米 30 万元的高价回收其商铺，否则就要求继续履行商铺买卖合同。虽经调解，由于双方当事人互不信任，不能达成调解协议，以至新宇公司的 6 万平方米建筑和冯某梅的 22.50 平方米商铺均处于闲置状态。考虑到冯某梅所购商铺，只是新宇公司在时代广场里分割出售的 150 余间商铺中的一间。在以分割商铺为标的物的买卖合同中，买方对商铺享有的权利，不能等同于独立商铺。为有利于物业整体功能的发挥，买方行使权利必须符合其他商铺业主的整体意志。现在时代广场的大部分业主已经退回商铺，支持新宇公司对时代广场重新规划布局的工作，今后的时代广场内不再具有商铺经营的氛围条件。冯某梅以其在时代广场中只占很小比例的商铺，要求新宇公司继续履行本案合同，不仅违背大多数商铺业主的意愿，影响时代广场物业整体功能的发挥，且由于时代广场内失去了精品商铺的经营条件，再难以通过经营商铺营利，继续履行实非其本意。考虑到时代广场位于闹市区，现在仅因双方当事人之间的互不信任而被闲置，这种状况不仅使双方当事人的利益受损，且造成社会财富的极大浪费，不利于社会经济发展。从衡平双方当事人目前利益受损状况和今后长远利益出发，依照公平和诚实信用原则，尽管双方当事人之间存在的商铺买卖合同关系合法有效，尽管冯某梅在履行合同过程中没有任何违约行为，本案的商铺买卖合同也应当解除。

鉴于被告冯某梅在履行商铺买卖合同中没有任何过错，在商铺买卖合同解除后，其因商铺买卖合同而获得的利益必须得到合理充分的补偿，补偿标准是保证冯某梅能在与时代广场同类的地区购得面积相同的类似商铺。原告新宇公司同意在商铺买卖合同解除后，除返还冯某梅原付的购房价款、赔偿该商铺的增值款外，还给冯某梅补款 48 万元，这一数额足以使冯某梅的现实既得利益不因合同解除而减少，应予确认。据此判决，原告新宇公司与被告冯某梅签订的商铺买卖合同予以解除。

冯某梅不服，向南京市中级人民法院提起上诉。

二审法院认为，上诉人冯某梅与被上诉人新宇公司签订的商铺买卖合同合法有效。新宇公司在合同约定的期限内未办理产权过户手续，已构成违约，又在合同未依法解除的情况下，将2b050商铺的玻璃幕墙及部分管线设施拆除，亦属不当。《合同法》第107条规定："当事人一方不履行合同义务或者履行合同义务不符合约定的，应当承担继续履行、采取补救措施或者赔偿损失等违约责任。"从这条规定看，当违约情况发生时，继续履行是令违约方承担责任的首选方式。法律之所以这样规定，是由于继续履行比采取补救措施、赔偿损失或者支付违约金，更有利于实现合同目的。但是，当继续履行也不能实现合同目的时，就不应再将其作为判令违约方承担责任的方式。《合同法》第110条规定："当事人一方不履行非金钱债务或者履行非金钱债务不符合约定的，对方可以要求履行，但有下列情形之一的除外：（一）法律上或者事实上不能履行；（二）债务的标的不适于强制履行或者履行费用过高；（三）债权人在合理期限内未要求履行。"此条规定了不适用继续履行的几种情形，其中第二项规定的"履行费用过高"，可以根据履约成本是否超过各方所获利益来进行判断。当违约方继续履约所需的财力、物力超过合同双方基于合同履行所能获得的利益时，应该允许违约方解除合同，用赔偿损失来代替继续履行。在本案中，如果让新宇公司继续履行合同，则新宇公司必须以其6万余平方米的建筑面积来为冯某梅的22.50平方米商铺提供服务，支付的履行费用过高；而在6万余平方米已失去经商环境和氛围的建筑中经营22.50平方米的商铺，事实上也达不到冯某梅要求继续履行合同的目的。一审平衡双方当事人利益，判决解除商铺买卖合同，符合法律规定，是正确的。冯某梅关于继续履行合同的上诉理由，不能成立。

考虑到上诉人冯某梅在商铺买卖合同的履行过程中没有任何违约行为，一审在判决解除商铺买卖合同后，一并判决被上诉人新宇公司向冯某梅返还商铺价款、赔偿商铺增值款，并向冯某梅给付违约金及赔偿其他经济损失。这虽然不是应冯某梅请求作出的判决，但此举有利于公平合理地解决纠纷，也使当事人避免了讼累，并无不当。在二审中，新宇公司表示其愿给冯某梅增加20万元赔偿款，应当允许。

据此，南京市中级人民法院维持了合同解除的判决结果，同时变更被上诉人新宇公司赔偿上诉人冯某梅逾期办理房屋权属登记过户手续的违约金及其他经济损失68万元。

法理解读

本案涉及本司法解释第11条的规定，本司法解释第11条规定是为了解决《民法典》新增的合同不能履行时当事人终止合同请求权的溯及力问题。当合同不能履行时，赋予任何一方当事人终止合同的请求权，由法院或者仲裁机关对合同是否终止进行判断，是为了破除合同僵局。在司法实践中，常见的情形是，当事人一方请求继续履行合同，但合同存在无法履行的情形，无法强制履行，但当事人又不愿意解除或者终止合同，从而造成僵局，违约方可能需要持续不断地承担违约责任。《民法典》第580条第2款的规定就是为了解除此问题，在出现合同僵局时，赋予人民法院或者仲裁机构应当事人的请求确认终止合同权利义务关系的权利，其中，享有请求权的当事人包括守约方，也包括违约方，这是《民法典》的最大创新之处。但需要注意的是，此种合同的终止，不影响违约责任的承担。

本案中，新宇公司起诉解除合同并非基于冯某梅的违约行为，相反，冯某梅在商铺买卖合同的履行过程中没有任何违约行为，而在合同履行期内，新宇公司在合同约定的期限内未办理产权过户手续，已构成违约，又在合同未依法解除的情况下，将2b050商铺的玻璃幕墙及部分管线设施拆除并准备变更案涉商铺的用途。仅从原《合同法》的规定上看，当违约情况发生时，继续履行是令违约方承担责任的首选方式。但需要注意的是，之所以这样规定，是预设了继续履行比采用其他违约责任方式更为经济，也更有助于实现合同目的的立场。但本案的情况却不是如此，如果要求新宇公司继续履行合同，则新宇公司想要将案涉商铺改造的意图就无法实现，其他商铺也无法继续出租，如判决所述，实质上就等于让“新宇公司必须以其6万余平方米的建筑面积来为冯某梅的22.50平方米商铺提供服务”，而且对于冯某梅而言，其在空荡荡的环境中经营小商铺，也达不到冯某梅要求继续履行合同想要达到的目的。在继续履行达不到双方的目的时，要使双方均摆脱合同的约束，允许违约方新宇公司解除合同。但同时需要注意的是，合同解除后，并不排除违约责任的承担，因此新宇公司仍然需要向冯某梅赔偿相应的损失。另外，本案判决还有一点值得肯定，从应然层面而言，法院应当秉承“不告不理”的原则，仅针对当事人的起诉进行审理，但可能增加当事人的讼累。本案判决不仅解决了当事人之间对合同的争议，也对合同的违约责任问题进行了处理，可谓有效解决了纠纷。

当然，需要注意的是，《民法典》第580条第2款使用的是“终止”合同而非“解除”合同，因此与本案存在区别，这其实是基于《民法典》立法过程中发生的争议而作出的折中安排。在《民法典》施行后，因施行前的合同发生争议的，人民法院可以适用《民法典》的规定，审查当事人起诉请求终止合同权利义务关系的请求，以破解合同僵局。

第十二条　民法典施行前订立的保理合同发生争议的，适用民法典第三编第十六章的规定。

【条文要义】

本条司法解释的条旨是《民法典》对保理合同的规定具有溯及既往的效力。

保理合同原来是无名合同、非典型合同。《民法典》合同编第二分编第十六章对保理合同作出了比较全面的规定，使保理合同成为典型合同、有名合同。

保理业务最早起源于18世纪的英国，并在20世纪50年代的美国和西欧国家发展成型，成为新型的贸易融资方式，近20年来得到广泛应用。我国的保理业务起步较晚，发展也比较慢。《民法典》把保理合同规定为典型合同，并且作出比较全面的规定，将会促进我国保理业务的继续发展，在经济交往中发挥更大的作用。

保理合同也称为财物代理、应收账款承购、应收账款融资，均为保付代理的意思，是应收账款债权人将现有的或者将有的应收账款转让给保理人，保理人提供资金融通、应收账款管理或者催收、应收账款债务人付款担保等服务的合同。

在保理合同中，转让应收账款债权的一方是应收账款债权人，接受应收账款债权并提供金融服务的一方是保理人。应收账款债务人是应收账款债权人的债务人，双方是应收账款债权债务关系的当事人。应收账款的债务人不是保理合同的当事人，是由于应收账款债权人将应收账款债权转移给保理人融资，而使其成为保理人的债务人。从这个意义上说，应收账款债务人是由于应收账款的债权转移，而成为保理人的债务人的，是广义上的保理合同当事人。

应收账款，是指企业在正常的经营过程中，因销售商品、产品、提供劳务等业务，应向购买单位收取的款项，包括应由购买单位或接受劳务单位负担的税金、代购买方垫付的各种运杂费等。应收账款是伴随企业的销售行为形成的一项债权。应收账款包括已经发生的和将来发生的债权。前者如已经发生并明确成立的债权，后者是现实并未发生但是将来一定会发生的债权。

以保理人对应收账款是否享有追索权为标准，保理合同分为有追索权保理和无追索权保理。有追索权保理，是指不承担买方信用风险，只提供其他服务的保理。保理公司承做有追索权保理，若有提供卖方预付款服务，在应收账款到期 45 天后的任何情况下，保理公司均有权向卖方进行追索。无追索权保理，是指承担买方信用风险的保理。保理公司在承做无追索权保理时，发生买方信用风险，从应收账款到期 90 天起，若发生非商业纠纷的卖方信用风险，由保理公司向卖方履行担保付款的责任。

由于在《民法典》施行之前我国的法律、司法解释没有就保理合同作出规定，《民法典》合同编第十六章关于保理合同的规定都是新增规定，都具有溯及既往的效力。因而，《民法典》施行之前订立的保理合同，无论是在《民法典》施行前还是在施行后发生的争议，在《民法典》施行后向法院起诉的，都应当适用《民法典》合同编第十六章的规定，确定当事人的权利和义务，对争议作出裁判。

【案例解读】

某银行沈阳苏家屯支行诉雪花啤酒公司、钰雪明源公司保理合同纠纷案①

基本案情

某银行与钰雪明源公司自2011年4月26日至2015年5月7日共签订了19份有追索权的国内保理业务合同［其中合同编号为×××10004－2012（EFR）00051号保理合同因审批内容有误，重新生成为编号为×××10004－2012（EFR）00068号保理合同，该两份合同实际只发生了一笔保理融资业务］。前11份保理合同工商银行以邮寄的方式向雪花啤酒公司送达了《应收账款债权转让通知书》，但雪花啤酒公司并未作出承诺。从第12份保理合同开始，雪花啤酒公司在《应收账款债权转让通知书》回执上盖章，承诺在应收账款到期时将相应款项支付到通知书确定的账户。按上述合同约定钰雪明源公司将在雪花啤酒公司应收账款转让给了某银行，雪花啤酒公司确认并承诺钰雪明源公司在该公司的应收账款到期时支付到应收账款债权转让通知书指定的保理账户。合同约定某银行有权在保理合同期间届满逾期而未足额受偿时直接对钰雪明源公司行使追索权。曹某实、张某薇出具了担保承诺书对保理融资承担连带保证清偿责任。合同签订后，雪花啤酒公司、钰雪明源公司按合同约定履行了编号为：×××

① 审理法院：辽宁省沈阳市苏家屯区人民法院，案号：（2015）苏民四初字第538号；二审法院为辽宁省沈阳市中级人民法院，案号：（2017）辽01民终3256号

10004－201 苏家（保理）字 001 号保理合同、编号为×××10004－2011（EFR）00008 号保理合同、编号为×××10004－2011（EFR）00016 号保理合同、编号为×××10004－2011（EFR）00025 号保理合同、编号为×××10004－2012（EFR）00009 号保理合同、编号为×××10004－2012（EFR）00017 号保理合同、编号为×××10004－2012（EFR）00037 号保理合同、编号为×××10004－2012（EFR）00068 号保理合同、编号为×××10004－2013（EFR）00007 号保理合同、编号为×××10004－2013（EFR）00017 号保理合同、编号为×××10004－2013（EFR）00027 号保理合同、编号为×××10004－2013（EFR）00035 号保理合同、编号为×××10004－2014（EFR）00013 号保理合同、编号为×××10004－2014（EFR）00021 号保理合同、编号为×××0100064－2014（EFR）00039 号保理合同、编号为×××0100064－2014（EFR）00048 号保理合同已全部履行完毕。编号为×××0100064－2015（EFR）00007 号保理合同还款期限到期后，雪花啤酒公司未按合同约定将应收账款支付到保理账户，钰雪明源公司将保理融资款 15000000.00 元及利息偿还给了工商银行。后雪花啤酒公司分别于 2015 年 8 月 26 日、9 月 6 日分三次将应收账款 15000000.00 元支付到保理账户，该款由钰雪明源公司支取使用。2015 年 5 月 7 日签订的编号为×××0100064－2015（EFR）00018 号、保理融资金额为 15000000.00 元的保理合同未履行还款义务。

某银行现向法院起诉请求判令被告某雪花啤酒公司、钰雪明源公司偿还本金 15000000.00 元，利息 67152.70 元，并从 2015 年 10 月 27 日起在原融资利率的基础上加收 50% 的利率给付罚息，并按罚息的利率给付利息计收复利；被告曹某实、张某薇对以上债务承担连带保证责任。

法院判决

一审法院认为，某银行与钰雪明源公司所签订的十八份《国内保理合同》、雪花啤酒公司在《应收账款债权转让通知回执》中的承诺、曹某实、张某薇出具的《担保承诺书》均系各方真实意思表示，不违反法律、行政法规的相关规定，应认定有效。原告某银行依约向钰雪明源公司支付了保理融资款，受让了钰雪明源公司对雪花啤酒公司所享有的应收账款债权。钰雪明源公司在编号为×××0100064－2015（EFR）00007号保理合同期间届满后，已将融资款15000000.00元偿还原告工商银行，应视为按照保理合同第七条第四款约定进行了回购，编号为×××0100064－2015（EFR）00007号保理合同已经履行完毕。故雪花啤酒公司分别于2015年8月26日、9月6日分三次支付到保理账户的应收账款15000000.00元，应视为其履行的是2015年5月7日签订的编号为×××0100064－2015（EFR）00018号保理合同。原告工商银行在收到雪花啤酒公司分别于2015年8月26日、9月6日支付到保理账户的应收账款15000000.00元后，同意钰雪明源公司支取，导致最后一期保理融资款未能回收，故其应向钰雪明源公司主张权利，故钰雪明源公司应按合同约定承担偿还保理融资款15000000.00元及利息、罚息的义务。曹某实、张某薇应履行担保承诺书约定的承担连带保证责任的义务。曹某实、张某薇经本院合法传唤未到庭应诉，视其放弃了答辩和质证的权利。故判决如下，被告钰雪明源公司于本判决发生法律效力后十日内对融资款本金人民币15000000.00元承担回购责任，并承担利息67152.70元（利息计算至2015年10月26日），并按合同约定自2015年10月27日起至实际给付之日止按本金15000000.00元计算利息、罚息、复利；被告曹某实、张某薇对第一款给付内容承担连带清偿责任。

某银行不服提起上诉。

二审法院认为，上诉人某银行与被上诉人钰雪明源公司签订的《国内保理业务合同》是双方真实意思表示，不违反法律、行政法规的相关规定，合法有效，对双方均具有法律约束力。根据保理合同之约定，融资到期日若购货方支付的货款不足以清偿保理融资本息导致保理融资未足额回收时，工商银行有三种途径实现债权，即从钰雪明源公司在某银行的任何账户中扣收相应款项、通知钰雪明源公司进行回购、向购货方行使追索权，工商银行对以上债权实现方式具有选择权。当编号为007号保理合同的融资到期后，钰雪明源公司自存资金1500万元到保理账户，某银行亦对该笔资金进行了扣划并作入账处理，即某银行以实际行为表明以扣划钰雪明源公司款项的方式实现了债权，至此编号为007号保理合同履行完毕，某银行的该笔债权消灭，其无权再就该债权的实现方式作出选择，另行以雪花啤酒公司于2015年8月26日和9月6日支付的货款作为还款。某银行主张编号为0018号保理合同项下的欠款，钰雪明源公司将其对雪花啤酒公司的应收账款债权转让给某银行，雪花啤酒公司亦在应收账款转让通知书和应收账款确认函上盖章，故雪花啤酒公司应按照应收账款确认函的内容，在2015年9月26日之前将货款支付到特定账户，履行其给付本期货款的义务。现根据转账凭证，雪花啤酒公司已于2015年8月26日、9月6日合计支付给约定账户1500万元，已适当履行了给付义务。某银行对该账户享有监管权，亦有对货款和融资进行逐笔确认的职责，在编号为007号的债权已得到清偿，亦无证据证明该1500万元对应007号合同项下欠款的情况下，工商银行自行同意钰雪明源公司支取该笔资金，导致0018号合同融资款项出现缺口，其可向钰雪明源公司主张偿还融资款，但无权主张雪花啤酒公司重复给付，故一审判决并无不当。上诉人主张系根据保理合同8.2（3）项的约定，将保理账户内的余款以同意钰雪明源公司支取自用的方式返还给钰雪明源公司，符合合同约定，应视为双方对007号保理合同履行完毕，本院认为，007号保理合同到期时，涉案保理账户内并无1500万元“余款”，上诉人将雪花啤酒公司此后存入该账户的用以偿还0018号合同项下款项的1500万元支付给钰雪明源公司的行为，并不符合保理合同8.2（3）项的约定，与007号保理合同的履行无关联。故上诉人的该项主张，本院不予支持。故驳回上诉，维持原判。

法理解读

本案涉及本司法解释第12条的规定，本司法解释第12条规定是为了解决《民法典》新增的保理合同的溯及力问题。保理合同原来是无名合同、非典型合同。《民法典》合同编第二分编第十六章对保理合同作出了比较全面的规定，使保理合同成为典型合同、有名合同。由于在《民法典》施行之前。我国的法律、司法解释没有就保理合同作出规定，《民法典》合同编第十六章关于保理合同的规定都是新增规定，应当原则上都具有溯及既往的效力。故在《民法典》施行之前订立的保理合同，无论是在《民法典》施行前还是在施行后发生的纠纷，在《民法典》施行后向法院起诉的，都应当适用《民法典》合同编第十六章关于保理合同的规定，以确定当事人的权利义务关系。

本案中，当事人某银行与钰雪明源公司签订了十八份《国内保理合同》，雪花啤酒公司在《应收账款债权转让通知回执》中出具了承诺，曹某实、张某薇出具了《担保承诺书》，以上合同均系各方真实意思表示。在合同签订之后，原告某银行依约向钰雪明源公司支付了保理融资款，受让了钰雪明源公司对雪花啤酒公司所享有的应收账款债权。钰雪明源公司在保理合同期间届满后，已将融资款15000000元偿还原告某银行，应视为按照保理合同第7条第4款约定进行了回购，该份保理合同已经履行完毕。故雪花啤酒公司分别于2015年8月26日、9月6日分三次支付到保理账户的应收账款15000000元，应视为其履行的是2015年5月7日签订的保理合同。在此之后，原告工商银行在收到雪花啤酒公司分别于2015年8月26日、9月6日支付到保理账户的应收账款15000000元后，同意钰雪明源公司支取，导致最后一期保理融资款未能回收，故其应向钰雪明源公司主张权利，钰雪明源公司应按合同约定承担偿还保理融资款15000000元及利息、罚息的义务。曹某实、张某薇应履行担保承诺书约定的承担连带保证责任的义务。某银行则认为，雪花啤酒公司的付款是保理合同的第一还款来源，某银行有权向其主张还款。根据保理合同约定，钰雪明源公司将其对雪花啤酒公司的应收账款转让给某银行，某银行就受让的应收账款向钰雪明源公司提供综合性金融服务。上诉人受让应收账款，取得债权人地位，故有权利向雪花啤酒公司主张还款。保理融资的还款主要来源于雪花啤酒公司的付款，而非钰雪明源公司提供资金直接归还保理融资，即使钰雪明源公司向某银行支付融资还款，也不等同于免除了雪花啤酒公司的付款义务。二审法院则指出，雪花啤酒公司已于2015年8月26日、9月6日合计支付给约定账户1500万元，已适当履行了给付义务。某银行对该账户享有监管权，亦有对货款和融资进行逐笔确认的职责，在编号为007号的债权已得到清偿，亦无证据证明该1500万元对应007号合同项下欠款的情况下，某银行自行同意钰雪明源公司支取该笔资金，导致0018号合同融资款项出现缺口，其可向钰雪明源公司主张偿还融资款，但无权主张雪花啤酒公司重复给付。

应当指出的是，彼时法院判决所适用的法律多为原《合同法》《担保法》，所适用的规则也多为债权让与、债务承担、应收账款转让、应收账款质押等，而没有成体系的关于保理合同的规定。这就直接导致对于有追索权保理、无追索权保理等问题产生了较大的解释空间，也产生了同案不同判的情况。在《民法典》生效后，对于类似行使保理合同，可以适用《民法典》的规则，妥当作出裁判。

第十三条　民法典施行前，继承人有民法典第一千一百二十五条第一款第四项和第五项规定行为之一，对该继承人是否丧失继承权发生争议的，适用民法典第一千一百二十五条第一款和第二款的规定。

民法典施行前，受遗赠人有民法典第一千一百二十五条第一款规定行为之一，对受遗赠人是否丧失受遗赠权发生争议的，适用民法典第一千一百二十五条第一款和第三款的规定。

【条文要义】

本条司法解释的条旨是《民法典》规定的丧失继承权规则具有溯及既往的效力。

1.《民法典》第 1125 条第 1 款第 4 项和第 5 项具有溯及既往效力

对于丧失继承权的规则，原《继承法》是有规定的。不过，原《继承法》第 7 条规定的丧失继承权的事由不够全面，也没有区分绝对丧失继承权和相对丧失继承权的界限。《民法典》第 1125 条第 1 款对丧失继承权的事由作了补充规定。即："继承人有下列行为之一的，丧失继承权：（一）故意杀害被继承人；（二）为争夺遗产而杀害其他继承人；（三）遗弃被继承人，或者虐待被继承人情节严重；（四）伪造、篡改、隐匿或者销毁遗嘱，情节严重；（五）以欺诈、胁迫手段迫使或者妨碍被继承人设立、变更或者撤回遗嘱，情节严重。"其中隐匿遗嘱和以欺诈、胁迫手段迫使或者妨碍被继承人设立、变更或者撤回遗嘱是新增规定。

继承权丧失，是指继承人因发生法律规定的事由失去继承被继承人遗产的资格，故继承权丧失又叫继承权剥夺。其特征，一是继承权的丧失是继承人继承期待权的丧失；二是继承权的丧失是继承人继承期待权的自然丧失；三是继承权的丧失是在发生法定事由时丧失。

在上述丧失继承权的事由中，《民法典》新增规定是：（1）在伪造、篡改或者销毁遗嘱、情节严重的规定中，增加隐匿遗嘱、情节严重的行为，作为丧失继承权的事由；（2）新规定了以欺诈或者胁迫手段迫使或妨碍被继承人设立、变更或撤回遗嘱情节严重的，构成丧失继承权的事由，其实就是强制被继承人设立、变更或者撤回遗嘱、情节严重的行为。

由于在《民法典》中上述两种丧失继承权事由的规定属于新增规定，具有溯及既往的效力，因而在《民法典》施行前，继承人存在第 1125 条第 1 款第 4 项和第 5 项规定的行为之一的，其实就是隐匿遗嘱行为，或者以欺诈、胁迫手段迫使、妨碍被继承人设立、变更、撤回遗嘱等行为，均为情节严重，对该继承人是否丧失继承权在《民法典》施行后发生争议引发诉讼的，法院适用《民法典》第 1125 条第 1 款的规定，确定继承人是否丧失继承权，符合规定的，继承人即丧失继承权。

2. 具有《民法典》第 1125 条第 4 项和第 5 项行为的可以适用宽宥的规定

在《民法典》施行前，继承人存在民法典第 1125 条第 1 款第 4 项和第 5 项规定的行为，确有悔改表现，被继承人表示宽恕或者事后在遗嘱中将其列为继承人的，适用民法典第 1125 条第 2 款的规定。

原《继承法》没有规定继承人丧失继承权后被继承人的宽恕规则，同时也没有把丧失继承权的事由分为绝对丧失和相对丧失两种不同类型，因而虽然规定了丧失继承权的事由，但具体规则是不完整的。《民法典》第 1125 条在增加部分丧失继承权的事由的基础上，将丧失继承权的事由分为两种类型，即绝对丧失继承权和相对丧失继承权，同时规定相对丧失继承权的继承人，可以因被继承人的宽恕而恢复继承权。这是《民法典》的新增规定，具有溯及既往的效力，因此，本条司法解释规定，《民法典》施行前，继承人存在《民法典》第 1125 条第 1 款第 4 项至第 5 项规定的行为，确有悔改表现，被继承人表示宽恕或者事后在遗嘱中将其列为继承人的，适用《民法典》第 1125 条第 2 款的规定，但是，如果遗产已经在《民法典》施行前处置完毕的，不再适用这一规定。

《民法典》第 1125 条第 2 款规定："继承人有前款第三项至第五项行为，确有悔改表现，被继承人表示宽恕或者事后在遗嘱中将其列为继承人的，该继承人不丧失继承权。"

1. 相对丧失继承权及具体事由

继承权丧失分为绝对丧失和相对丧失。继承权绝对丧失，是发生某种使某继承人丧失继承权的法定事由时，该继承人对特定被继承人的继承权便终局地丧失，该继承人不得、也不能享有对被继承人的继承权。继承权相对丧失，是虽发生某种法定事由而使继承人的继承权丧失，但是在具备一定条件时，继承人的继承权也可最终不丧失的继承制度，所以，又叫继承权非终局丧失。正因为相对丧失继承权是非终局丧失，因而才可以经过被继承人的宽恕而使丧失的继承权得到恢复。

相对丧失继承权的具体事由，一是遗弃被继承人，或者虐待被继承人情节严重；二是伪造、篡改、隐匿或者销毁遗嘱，情节严重；三是以欺诈、胁迫手段迫使或者妨碍被继承人设立、变更或者撤回遗嘱，情节严重。

2. 继承人丧失继承权的宽宥制度

被继承人的宽恕，也叫宽宥，是以法定继承权的相对丧失为前提，特指被继承人在情感上对继承人的故意或过失行为表达的谅解和宽恕，是被继承人对继承人继承身份或资格的再次认可、肯定与承认，恢复其已丧失的继承权。在继承人相对丧失继承权后，只要被继承人对继承人予以宽宥，就能恢复继承人已经丧失的继承权。被继承人和继承人之间都有一定的血缘关系，对犯有过错的继承人，确有悔改表现，被继承人予以宽宥，还准许继承人继承自己的遗产，是符合情理的。特别是我国长期实行独生子女政策，很多父母都只有一个子女，独生子女作为继承人，一旦丧失继承权，如果不能得到宽宥，将会使其遗产不能向直系血亲卑亲属流转，不符合继承规律。设立宽宥制度，就会解决这些问题。

宽宥的构成要件是：(1) 继承人存在遗弃被继承人，或者虐待被继承人情节严重，或者伪造、篡改、隐匿或者销毁遗嘱，情节严重，或者以欺诈、胁迫手段迫使或者妨碍被继承人设立、变更或者撤回遗嘱，情节严重的，尽管丧失了继承权，但是属于相对丧失；(2) 丧失继承权的继承人确有悔改表现，只要有悔改表现即可；(3) 被继承人具有宽恕的意思表示，包括明示的宽恕，如被继承人明确表示对继承人予以宽恕；也包括默示的宽恕，即被继承人事后在遗嘱中将丧失继承权的人列为遗嘱继承人，就具有被继承人宽宥的意思表示。具备上述三个要件，被继承人的宽宥就发生效力，使丧失继承权的继承人恢复继承权，能够继承被继承人的遗产。

宽宥是被继承人的单方意思表示，不必由被继承人和继承人达成宽恕的合意，不需要相对方即继承人作出任何意思表示，便产生法律效力。

《民法典》第 1125 条第 2 款关于被继承人宽恕的规定具有溯及既往的效力，可以溯及至《民法典》施行前发生的丧失继承权的行为。适用的要件是：(1) 是在《民法典》施行前，继承人存在《民法典》第 1125 条第 1 款第 3 项至第 5 项规定的行为；(2) 丧失继承权的继承人确有悔改表现；

（3）被继承人表示宽恕或者事后在遗嘱中将其列为继承人；（4）当事人发生争议在《民法典》施行后提起诉讼。符合上述四个要件，即可适用《民法典》第1125条第2款的规定，恢复相对丧失继承权的继承人的继承权。

之所以对《民法典》第1125条第1款第3项规定的相对丧失继承权的行为没有规定没有溯及既往的效力，是因为第3项规定不属于新增规定，没有溯及既往的效力。既然如此，无论是丧失继承权，还是予以宽宥，都没有溯及既往的效力。笔者认为，《民法典》第1125条第1款第3项关于“遗弃被继承人，或者虐待被继承人情节严重”，丧失继承权的，在《民法典》施行后，被继承人宽宥的，应当适用该条第2款规定，因为这属于“有利溯及原则”规定的范围。本条司法解释的这一规定，还是有所欠缺。

对于符合溯及适用《民法典》第1125条第2款规定的除外情形是，遗产已经在《民法典》施行前处理完毕的，不适用第1125条的规定。这是因为，争议的遗产由于已经不复存在，为稳定继承秩序，即使被继承人宽宥，丧失继承权的继承人也不得再主张恢复继承权，分得遗产。

3.《民法典》第1125条第3款规定具有溯及既往的效力

在《民法典》施行前，如果受遗赠人有《民法典》第1125第1款规定的行为，当事人对受遗赠人是否丧失受遗赠权发生争议的，直接适用《民法典》第1125条第1款和第3款的规定，确认是否丧失受遗赠权。

【案例解读】

郝×诉陈×法定继承纠纷案[①]

基本案情

陈×与郝×1夫妇系北京市顺义区南彩镇北彩村村民，二人未生育子

① 审理法院：一审法院为北京市顺义区人民法院，案号：（2015）顺民初字第14667号；二审法院为北京市第三中级人民法院，案号：（2016）京03民终5339号。

女，于1973年收养了郝×1的外甥郝×，之后三人一起在北彩村生活。1994年，郝×1患有脑血栓，半身不遂，需要人照顾，但郝×却携妻子、子女搬回郝×的亲生父母所在的北京市顺义区北小营镇后礼务村居住，并将户口从北彩村迁至后礼务村，弃郝×1和陈×而不顾。陈×难以独自照顾郝×1，经与郝×交涉，郝×1、陈×才在1996年搬至后礼务村与郝×一起居住。1996年12月1日，郝×1去世，未留有遗嘱。在此之前郝×1的父母均已去世。陈×因与郝×之间的矛盾愈加尖锐，后独自回到北彩村居住。1997年，陈×以赡养纠纷为由将郝×诉至北京市顺义区人民法院，该院作出了（1997）顺民初字第412号民事判决书。郝×不服该判决，提出上诉。北京市第二中级人民法院作出（1997）二中民终字第2948号民事判决书，维持原判，但郝×一直未履行判决书中所确定的义务。1998年，郝×将陈×诉至北京市顺义区人民法院，要求解除收养关系，该院于1998年11月作出（1998）顺民初字第722号民事判决书，判决解除郝×与陈×之间的收养关系，并判令郝×给付陈×生活补助费1.5万元。郝×与陈×对该判决均未提出上诉。

诉争宅院位于北京市顺义区南彩镇北彩村河桥路××号，该宅院的宅基地使用权登记在郝×1名下。1981年左右，郝×1与陈×在该宅院内翻建北房五间、西厢房两间。1987年，郝×1与陈×对上述房屋进行揭瓦，并新建了西院墙和南院墙。郝×1去世后，由于厢房漏水，陈×将厢房拆除，在宅院西侧搭建了两间棚子。陈×在北彩村享受低保户的福利。2010年至2011年，顺义区民政部门出资为陈×维修了五间正房，包括墙壁刷白、更换房顶、室内吊顶、更换新瓦等。近年来，陈×平时在涉诉宅院居住，每年冬天到其侄子家居住。

2015年1月19日，在陈×的侄子、侄女陈×1、陈×2、陈×3的见证之下，陈×与北彩村委会签订了《养老协议》，双方约定：陈×于2015年2月入住南彩镇敬老院，陈×在敬老院的所有费用由北彩村委会支付；自陈×入住敬老院之日起，北彩村河桥路××号院归北彩村委会所有，陈×的所有家产包括房屋五间及屋内、院内所有物品全部归属于北彩村委会，陈×的亲属及其他任何人不得干涉；陈×必须将本户土地使用证上交到北彩村委会（如丢失由本人到有关部门办理挂失手续，挂失手续办完后交到北彩村委会）。2015年2月13日，北彩村委会与南彩镇敬老院签订《休养服务协议》，双方约定北彩村委会自愿将陈×送至南彩镇敬老院休养，休养期限自2015年2月13日至2017年2月13日，每月综合收费1600元，费用由北彩村委会交纳。上述协议签订后，北彩村委会即将陈×送至南彩镇敬老院，陈×至今一直在该敬老院生活。

经一审法院现场勘验，涉诉宅院内现有北房五间，宅院西侧有石棉瓦顶的棚子两间。庭审中，郝×称南数第一间棚子实际是郝×1去世之前所建的厢房，只是郝×1去世后陈×将房顶更换成石棉瓦顶，因此北房五间和南数第一间棚子均是郝×1和陈×的夫妻共同财产，其中一半的份额是郝×1的遗产，郝×应当分得北房五间的四分之一份额和南数第一间棚子二分之一的份额。陈×称南数第一间棚子并非原来的厢房。

现郝×诉至法院，请求判令郝×1所有的坐落于顺义区南彩镇北彩村的五间房屋由郝×和陈×法定继承。

庭审中，双方对郝×是否有继承权存在争议。郝×称其有继承权，理由如下：郝×是郝×1的养子，对郝×1尽了赡养义务，在郝×1生病期间为郝×1购买食品、药物，并在郝×1去世之前三个多月时将郝×1接到家中照顾，而且郝×1去世之前并没有与郝×解除收养关系。为证明尽到了赡养义务，郝×向法庭提交了一份郝×1的火化费用收据、一份显示为1998年出具的郝×1的诊断证明书以及一份显示为1994年9月12日大队面粉加工厂出具的收取1993年和1994年教育基金款的收据，并称郝×为郝×1支付了医药费和火化费，并给郝×1买过面粉。陈×对此不认可，并称1996年郝×1已去世，而诊断证明是1998年出具的，显然是郝×为了与陈×在1998年的诉讼准备的，并不能证明郝×1的生病时间，也不能证明郝×为郝×1支付了医药费；丧葬费和面粉厂的票据并不能证明郝×对郝×1尽到了赡养义务。陈×坚持认为郝×没有继承权，理由如下：郝×在郝×1生病后就搬到后礼务村居住，直到郝×1去世前一个月才与郝

×1和陈×一起居住；在此一个月期间，郝×也仅仅买了一点药，对郝×1并未尽到赡养义务，而且对陈×也未尽到赡养义务，拒绝执行法院判决的赡养费，后来还诉至法院与陈×解除了收养关系。

法院判决

一审法院认为，双方争议的焦点是郝×对郝×1的遗产是否有继承权。继承人遗弃被继承人的，丧失继承权；如继承人以后确有悔改表现，而且被遗弃人生前又表示宽恕，可不确认其丧失继承权。本案中，郝×1去世时其父母均已去世，且未留有遗嘱，因此其继承人为配偶陈×、养子郝×。但是，郝×在郝×1病重需要照顾时携妻子、子女搬回其亲生父母所在地居住，弃郝×1和陈×而不顾，其行为已经构成遗弃郝×1。后虽经陈×找郝×交涉，郝×1、陈×在郝×1去世前较短的时间内搬至郝×处居住，但郝×并未提供任何证据证明郝×1生前对其表示宽恕。因此，郝×已经丧失了对郝×1的遗产继承权。郝×现要求继承郝×1的遗产，无事实和法律依据，一审法院不予支持。

郝×不服一审判决提起上诉。主要理由是认为，郝×没有遗弃养父郝×1，对郝×1尽到了赡养义务，在郝×1生病期间，郝×为其购买食品和药物，并在郝×1去世之前三个多月将其接到自己家中照顾，而且郝×1去世时并没有与郝×解除收养关系。为证明郝×尽到了赡养义务，郝×向一审法院提交了郝×1的火化收费收据，及郝×1患病时的诊断证明书及大队面粉厂出具的教育基金款的收据等。而一审法院抛开郝×提交的证据，在没有任何证据的情况下推定郝×遗弃郝×1。而且在一审中郝×和陈×都一致认可郝×1是由郝×养老送终的，并且一审法院也认定郝×1死亡之前是居住在郝×住处的，一审认定郝×遗弃了郝×1属于认定事实错误，郝×是由合法继承权的。综上，一审判决认定事实错误，适用法律不当，请求二审法院依法撤销一审判决，改判支持郝×应继承的房产或者发回重审。

二审法院认为，案涉争议焦点问题为郝×是否对郝×1构成遗弃以及是否对郝×1的遗产享有继承权。根据法律规定，已经为人民法院发生法律效力的裁判所确认的事实，可以作为裁判的依据。722号判决已经发生法律效力，其中认定了郝×对于郝×1于1994年患病后迁出养父母住所的事实，并认定郝×的行为对养父母构成遗弃。尽管郝×称其曾为郝×1购买食品、药品，并在其去世前短暂的时间内接郝×1同住，但郝×上述有限的行为与其作为养子应尽的赡养义务相比较，显然是苍白无力的。此外，在郝×1去世后，从郝×与陈×的关系继续恶化并导致历次诉讼来看，郝×与养父母的矛盾可谓由来已久。一审法院根据综合考虑已经生效判决认定的事实以及双方多年形成的积怨，认定郝×因遗弃被继承人而丧失继承遗产，事实清楚，适用法律正确，本院予以维持。同时，另需指出，陈×已为八旬老人，并与北彩村委会签订了遗赠抚养协议，尽管郝×与陈×已经法院判决解除了收养关系，但郝×仍应顾念抚育之恩，善待陈×，让其安度晚年。

综上，郝×的上诉理由均不成立，本院不予采信，对其上诉请求，本院不予支持。一审判决对本案的事实认定清楚，适用法律正确，本院予以维持。

法理解读

本案涉及本司法解释第13条的规定，本司法解释第13条的规定是为了解决《民法典》第1125条规定的丧失继承权规则的溯及力问题。对于此问题，原《继承法》第7条作出了规定，不过，受限于原《继承法》立法时的年代，其规定的丧失继承权的事由不够完整，也没有区分绝对丧失继承权和相对丧失继承权的界限。在关于丧失继承权的事由中，《民法典》新增了若干规则，包括在伪造、篡改或者销毁遗嘱、情节严重的规定中，增加隐匿遗嘱、情节严重的行为，作为丧失继承权的事由，同时新增了以欺诈或者胁迫手段迫使或妨碍被继承人设立、变更或撤回遗嘱情节严重的，也构成丧失继承权的事由。

本案的主要案情是继承人遗弃被继承人，遗弃构成丧失继承权的法定事由，如果继承人以后确有悔改表现，而且被遗弃人生前又表示宽恕的，则可以不确认其丧失继承权。本案中，郝×1去世时其父母均已去世，且未留有遗嘱，因此其继承人为配偶陈×、养子郝×。但是，法院查明，郝×在郝×1病重需要照顾时携妻子、子女搬回其亲生父母所在地居住，弃郝×1和陈×而不顾，其行为已经构成遗弃郝×1，后来虽经陈×找郝×交涉，郝×1、陈×在郝×1去世前较短的时间内搬至郝×处居住，但郝×并未提供任何证据证明郝×1生前对其表示宽恕。因此，郝×已经丧失了对郝×1遗产的继承权。现郝×要求继承郝×1的遗产的请求，法院不予支持。郝×不服对于遗弃的事实认定，提起上诉，二审法院指出，根据法律规定，已经为人民法院发生法律效力的裁判所确认的事实，可以作为裁判的依据。案涉已经生效的判决认定，郝×对于郝×1于1994年患病后迁出养父母住所的事实，构成遗弃。尽管郝×称其曾为郝×1购买食品、药品，并在其去世前短暂的时间内接郝×1同住，但郝×上述有限的行为与其作为养子应尽的赡养义务相比较微不足道。此外，在郝×1去世后，从郝×与陈×的关系继续恶化并导致历次诉讼来看，郝×与养父母的矛盾可谓由来已久。因此，一审和二审法院根据综合考虑已经生效判决认定的事实以及双方多年形成的积怨，认定郝×因遗弃被继承人，而丧失继承权，应属正确。

由于《民法典》上述两种丧失继承权事由的新规定属于新增规定，因此具有溯及既往的效力，对于在《民法典》施行前，继承人存在隐匿遗嘱行为，或者以欺诈、胁迫手段迫使、妨碍被继承人设立、变更、撤回遗嘱等行为，情节严重的，对该继承人是否丧失继承权在《民法典》施行后发生争议引发诉讼的，法院应当适用《民法典》第1125条第1款的规定，依法作出裁判。

第十四条　被继承人在民法典施行前死亡，遗产无人继承又无人受遗赠，其兄弟姐妹的子女请求代位继承的，适用民法典

第一千一百二十八条第二款和第三款的规定，但是遗产已经在民法典施行前处理完毕的除外。

【条文要义】

本条司法解释的条旨是《民法典》关于侄甥代位继承规则具有溯及既往的效力。

原《继承法》规定代位继承制度，只有继承人的晚辈直系血亲的代位继承，不包括其他继承人的代位继承。《民法典》第1128条第2款增加规定了被继承人的兄弟姐妹的子女即侄甥的代位继承制度。即："被继承人的兄弟姐妹先于被继承人死亡的，由被继承人的兄弟姐妹的子女代位继承。"该条的第3款规定是代位继承的遗产份额，即："代位继承人一般只能继承被代位继承人有权继承的遗产份额"。

这一条文第2款规定被继承人的兄弟姐妹的子女即侄甥的代位继承，扩大了我国代位继承的范围，有利于遗产在旁系血亲中的流转。这是《民法典》对代位继承的新增规定，具有溯及既往的溯及力。本条但书特别强调的是，遗产已经在民法典施行前处理完毕的除外，既然遗产已经在民法典施行之前处理完毕，就不必再翻旧账，因而不再适用《民法典》的上述规定。

原《继承法》规定的代位继承，也是《民法典》第1128条第1款规定的代位继承，是指被继承人的子女先于被继承人死亡时，由被继承人的继承人的晚辈直系血亲代替先亡的被继承人的子女继承被继承人遗产的法定继承制度。在代位继承中，被继承人的子女为被代位继承人，继承应继份的被继承人子女的直系血亲卑亲属为代位继承人。应继份，是指各继承人对遗产上一切权利义务可以继承的成数或比例。

《民法典》具有溯及既往效力的是本条第2款的规定，即被继承人的兄弟姐妹的子女代位继承制度和规则的主要价值，是扩大了法定继承人的范围。将被继承人的兄弟姐妹的子女规定为法定代位继承人，就有可能使侄子、侄女、外甥、外甥女成为代位继承的法定继承人，能够代位继承其叔、伯、姑、舅、姨的遗产，减少无人继承遗产产生的概率，保障私人财富在其亲属中流转。

被继承人的兄弟姐妹的子女的代位继承，是《民法典》增加的代位继承制度。确认侄甥代位继承，首先要确定其构成要件是：（1）须被继承人的兄弟姐妹在继承开始前已经死亡。这一要件要求的是，在法定继承中，没有第一顺序法定继承人，因而才有了作为第二顺序法定继承人的兄弟姐妹实现继承权的机会。但是，仅此还不足以成立这一要件，还须被继承人的兄弟姐妹在继承开始之前已经死亡。兄弟姐妹作为继承人发生的继承，不是纵向的继承关系，而是横向的继承关系，当兄弟姐妹有权继承被继承人的遗产，又在继承开始前死亡的，兄弟姐妹的子女才有代位继承的机会。这是构成兄弟姐妹的子女代位继承的第一个要件。（2）被代位人须是被继承人的兄弟姐妹。在兄弟姐妹的子女代位继承中，被代位人是兄弟姐妹，兄弟姐妹与被继承人是二亲等旁系血亲，是最密切的旁系血亲同辈亲属。只有在被继承人没有第一顺序法定继承人的情况下，兄弟姐妹才能成为有资格继承被继承人遗产的法定继承人。（3）代位继承人须是被代位人的子女。在这种代位继承中，代位继承人是兄弟姐妹的子女，仅限于被代位人的子女，而不是直系晚辈血亲，只包括侄子、侄女和外甥、外甥女。

符合上述要件，即使继承法律关系发生在《民法典》施行之前，侄子女、甥子女可以依照《民法典》第1128条第2款和第3款的规定，代其父或者母之位，继承其伯、叔、姑、舅、姨的遗产。从这些要件看，对兄弟姐妹的子女代位继承的要求更严，代位继承人的范围很窄。

侄甥的代位继承与其他代位继承产生的法律效果是一样的，代位继承人可以继承被代位继承人的应继份，即代位继承人有权继承被代位继承人应当继承的遗产份额。代位继承人的应继份应根据被代位继承人的应继份确定，按房或支来分割遗产。

【案例解读】

张某3诉张某1、张某2与张某4代位继承纠纷案①

基本案情

张某良与董某女系夫妻关系，育有四个儿子，长子张某1，次子张某，三子张某4，四子张某6。张某良于1988年去世，张某于1995年去世，董某女于2006年去世。张某与温某凤系夫妻关系，育有两个子女，女儿张某平，儿子张某3。张某6有两个子女，儿子张某2，女儿张某5。经庭前询问，张某平放弃代位继承权。2016年4月12日，呼和浩特市回民区攸攸板镇坝口子村民委员会出具《回民区坝口子村宅基地证明》，载明张某1在坝口子有一处宅基地，占地面积220平方米。2016年4月14日，呼和浩特市回民区房屋征收管理办公室与张某1签订《补偿安置协议书》，载明占地面积220平方米，建筑面积82m，补偿被拆迁人张某1款项共计719610元。2016年5月3日，张某1出具收条，载明收到房屋征收补偿款719610元。经张某3申请，一审法院到坝口子村民委员会调取本案争议的土地相关地籍信息，坝口子村委会答复该村无相关材料，并协调配合一审法院到呼和浩特市国土资源局回民区分局调取地籍档案，后一审法院调取了坝口子村1996年4月的地籍档案两套，地籍号××档案载明土地使用者张某6，面积220.80平方米，其中建筑面积118.80平方米，家庭人口4人，东临张某1西墙、南至土路中心线、西邻空地、北邻周鲜花南墙。地籍号××档案载明土地使用者张某4面积207.92平方米，其中建筑面积59.89平方米，家庭人口3人，东临孙板头西墙、南至土路中心线、西邻张某6东墙、北邻周鲜花南墙。各方均认可张某6的上述土地及房屋系其

① 审理法院：一审法院为内蒙古自治区呼和浩特市回民区人民法院，案号：（2019）内0103民初4770号；二审法院为内蒙古自治区呼和浩特市中级人民法院，案号：（2020）内01民终2135号。

婚后向村里申请的，目前仍在居住使用并未涉及拆迁，与本案争议的拆迁土地及房屋无关。2019 年 2 月 20 日，张某 2、张某 1（甲方）与张某 6（乙方）签订《协议书》，载明：经双方协商就呼和浩特市回民区攸攸板镇坝口子村张某 1 房屋拆迁补偿款事宜及张某 4 监护权事宜达成协议：1. 经甲乙双方一致确认，张某 1 及张某良、董某女位于呼和浩特市 × × 区拆迁房屋的拆迁补偿款共计 719610 元，其中包括张某 4 的拆迁补偿款 179902 元，张某 1 的拆迁补偿款 539708 元；2. 经甲乙双方一致确认，乙方自愿成为张某 4 的法定监护人；3. 甲方张某 2 代张某 1 将领取的拆迁补偿款中的 150000 元于 2019 年 3 月 20 日前一次性支付给张某 6，该拆迁补偿款用于张某 4 今后的生活起居，不得用作他用；4. 乙方保证张某 4 今后的住所地为依山北岸小区 × × 号楼西单元 × 楼西户（上述房屋系张某 4 拥有所有权的房屋）；5. 签订本协议后，甲乙双方就张某 4、张某 1 拆迁补偿款事宜一次性解决，双方再无争议。

现张某 3 向法院起诉请求张某 1 和张某 2 向其支付征收补偿款 179902. 5 元，房屋征收款共 719610 元。

法院判决

一审法院认为，本案系代位继承纠纷。《中华人民共和国继承法》第 11 条规定："被继承人的子女先于被继承人死亡的，由被继承人的子女的晚辈直系血亲代位继承。"本案中，张某 3 的父亲张某于 1995 年去世，奶奶董某女于 2006 年去世，故张某 3 享有代位继承权。张某 3 爷爷张某良于 1988 年去世，结合 1996 年 4 月的地籍档案及各方陈述可以认定，张某 3 父亲张某已到市区落户，张某 6 另向村里申请了宅基地，故载明土地使用者为张某 4 的 27 号地籍档案三人实际应为董某女、张某 1、张某 4。结合本案的实际情况及各方 2019 年 2 月 20 日签订的《协议书》，可以认定自张某 3 爷爷张某良去世至奶奶董某女去世后，各方并未对上述土地使用权及房屋进行析产并继承。综合本案证据及各方陈述的事实，酌情认定张某 3 继承本案拆迁补偿款 719610 元中的八分之一即 89951 元。上述款项因张某2在协议书中认可已全部代张某1领取，故张某2、张某1应共同向张某3支付拆迁款89951元。对于张某3主张的超出部分，不予支持。

张某1和张某2不服一审判决提起上诉。主要理由是认为，张某3不享有代位继承权。就算享有，张某3请求代位继承诉讼时效已过，应予以驳回诉讼请求。

二审法院认为，本案系代位继承纠纷。继承人之间应当本着互谅互让、互相扶助、和睦团结的精神，协商处理继承问题。本案中，各方均认可争议的拆迁补偿款是载明土地使用者为张某4的27号的房屋补偿款。一审结合本案的实际情况及各方2019年2月20日签订的《协议书》，认定自张某良去世至董某女去世后，各方并未对上述土地使用权及房屋进行析产并继承。《中华人民共和国继承法》第11条规定："被继承人的子女先于被继承人死亡的，由被继承人的子女的晚辈直系血亲代位继承……"被继承人张某良去世后，张某3的父亲先于被继承人董某女去世，故张某3享有代位继承权。张某1、张某2主张张某3请求代位继承诉讼时效已过。《中华人民共和国物权法》第29条规定："因继承或者受遗赠取得物权的，自继承或受遗赠开始时发生法律效力。"《第八次全国法院民事商事审判工作会议（民事部分）纪要》第25条载明，被继承人死亡后遗产未分割，各继承人均未表示放弃继承，依据《中华人民共和国继承法》第二十五条规定应视为均已接受继承，遗产属各继承人共同共有；当事人诉请享有继承权、主张分割遗产的纠纷案件，应参照共有财产分割的原则，不适用诉讼时效的规定。本案被继承人遗产的所有权应从被继承人转移到各继承人，在继承人均未表示放弃继承且遗产也未进行分割的情况下，应当归全体继承人共同共有。综上，本案实质是共有物分割问题，不适用诉讼时效的规定，故张某1、张某2主张本案已过诉讼时效的上诉理由不能成立，本院不予支持。二审中张某2、张某1提交收条、委托书并申请证人丁某、郭某、韩某、孙某出庭作证，证明张某良、董某女生前均留下口头遗嘱，因法律规定遗嘱人只能在危急的情况下才可以立口头遗嘱，现张某1、张某2并未提供证据证明张某良、董某女存在上述法定情形，故张某

2、张某1主张张某良、董某女去世时留有口头遗嘱，代位继承人张某3丧失继承权的上诉理由不能成立，本院不予支持。综上，一审综合案件实际情况酌情认定张某3继承本案拆迁补偿款719610元中的八分之一即89951元，并无不当。故判决驳回上诉，维持原判。

法理解读

本案涉及本司法解释第14条的规定，本司法解释第14条的规定是为了解决《民法典》规定的代位继承规则的溯及力问题。《民法典》第1128条第2款、第3款明确了兄弟姐妹的子女请求代位继承的问题，其中第2款规定，被继承人的兄弟姐妹的子女即侄甥也享有代位继承权，这实质上扩大了代位继承的范围，有利于遗产在旁系血亲中流转。原《继承法》也规定了代位继承规则，即被继承人的子女先于被继承人死亡时，由被继承人的子女的晚辈直系血亲代先亡的被继承人的子女继承被继承人遗产，在此种代位继承法律中，被继承人的子女为被代位继承人，承继应继份的被继承人子女的直系血亲卑亲属为代位继承人。有学者指出，原《继承法》规定的代位继承规则扩大了法定继承人的范围，有利于财产的流转，但也存在不足之处，即适用范围过窄。①《民法典》弥补了这一缺憾，将被继承人的兄弟姐妹的子女规定为法定代位继承人，这使得侄子、侄女、外甥、外甥女成为代位继承的法定继承人，能够代位继承其叔、伯、姑、舅、姨的遗产，减少无人继承遗产产生的概率，保障私人财富在其亲属中流转。

本案系适用原《继承法》规定的代位继承规则作出的判决。本案中，张某良与董某女系夫妻关系，育有四个儿子，张某系次子。张某与温某凤系夫妻关系，育有两个子女，儿子张某3。本案中，张某3的父亲张某于1995年去世，奶奶董某女于2006年去世，根据原《继承法》的规定，张

---

① 如有学者认为，代位继承的立法意旨在于维护子股衡平及子股独立。被继承人的直系血亲卑亲属先于被继承人死亡、丧失继承权或抛弃继承，均有代位继承的适用。修改原《继承法》时应借鉴日本、韩国等国立法例，将被继承人的兄弟姐妹及其晚辈直系血亲也纳入被代位继承人的范围。代位继承人应以于继承开始时生存或已怀胎为已足，不以于其直系尊亲属死亡或失权时生存或已怀胎为必要。参见刘耀东：《代位继承的特征及其运行机理》，载《重庆社会科学》2012年第2期。

某3享有代位继承权。张某3的爷爷张某良于1988年去世，结合1996年4月的地籍档案及各方陈述可以认定，自张某3爷爷张某良去世至奶奶董某女去世后，各方并未对上述土地使用权及房屋进行析产并继承。因此，一审法院酌情认定张某3继承本案拆迁补偿款719610元中的八分之一即89951元。二审法院进一步指出，继承人之间应当本着互谅互让、互相扶助、和睦团结的精神，协商处理继承问题，由于各方均认可争议的拆迁补偿款是载明土地使用者为张某4的房屋补偿款，因此各方并未对上述土地使用权及房屋进行析产并继承，代位继承人分得部分款项的认定，应属正确。

当然，需要指出的是，本案仅是适用原《继承法》的规定作出裁判的案例，彼时代位继承人的范围较小。在《民法典》施行后，继承人的兄弟姐妹的子女也能够成为法定代位继承人，由于此规则是《民法典》的新增规定，且有助于保护当事人的合法权益，故对代位继承的新增规定，具有直接溯及既往的溯及力。

第十五条　民法典施行前，遗嘱人以打印方式立的遗嘱，当事人对该遗嘱效力发生争议的，适用民法典第一千一百三十六条的规定，但是遗产已经在民法典施行前处理完毕的除外。

【条文要义】

本条司法解释的条旨是《民法典》关于打印遗嘱效力的规定具有溯及既往的效力。

原《继承法》只规定了五种立遗嘱方式，即自书遗嘱、代书遗嘱、录音遗嘱、口头遗嘱和公证遗嘱，没有规定打印遗嘱。

打印遗嘱有两种：一种是用老式打字机打印出来的遗嘱，这种遗嘱形式已不常见；另一种是用电脑写作、用打印机打印出来的遗嘱。在历史上，有的国家民法典规定过打印遗嘱，主要是指使用老式打字机打印出来的遗嘱，不是现代意义上用电脑写作、打印机打印的遗嘱。当前，由于人们的写作方式已经从用笔书写，转变为用电脑书写为主，因此，用电脑写作、打印机打印出来的遗嘱形式已经比较普遍。不过，各国民法典绝大多数没有对打印遗嘱的形式和效力作出规定，有的国家甚至完全否认打印遗嘱的形式和效力。

近年来，我国在继承纠纷案件的法律适用中，司法实践对打印遗嘱的态度各不相同，有的法官认为打印遗嘱就是自书遗嘱，按照自书遗嘱的效力对待；有的法官把打印遗嘱视为代书遗嘱，按照代书遗嘱的要求，确定打印遗嘱的效力；也有的法官不认可打印遗嘱的形式和效力，一律认为打印遗嘱是无效遗嘱，完全采取否认的态度。

正是由于原《继承法》对打印遗嘱的形式没有规定，才使司法实践形成适用法律的不统一，造成同案不同判的结果。《民法典》第1136条确认打印遗嘱的形式和效力，成为新增规定。所以，本条司法解释规定，《民法典》施行前，遗嘱人以打印形式设立的遗嘱，当事人对该遗嘱效力发生争议的，适用《民法典》第1136条的规定。

《民法典》第1136条规定了打印遗嘱的效力，弥补了我国遗嘱形式的立法空白，适应了社会和司法实践的需要。

打印遗嘱，是指遗嘱人通过电脑制作、用打印机打印出来的遗嘱。当前，很多遗嘱人制作遗嘱都是用电脑写作，之后用打印机打印出来，形成打印遗嘱。

鉴于打印遗嘱应用的普遍性和判断的复杂性，《民法典》首先规定打印遗嘱是法定的遗嘱形式，符合法定条件的，应当确认其法律效力。其次规定打印遗嘱有效的要件：（1）遗嘱为电脑制作、打印机打印出来的文本形式；（2）打印遗嘱应当有两个以上的见证人在场见证，并且在打印遗嘱文本的每一页都签名；（3）遗嘱人也必须在遗嘱文本的每一页都签名；（4）在打印遗嘱的文本上，须注明立遗嘱的年、月、日。具备这些要件的打印遗嘱发生遗嘱效力。

在司法实践中确定《民法典》第1136条关于打印遗嘱规定的溯及力，须具备以下要件：（1）打印遗嘱成立在《民法典》施行前；（2）遗嘱人须以打印形式设立的遗嘱；（3）当事人对该打印遗嘱的效力发生争议；（4）当事人在《民法典》施行之后向法院起诉。符合上述要件要求的，法院可以直接适用《民法典》第1136条的规定，确认打印遗嘱的效力。

在确定适用《民法典》第1136条关于打印遗嘱规定的溯及力问题上，本条司法解释规定了除外条款，即遗产已经在《民法典》施行前处理完毕的，不再适用《民法典》的这一规定确认打印遗嘱的效力，不具有溯及既往的效力。

【案例解读】

甘某珍诉彭某华物权确认纠纷案[①]

基本案情

甘某珍与彭某全（已故）于2004年7月1日登记结婚，双方均系二婚，结婚时彭某全无子女，甘某珍婚前子女也未随她一起生活，婚后亦未生育子女。彭某全结婚前在其户籍所在地上栗县建有房屋××及三间杂屋，前有余坪（约$50m^2$）。婚后夫妻二人将房屋加建一层，共计$120m^2$左右，并进行了外部瓷砖的装修，三间杂屋改建成七间（约$125m^2$），包括猪栏、卫生间、洗脸间、厨房、餐厅、火炉房和杂物间，屋前余坪铺设水泥。二人共同生活至2015年后夫妻关系紧张，因感情不和，甘某珍离家出走，双方一直处于分居状态。为此，彭某全于2016年3月16日向上栗县福田镇人民调解委员会反映夫妻感情破裂，请求调解离婚，因甘某珍提出补偿要求等原因调解不成。此后，彭某全基本与彭某华一家一起生活

---

① 审理法院：一审法院为江西省上栗县人民法院，案号：（2020）赣0322民初608号；二审法院为江西省萍乡市中级人民法院，案号：（2020）赣03民终670号。

（两家相邻）。彭某全因患有慢性肾功能不全等疾病，于2019年5月7日起，先后前往上栗县中医院（南院）、萍乡市第三人民医院、萍乡市第二人民医院住院治疗。甘某珍及其子女未到医院进行探视和护理，其间所有的护理和照顾工作全部由彭某华夫妇承担。2019年7月21日上午11时47分，彭某全在萍乡市第二人民医院病房内亲笔签名立下遗嘱，由案外人施某1拍摄记录，遗嘱内容为："我与妻子甘某珍的夫妻感情早已破裂，她从2015年离家出走，就不与我见面，电话也不联系，不管我的死活，我连续住五次医院，在医院这么久，她和她的女儿一个都没有来看我，我已向上栗县人民法院起诉与甘某珍离婚……甘某珍出走后，我只有和彭某华一起生活。我的住房三间（建筑面积120余平方米）杂屋四间，屋前余坪，屋前屋后的土地、田、菜地等所有财产归彭某华所有，他一家人在我生命危难时，长期在医院护理我，就像亲生儿女一样。为防止我在去世后，甘某珍和她的儿女就财产生出纠纷，特立此遗嘱，在我死后将上述我的所有财产、田、土及家里电器和家具都由彭某华继承。"该遗嘱主体为打印件，由福田镇法律服务所钟某根据彭某全多次向他表达过的意愿书写，由施某2、彭某华按照书写内容在打印店进行打印，由彭某全亲笔签名捺印，由施某1拍摄录制彭某全签字过程，由法律服务所工作人员钟某见证，并加盖单位印章，事后施某1将遗嘱交由李连启、彭建忠作为"在场人"签字，最终形成本案遗嘱。2019年7月22日，彭某全因尿毒症治疗无效死亡，彭某全死后的所有安葬工作，包括费用的支出、葬礼的收取、坟墓的修建等均由彭某华负责办理。另查明，甘某珍、彭某华争议的位于上栗县东冲××号房产在产权登记部门没有办理任何产权登记。

法院判决

一审法院认为，物权确认纠纷是指就物权的成立、内容及物权归属不明时产生的纠纷，本案中甘某珍、彭某华均只对坐落在上栗县东冲××号房产主张所有权，故没有对当事人未主张的其他财产进行核实处理。该房产经查未办理产权登记，故房产所有权按实际初始取得来确定，按照现有建房情况的证据，根据《中华人民共和国婚姻法》有关夫妻在婚姻关系存续期间所得的共同财产归夫妻共同所有的规定，可以确认彭某全享有该房屋第一层及屋前余坪的所有权，第二层及七间杂屋由彭某全与甘某珍共同共有。彭某全去世后，甘某珍基于其为第一顺位继承人请求对彭某全所有的部分房屋予以继承，并确认对整栋房产的所有权。甘某珍代理律师对彭某华基于遗嘱继承而提起的反诉提出异议，认为不是同一法律关系，应当另案处理。一审法院认为，甘某珍提起的确权之诉中请求确认的部分产权源于继承关系，与彭某华提起反诉的法律关系具有同一性，故准予彭某华提起反诉，并与本案合并审理。关于彭某华提交的遗嘱效力问题，甘某珍及其代理人认为该份遗嘱不是由被继承人彭某全书写，不属于继承法规定的任何一种遗嘱类型，且在场人均未在场，存在虚假，应当确认无效。一审法院认为，准确体现遗嘱自由原则下的被继承人处分意愿，是认定遗嘱效力的首要标准。本案中，被继承人彭某全生前多次前往当地司法所及法律服务所提出要与甘某珍离婚，并多次表达其所有财产要由其侄子彭某华继承的想法。以上有法律服务所工作人员钟某、村上组长李连启为证。结合2019年6月19日上栗县中医院（南院）入院记录、2019年7月3日萍乡市第三人民医院入院记录、2019年7月16日萍乡市第二人民医院入院记录记载，由彭某全自述其婚姻关系为“未婚”“离异”，加之，彭某全的晚年生活、患病期间均由彭某华夫妇负责照料，综合全案证据，可以认定，遗嘱内容为彭某全的真实意思。遗嘱虽为彭某全去世前一天所立，但经一审法院找主治医师核实，彭某全立遗嘱当日意识清醒。打印后的遗嘱在被继承人彭某全签名时，实质上是彭某全对遗嘱内容进行了再次确认，能够保证由他人形成的书面形式的遗嘱是被继承人彭某全的真实意思表示，该遗嘱在形式上虽有瑕疵，但不影响其客观真实性。故一审法院对彭某全立遗嘱的行为效力及遗嘱内容的真实性予以认可。被继承人彭某全在遗嘱中将属于甘某珍所有的部分财产一并赠送给彭某华，该擅自处分甘某珍财产所有权的遗嘱部分无效，依法应予纠正。综上所述，一审法院依法确定萍乡市上栗县东冲××号房屋第一层及屋前坪地由彭某华继承，第二层及七间杂屋由甘某珍和彭某华等额所有。彭某华对其所有的房屋份额享有居住使用权。故甘某珍提出彭某华停止侵害，排除妨碍，立即从上述房屋搬出的诉讼请求，应不予支持。

甘某珍不服提出上诉，主要理由之一是认为，一审判决认定对彭某全立遗嘱的行为效力及遗嘱内容的真实性予以认可，适用法律错误。本案案涉遗嘱为打印遗嘱，对于打印遗嘱是自书遗嘱还是代书遗嘱，关键要看遗嘱形成与固化受何人的意志所控制或主导。遗嘱人亲自或主导他人操作打印工具，只要由其意志主导遗嘱的制作和固化，则该打印遗嘱应属自书遗嘱，相反，遗嘱人仅对遗愿进行陈述并对遗嘱内容真实性予以确认，而书面遗嘱的制作和固化均由见证人主导完成，则该打印遗嘱就是代书遗嘱。根据本案遗嘱形成的过程及形式可以认定本案涉案遗嘱为代书遗嘱。根据继承法的规定，代书遗嘱应当有两个以上见证人在场见证，由其中一人代书，注明年、月、日，并由代书人、其他见证人和遗嘱人签名。法律规定代书遗嘱的有效要件不仅包括行为人主体适格、意思表示真实，还对程序和形式有明确严格的规定。具体到本案，从立代书遗嘱的过程来看，遗嘱由继承人彭某华及表弟找打印店，由打印人员打印，但从庭审情况看，存在以下不符合法律规定的情况：本案中遗嘱非代书人钟某亲笔当场书写，亦非立遗嘱当日在现场打字或在立遗嘱人在场的情况下使用打印设备打印，立遗嘱人及见证人签字均为事后补签，代书遗嘱时立遗嘱人彭某全不在场，是钟某听说之前彭某全表达的愿望而自行书写，书写时也没有见证人在场。案涉遗嘱所打印的内容无法体现遗嘱人彭某全的真实意愿，代书遗嘱不是代书人当场书写，不符合代书遗嘱要求的各要件完成的当场性，应属无效。

二审法院认为，本案争议的焦点为案涉遗嘱的性质及效力。关于案涉遗嘱的性质问题。根据一、二审查明的事实，本案案涉遗嘱系由上栗县福田镇法律服务所法律工作者钟某根据被继承人彭某全向其口述表达的意思手写形成，钟某手写完成后将手写件（遗嘱）交由彭某全的外甥施某 2，施某 2 与彭某华一同前往打印店进行打印，再将打印件（遗嘱）交由彭某全确认签字，该遗嘱系钟某代书形成，经打印后再由被继承人彭某全签字确认，从遗嘱的形成过程来看，该遗嘱属于代书遗嘱。

关于案涉遗嘱的效力问题。首先，依据被上诉人彭某华提供的视频显示，被继承人彭某全在签署案涉遗嘱时，有被继承人彭某全的外甥施某2、施某1及被上诉人彭某华在场，另外根据证人施某1、钟某出庭陈述的证言，代书人钟某当时亦到了现场，并在病房的窗户外监督整个签字过程，虽然在场见证人施某2、施某1未在遗嘱上签字，但现有证据能够证明被继承人彭某全签署案涉遗嘱时有两个以上的见证人在场见证，且代书人钟某亦在场监督，上栗县福田镇法律服务所亦在该遗嘱上加盖了该所的公章以确认该遗嘱形成过程的真实、合法性。另外，根据萍乡市第二人民医院感染科2020年8月19日出具的证明，被继承人彭某全于2019年7月21日14：10被予以平痛止痛治疗，在此之前意识清晰。虽然在遗嘱上签字的在场人李连启、彭建志未在场见证，但并不影响该遗嘱形成的真实性。其次，根据一、二审查明的事实，被继承人彭某全虽与上诉人甘某珍系夫妻关系，但自2015年以来，双方感情出现问题且未生活在一起，被继承人彭某全生前多次前往当地司法所及法律服务所提出要与上诉人甘某珍离婚，上诉人甘某珍也未履行作为妻子的义务，在生活上未对被继承人进行照顾，甚至连被继承人彭某全生病住院亦未进行照顾和护理，直到被继承人彭某全因病去世，上诉人甘某珍才以妻子的名义主张权利。从某种意义上讲，上诉人甘某珍的上述行为，构成对被继承人彭某全的遗弃，根据继承法的规定，其丧失了对被继承人彭某全遗产的继承权。虽然《继承法》第17条规定“代书遗嘱应当有两个以上见证人在场见证，由其中一人代书，注明年、月、日，并由代书人、其他见证人和遗嘱人签名”，本案案涉遗嘱作为代书遗嘱在形式上确实存在瑕疵，但案涉遗嘱打印后，被继承人彭某全在见证人施某2、施某1、钟某的见证下签字确认，再结合上诉人甘某珍与被继承人彭某全2015年之后的关系，足以证明被继承人彭某全通过遗嘱的形式将其遗产赠予给被上诉人彭某华的意思表示真实，应予认定。一审判决依据该遗嘱确认案涉房产的归属并无不当，本院予以确认。上诉人甘某珍关于被继承人彭某全不识字，遗嘱打印好后未向被继承人彭某全宣读内容的主张，因上诉人甘某珍未提供这方面的证据予以证实，且在二审庭审中上诉人甘某珍又表示被继承人彭某全识得一部分字，其陈述自相矛盾，对该主张本院不予认定。故判决驳回上诉，维持原判。

法理解读

本案涉及本司法解释第15条的规定，本司法解释第15条的规定是为了解决《民法典》第1136条规定的打印遗嘱效力的溯及力问题。近年来，基于信息技术的进步，人们开始越来越多地使用便携式计算机、平板电脑等设备对信息进行记录和存储，许多机关和企事业单位所使用的文件也由手写件逐步转变为打印件，后者相较于前者明显具有效率优势。在遗嘱的书写上，在计算机设备不发达时，立遗嘱人多使用自书或者带书的方式，但随着时代的发展，打印遗嘱开始逐步增多。打印遗嘱一方面能够解决立遗嘱的效率问题，也能解决许多立遗嘱的老人能说但不能写等问题；另一方面，相较于传统的自书遗嘱，打印遗嘱毕竟仅有立遗嘱人的签字，而非全部由立遗嘱人书写，因此相应的内容是否完全是立遗嘱人的真实意思表示，往往存在比较大的争议。

在继承类纠纷司法实践中，各级人民法院对待打印遗嘱的态度不甚相同，有的法院严格依据彼时原《继承法》的规定，认为打印遗嘱其实就是自书遗嘱，故应当依照自书遗嘱的效力和规则予以对待；有的法院认为打印遗嘱毕竟是由计算机完成而非本人书写，因此应属于代书遗嘱，需要按照代书遗嘱的要求确认打印遗嘱的效力；还有的法院干脆不认可打印遗嘱的效力，认为打印遗嘱属于无效的遗嘱形式。在学术讨论中，学者则一般认为需要对打印遗嘱形成的不同方式进行区别对待。[①] 之所以理论和实务

① 如有学者认为，需要区分立遗嘱人亲自打印、立遗嘱人委托他人代书并打印、立遗嘱人手写遗嘱后为求美观再委托他人打印等不同情形，确定打印遗嘱的性质和效力。对遗嘱的效力认定应以真实性和尊重立遗嘱人意志为原则，对于遗嘱在法定形式上的瑕疵应允许通过其他证据来弥补。参见张萱、陶海荣：《打印遗嘱的法律性质和效力》，载《法学》2007年第9期。

界对此争议较大，主要原因还是由于原《继承法》没有对打印遗嘱的形式和效力问题进行回应，《民法典》第1136条弥补了这一遗憾，明确规定了打印遗嘱的形式和效力，使得实践中遇到打印遗嘱问题时，有章可循。因此，本司法解释规定，《民法典》施行前遗嘱人以打印形式立遗嘱的，如果当事人对该遗嘱效力发生争议的，应当适用《民法典》第1136条的规定。

本案中，甘某珍提起的确权之诉中请求确认的部分产权源于对被继承人彭某全的继承，因此首先要解决的问题是确认遗嘱效力。原告甘某珍及其代理人在庭审中提出，案涉遗嘱不是由被继承人彭某全自己书写的，因此不属于继承法规定的任何一种遗嘱类型，且当时没有其他人在场，存在造假的可能，法院应当确认其无效。但本案的一审法院认为，无论遗嘱形式如何，判断遗嘱是否有效力，应当着重审查遗嘱本身能够充分表示被继承人的处分意愿。一是，彭某全的晚年生活、患病期间均由彭某华夫妇负责照料，从此推断遗嘱是彭某全的真实意思有充分的依据。二是，遗嘱虽为彭某全去世前一天所立，但经过主治医师核实，彭某全立遗嘱当日意识清醒，彭某全签名实质上就是对遗嘱内容进行的再次确认，因此一审法院依照遗嘱的内容确定了财产的归属。对于一审判决的意见，甘某珍不服提出上诉，主要是认为一审法院没有区分打印遗嘱是自书遗嘱还是代书遗嘱，同时提出案涉遗嘱是钟某听说之前彭某全表达的愿望而自行书写，书写时也没有见证人在场，因此案涉遗嘱所打印的内容无法体现遗嘱人彭某全的真实意愿。对此，二审法院指出，依据当事人提供的视频显示，被继承人彭某全在签署案涉遗嘱时，有被继承人彭某全的外甥及被上诉人彭某华在场，另外也有证人证明代书人钟某当时亦到了现场，并在病房的窗户外监督整个签字过程，在有两个以上的见证人在场见证的情况下，可以确认该遗嘱形成过程的真实、合法性，因此应当认可遗嘱的效力。

由本案例可见，在没有明确打印遗嘱的情况下，当事人之间极易对打印遗嘱的效力问题产生争议，在《民法典》第1136条确立了打印遗嘱效力的认定规则的情况下，本条规定明确该规则具有溯及力，因此，就算打印遗嘱成立在《民法典》施行前，当事人对该打印遗嘱的效力发生争议，只要当事人在《民法典》施行之后向法院起诉，法院都可以依据《民法典》第 1136 条的规定，确认打印遗嘱的效力。当然，如果遗产已经在《民法典》施行前处理完的，则依据既判力优先规则，就不再适用《民法典》的这一规定。

第十六条　民法典施行前，受害人自愿参加具有一定风险的文体活动受到损害引起的民事纠纷案件，适用民法典第一千一百七十六条的规定。

【条文要义】

本条司法解释的条旨是《民法典》关于自甘风险的规则具有溯及既往的效力。

原《侵权责任法》没有规定过自甘风险的免责事由，在社会生活中经常出现自甘风险的情形。由于《民法典》第 1176 条关于自甘风险的规定属于新增规定，本条司法解释确认，《民法典》的这一规定具有溯及既往的效力，因而在《民法典》施行前，受害人自愿参加具有一定风险的文体活动受到损害引起的民事纠纷案件，适用《民法典》第 1176 条关于自甘风险的规定。

1. 自甘风险的基本规则

《民法典》第 1176 条规定，自愿参加具有一定风险的文体活动，因其他参加者的行为受到损害的，受害人不得请求其他参加者承担侵权责任；但是，其他参加者对损害的发生有故意或者重大过失的除外。活动组织者的责任适用本法第 1198 条至第 1201 条的规定。

自甘风险也叫危险的自愿承担，是来自英美侵权法的传统免责事由，是指受害人自愿参加有一定风险的活动，因其他参加者的行为受到损害的，受害人不得请求其他参加者承担侵权责任，但是其他参加者对损害的发生有故意或者重大过失除外的侵权责任免责事由。

自甘风险的构成要件是：（1）组织者组织的活动是具有一定风险的文体活动，如蹦极等；（2）受害人对该种具有一定风险的文体活动的危险性有认识，但是自愿参加；（3）受害人参加此活动，因其他参加者的行为受到损害，该文体活动参与者的行为与受害人的损害之间有因果关系；（4）文体活动的参加者对损害的发生没有故意或者重大过失。具备这些构成要件的，即免除其他参加者的侵权责任。可见，即使其他参加者对于损害的发生有一般过失，也不承担赔偿责任。例如，参加足球、棒球等比赛活动受到其他运动员的损害，应当适用自甘风险的规定，免除造成损害的其他参加者的赔偿责任。

本条第2款规定的“活动组织者的责任适用本法第1198条至第1201条的规定”，是指具有一定风险的文体活动的组织者，对于造成受害人损害是否承担侵权责任，应当适用违反安全保障义务侵权责任和教育机构损害责任的规定，分为两种情况：（1）组织者未尽到安全保障义务造成受害人损害的，应当承担赔偿责任；组织者违反安全保障义务致使第三人造成受害人损害的，承担相应的补充责任，承担责任后可以向第三人追偿。（2）无民事行为能力人或者限制民事行为能力人在幼儿园、学校或者其他教育机构学习、生活期间受到人身损害的侵权责任规则，这些教育机构未尽教育管理职责的，适用过错推定原则或者过错责任原则确定应当承担的侵权责任；第三人造成损害的，第三人承担责任不足的，这些教育机构承担补充责任，承担补充责任后也享有追偿权。

2. 自甘风险规则溯及既往效力的要件

确定《民法典》第1176条规定的自甘风险规则溯及力的要件是：（1）自甘风险的损害发生在《民法典》施行之前；（2）造成受害人损害的事实符合自甘风险的构成要件；（3）因自甘风险造成损害引起的民事纠纷案件在《民法典》施行之后提起诉讼。符合上述要求的，就可以直接依照《民法典》第1176条的规定适用法律。

【案例解读】

林某珊诉唐某红等生命权、健康权、身体权纠纷案[①]

基本案情

2018年6月15日，原告林某珊在参加被告龙岗中心幼儿园组织的“我的爸爸是超人”亲子活动中，与一起参加上述活动的被告唐某红进行掰手腕游戏时受伤。

事发后，原告林某珊当即被送至深圳市龙岗中心医院治疗，诊断为：“1. 右肱骨远端骨折；2. 右桡神经损伤”住院时间为：2018年6月15日至2018年6月27日，共12天。出院医嘱为：出院后继续休息2个月，术后2周切口拆线；住院期间陪护1人。2018年6月27日，原告林某珊至中山大学附属第一医院住院治疗，住院时间为：2018年6月27日至2018年7月12日，共15天。入院诊断为：1. 右上臂桡神经损伤；2. 右上臂正中神经损伤；3. 右肱骨骨折钢板螺钉内固定术后。2018年7月15日，原告林某珊至深圳市龙岗中心医院康复科住院治疗，住院时间为2018年7月15日至2018年8月3日，共19天。2018年9月27日，原告林某珊再至深圳市龙岗中心医院康复科住院治疗，住院时间为2018年9月27日至2018年10月16日，共19天。原告林某珊在治疗期间，支出医疗费66707.37元，其中个人缴费31746.07元，医保统筹/公医记账34961.27元。

2019年1月25日，经原告林某珊委托，深圳市第二人民医院法医临床司法鉴定所经检验鉴定后出具了一份《司法鉴定意见书》，对原告林某珊涉案损害造成的伤残等级评定为十级。原告林某珊支出鉴定费1956元。

① 审理法院：一审法院为深圳市龙岗区人民法院，案号：（2019）粤0307民初18445号；二审法院为广东省深圳市中级人民法院，案号：（2020）粤03民终8469号。

原告林某珊分别提交了1张护理费发票、1张餐饮费发票、16张定额收据、30张高速路费发票，证明原告林某珊在诊疗期间（2018年6月15日至2018年7月14日，30天）聘请护工护理支出了护理费6000元（200元/天），在中山大学附属第一医院住院治疗期间支出了餐费864.2元、陪护人员床位费160元，在中山大学附属第一医院住院治疗及复诊时支出了交通费898元。被告唐某红对上述护理费发票不予认可，主张根据原告林某珊提交的住院病历，原告林某珊需护工护理的时间仅为12天；对其他证据的真实性予以认可，但主张原告林某珊并无确实证据证明其确需转院治疗，原告林某珊自行转院治疗所发生的费用不应得到支持。被告龙岗中心幼儿园对上述证据均不予认可，主张原告林某珊所称的护理情况及餐费支出情况或与医嘱不符或无医嘱佐证，原告林某珊住院期间也无需每天来回，具体交通费请求法庭酌定。经核查，原告林某珊提交的交通费票据其中部分系发生在其住院期间。

原告林某珊提交了一份微信聊天记录及转账记录，证明被告唐某红已确认扭伤原告林某珊手腕的事实，被告唐某红已向原告林某珊支付医疗费11000元，其中3000元系被告唐某红自行向医院缴纳，此费用不包括在原告林某珊已支付的医疗费中。被告唐某红对该证据的真实性予以认可，但主张被告唐某红虽然向原告林某珊支付上述费用，但并不能就此认定被告唐某红认可系被告唐某红的过错或过失导致原告林某珊受伤。经核查，被告唐某红在该微信聊天记录中认可其在掰手腕期间致伤原告林某珊的事实，但否认系故意为之，且并未确认责任的承担问题。根据被告唐某红提交的2018年6月15日的缴款通知单及2018年6月18日的深圳市龙岗中心医院交款收据，被告唐某红自行向医院缴纳的费用3000元实际已包括在原告林某珊主张的医疗费中。

林某珊向法院起诉请求，被告唐某红向原告林某珊支付赔偿款371327.14元，被告龙岗中心幼儿园对上述费用承担补充赔偿责任。

被告龙岗中心幼儿园在庭审中主张：被告龙岗中心幼儿园曾口头交代、宣布：参与掰手腕游戏的家长需先在游戏卡中取得五个印章，然后找到裁判，裁判发令后才能参与游戏。原告唐某红与被告林某珊对此不予认可，主张被告龙岗中心幼儿园并未说明需取得五个印章才能参与掰手腕游戏，实际是集满游戏卡中的五个印章即可以到总领台领取奖品。被告唐某红主张：原告林某珊主张的医疗费中包括了治疗非涉案损伤发生的费用。

法院判决

一审法院认为，在体育运动领域，无论是专业性的体育竞技比赛还是群众性的体育活动，体育运动都具有一定的对抗性，参赛者会为了运动比赛的胜利而发挥自身最大的潜力，其争夺性、竞争性必然存在，因此体育运动都具有一定人身危险性，参赛者对此应当具有预见性。自愿参与体育运动的成员，在排除侵害方存在故意或重大过失的情形外，对在体育运动中发生的损害结果应当自担风险。根据本案查明的事实，涉案事故发生在原告林某珊与被告唐某红在被告龙岗中心幼儿园组织的亲子活动掰手腕比赛过程中，双方均是体育运动的参与人。原告林某珊主张被告唐某红有违反运动规则之处，存在故意或过失的主观过错，但却对此未能提供确实的证据予以证明，对原告林某珊的这一主张不予采信。原告林某珊还主张被告龙岗中心幼儿园在活动中未尽安全保障义务，应对被告唐某红的过错承担相应的补充责任，但对此原告林某珊也未能提供确实的证据予以证明，原告林某珊的这一主张，亦不予采信。孩子的健康成长，离不开家庭教育和学校教育，只有家、校携手，共行共育，才能更好地让孩子实现和谐全面的发展。在原、被告对本案事故的发生均无过错的情况下，鉴于事故已经导致原告林某珊受伤后果，身体遭受残疾，而被告唐某红、龙岗中心幼儿园的行为与原告林某珊的受伤之间存在一定关联，根据《中华人民共和国侵权责任法》第24条关于公平责任的规定："受害人和行为人对损害的发生都没有过错的，可以根据实际情况，由双方分担损失"。故本案可适用公平原则由被告唐某红、龙岗中心幼儿园对原告林某珊予以一定补偿。据此，酌情确定比例为被告唐某红20%、被告龙岗中心幼儿园20%。根据酌定的补偿比例，扣除被告唐某红已向原告林某珊支付的11000元，被告唐某红应向原告林某珊支付的补偿款为 34929.91 元，被告龙岗中心幼儿园应向原告林某珊支付的补偿款为 45929.91 元。

林某珊不服，提起上诉。

二审法院认为，本案属于自甘风险情况下的责任承担问题。通常而言，自愿参加具有一定风险的文体活动，因其他参加者的行为受到损害的，受害人不得请求其他参加者承担侵权责任，除非其他参加者对损害的发生有故意或者重大过失；对于活动组织者的责任，则应视其是否违反安全保障义务而定。本案中，掰手腕活动具有一定的风险，林某珊作为具有完全民事行为能力的成年人，自愿参加该活动，表明其甘愿承受活动过程中的风险，其在活动过程中受伤，现有证据并未显示唐某红对损害的发生有故意或者重大过失，故林某珊要求唐某红承担侵权责任，没有事实和法律依据，本院不予支持。

关于龙岗中心幼儿园是否违反安全保障义务的问题，掰手腕活动虽然具有一定的风险，但并非危险性很大的活动，只要参与者尽到对自身安全的注意义务，发生伤害的可能性并不大。该活动指定由孩子的爸爸参加，系因该活动一般由男性参与，且当天的主题是父亲节亲子活动。但两位妈妈自愿参加，能够增加活动的趣味性，并不会加大参与者的危险，故龙岗中心幼儿园没有理由也没有义务制止林某珊与唐某红自愿进行掰手腕活动——这不属于龙岗中心幼儿园安全保障义务的范围。林某珊主张龙岗中心幼儿园违反安全保障义务，理由不能成立。关于损失数额，医保统筹支付的医疗费林某珊并未实际支出，故不构成林某珊的损失，林某珊要求将医保统筹支付的医疗费计入医疗费损失，没有依据。对于误工费，林某珊的误工时间为 91 天，一审法院已按照林某珊本案事故发生前一年（2017 年）的年收入情况及 2018 年的工资发放情况计算误工费，并无不当，林某珊将其 2017 年的工资总额减去其 2018 年 6 月至 2019 年 1 月的实发工资作为误工费，计算方式错误，本院不予采纳。

综上所述，上诉人林某珊的上诉请求不能成立，应予驳回。故判决驳回上诉，维持原判。

法理解读

本案涉及本司法解释第16条的规定，本司法解释第16条规定是为了解决《民法典》第1217条规定的自甘风险规则的溯及力问题。自甘风险，又称自甘冒险，该规则源于英美法系的侵权法，是指受害人自愿参加具有一定风险的活动，即使因其他参加者的行为受到损害的，受害人原则上也不得请求他人承担侵权责任，除非其他参加者对损害的发生存在故意或者重大过失。自甘风险规则是《民法典》的新增规定，原《侵权责任法》对此没有规定，但司法实践中却常有发生与自甘风险相关的案例。在学术讨论中，多数观点认为应当在诸如搏击类等体育活动中增加自甘风险规则，也有不少观点认为应当确立自甘风险的一般性规则。[①]《民法典》最终采用了范围限缩模式，仅将自甘风险限速于“一定风险的文体活动中”，同时《民法典》还明确了活动组织者的责任，确定了不同责任主体的不同责任和免责事由，对于活动的其他参加者而言，只要没有故意和重大过失，即使造成他人伤害也可以免责，但对于活动的组织者而言，对于受害人受损害的事实是否承担侵权责任，应当依照《民法典》规定的违反安全保障义务侵权责任、教育机构损害责任等规定，确定相应责任的承担。

本案中，案涉伤害事故发生在原告林某珊与被告唐某红在被告龙岗中心幼儿园组织的叫作“我的爸爸是超人”的亲子活动之中，亲子活动不仅是孩子参与，大人也会作为代表参加比赛。其中，活动组织方组织了掰手腕比赛，该比赛是朋友之间玩闹常见的比赛形式，主要在于比拼双方的手腕力量。但不可否认的是，此类活动存在较强的对抗性，不排除当事人可能会因此受伤。原告认为，被告唐某红参与活动时有违反运动规则之处，存在故意或重大过失，而且被告龙岗中心幼儿园在活动中未尽安全保障义务。但一审法院指出，在体育运动领域，无论是专业性的体育竞技比赛还

① 主张应当在体育活动尤其是在激烈对抗的体育活动中增加自甘风险规则的文献，可参见周晓晨：《论受害人自甘冒险现象的侵权法规制》，载《当代法学》2020年第2期。主张应当规定全面的自甘风险一般条款，但在解释时应当限缩适用，可参见王利明：《论受害人自甘冒险》，载《比较法研究》2019年第2期。唐林垚：《比较视域下的〈民法典〉自甘风险规则》，载《江西社会科学》2020年第10期。

是群众性的体育活动，都具有一定的对抗性，而参赛者为了赢得运动比赛的胜利，往往会尽全力而为之，这是竞技比赛的魅力所在。但因此，参赛者也就容易受到危险。对于参赛者而言，一是，其系自愿参加比赛，对于比赛可能造成的损伤应当有所预见。二是，对于另一方来说，其为了赢得比赛而尽全力拼搏，只要不存在故意或重大过失，就算造成了对方损害，也不应对此苛责，否则将会使得体育比赛的魅力因此丧失。在举证责任上，受损害一方应当举证证明行为人存在故意或者重大过失，或者活动的组织者存在。但如法院所言，原告无法举证被告对本案事故的发生存在故意或者重大过失，而且也无法证明活动组织者即龙岗中心幼儿园存在过错，因此本案应定性为原告自甘风险，两被告都不应承担责任。与此同时，法院考虑到案涉事故导致原告林某珊残疾的严重后果，且考虑到被告唐某红、龙岗中心幼儿园的行为与原告林某珊的受伤之间存在一定关联，故适用公平原则判决由被告唐某红、龙岗中心幼儿园对原告林某珊予以一定补偿。二审法院也采纳了一审法院的此种做法，没有判决被告承担责任，同时也维持了被告应向原告进行适当补偿的判项。

且不论本案公平原则的适用是否准确，但仅从自甘风险规则的适用来看，虽然彼时没有明文的关于自甘风险的规则，但两审法院依照自甘风险的学说和法理，有效维护了行为人的合法权益，摒弃了“有损害就一定有赔偿”的观点，值得充分肯定。另外，由于《民法典》第1176条关于自甘风险的规定属于新增规定，因此在本解释施行后，《民法典》规定的自甘风险规则具有溯及既往的效力，如本案一般在《民法典》施行前，受害人自愿参加具有一定风险的文体活动受到损害引起的民事纠纷案件，就可以适用《民法典》第1176条的规定进行裁判。

第十七条　民法典施行前，受害人为保护自己合法权益采取扣留侵权人的财物等措施引起的民事纠纷案件，适用民法典第一千一百七十七条的规定。

【条文要义】

本条司法解释的条旨是民法典关于自助行为的规定具有溯及既往的效力。

原《侵权责任法》没有规定自助行为。因而，《民法典》第 1177 条关于自助行为的规定是新增规定，具有溯及既往的效力。本条司法解释规定，《民法典》施行前受害人为保护自己的合法权益采取扣留侵权人的财物等措施引起的民事纠纷案件，适用《民法典》第 1177 条的规定。

1. 自助行为的基本规则

《民法典》第 1177 条规定："合法权益受到侵害，情况紧迫且不能及时获得国家机关保护，不立即采取措施将使其权益受到难以弥补的损害的，受害人可以在保护自己合法权益的必要范围内采取扣留侵权人的财物等合理措施；但是，应当立即请求有关国家机关处理。受害人采取的措施不当造成他人损害的，应当承担侵权责任。"

自助行为，是指权利人为了保护自己的权利，在情势紧迫而又不能获得国家机关及时救助的情况下，对他人的财产或者自由在保护自己合法权益的必要范围内采取扣押、拘束或者其他相应措施，为法律或社会公德所认可的行为。自助行为的性质属于自力救济。这一规定没有明文规定可以对他人人身自由施加拘束的内容，但是，"等"字中实际包含了这个意思。例如，去饭店吃饭未带钱，店主不让其离开，等待他人送钱来结账的拘束自由行为，也是自助行为，并不是侵害人身自由权的侵权行为。

实施自助行为的要件是：（1）受害人的合法权益受到侵害；（2）情况紧迫且不能及时获得国家机关保护；（3）对侵权人实施扣留财产或者适当拘束人身自由的行为；（4）扣留财产或者限制人身自由须在保护自己合法权益的必要范围内，不得超出必要范围。

受害人实施了自助行为，在其合法权益得到保障后，即应解除相应措施；如果仍需继续采取上述措施的，应当立即请求有关国家机关依法处理。

受害人如果对受害人采取自助行为的措施不适当，造成受害人损害的，应当承担侵权责任，赔偿损失。

2. 自助行为规则溯及既往的要件

由于《民法典》关于自助行为的规则是新增规定，以前的法律没有规定，因此，对于在《民法典》施行前实施的自助行为，《民法典》的规定具有溯及既往的效力。

对于《民法典》之前发生的自助行为适用《民法典》第1177条规定，应当具备的条件是：（1）自助行为发生在《民法典》施行前；（2）受害人实施的行为符合《民法典》第1177条规定的构成要件；（3）《民法典》施行后对于自助行为产生争议，向法院起诉形成民事纠纷案件。符合这样的要求的，对该民事纠纷案件适用《民法典》第1177条的规定。

【案例解读】

徐某利诉金盛公司返还原物纠纷案[①]

基本案情

2014年，徐某利为购买车辆向金盛公司出具一份《金盛公司个人汽车消费贷款申请表》，载明：借款人徐某利；借款金额41万元；借款期限3年；首付款20万元；车型捷豹SAJAA228；车价60万元。

2014年7月28日，徐某利购买车辆型号为捷豹的二手小型轿车一辆，并办理了车辆转移登记手续。同年8月5日，徐某利由金盛公司提供连带责任保证向工商银行温州瓯海支行申请办理信用卡汽车分期付款业务，三方签订了一份《信用卡汽车分期付款还款（担保）合同》，载明：申请透

① 审理法院：一审法院为浙江省温州市中级人民法院，案号：（2019）浙03民初566号；二审法院为浙江省高级人民法院，案号：（2020）浙民终499号。

支额度为41万元，还款总期数为36期，金盛公司提供连带责任保证。同日，徐某利与工商银行温州瓯海支行签订一份《抵押合同》，约定将轿车作为上述借款的抵押担保物，并办理了抵押登记手续。之后，工商银行温州瓯海支行将借款41万元转入金盛公司名下的账户。合同履行过程中，徐某利于2016年上半年开始出现逾期还款。因徐某利逾期还款，2017年4月中旬，徐某利所有的车辆被案外人强行开走。

2017年7月11日，徐某利以其名下的车辆于2017年4月17日19时许被抢为由，向商丘市公安局古宋分局报案，后该局案件侦办大队民警来温州通过电话与孙某联系。孙某称因徐某利违约“我们委托外地人开走诉争车辆，现车在甘肃”。同时，民警向金盛公司管理人海昌律师事务所询问了轿车的相关事宜。后公安部门未予立案。

2017年7月17日，依案外人金某武（系徐某利信用卡汽车分期付款贷款的担保人）申请，海昌律师事务所出具一份答复函（浙海律金盛破管字第17号），载明：截至2017年7月17日，金盛公司移交给管理人的资产中，并未发现案涉车辆，且金盛公司名下登记的车辆也未发现上述车辆。同年7月26日，海昌律师事务所对金盛公司的法定代表人孙某作了一份访谈笔录，孙某陈述：有关金盛公司的资产，不存在未移交的情况；我们在处理逾期催讨过程中，有委托第三方（个人）进行保全，对于车辆，我在进入破产前确实知道有这么一辆车被保全人员留着；保全费用原来悬赏15万元，后来有增加过，最高达18万元，我们进入破产后，无力支付，也联系过车主，对方置之不理，金盛公司没有接收这个车等。

工商银行温州瓯海支行以徐某利、李某平、金某武、金盛公司为被告，向温州市中级人民法院提起诉讼。温州市中级人民法院作出了（2018）浙03民初66号民事调解书。该调解书载明的调解协议主要内容如下：1. 徐某利确认尚欠工商银行温州瓯海支行透支消费贷款本息合计176791.02元。徐某利从2019年1月起至2019年11月，分11个月，每月最后一日前归还7500元，共计82500元，剩余款项94291.02元于2019年12月31日前还清。李某平、金某武对上述款项承担共同还款责任。2. 若徐某利、李某平、金某武未按期偿还上述任何一期款项，则工商银行温州瓯海支行有权就徐某利、李某平、金某武所欠的上述全部款项申请执行。3. 若徐某利、李某平、金某武未按期履行上述任何一期债务，则工商银行温州瓯海支行有权对拍卖、变卖徐某利提供抵押的捷豹轿车的所得价款享有优先受偿权等。

现徐某利向法院起诉请求孙某返还案涉捷豹轿车，赔偿车辆贬值损失10万元，以及租车损失按300元/天的标准计算。

法院判决

一审法院认为，为徐某利向银行申请办理信用卡汽车分期付款透支41万元提供连带责任担保的法律主体系金盛公司。孙某又系金盛公司的法定代表人，且孙某个人与徐某利之间也不存在其他的债权债务关系。因此，徐某利以及金盛公司有关孙某的行为并非代表金盛公司的职务行为，而系孙某的个人行为，应当由孙某返还案涉车辆的主张，缺乏事实和法律依据，不予采纳。案涉车辆系徐某利所有，事实清楚。因此案涉车辆应当由金盛公司承担返还责任。徐某利主张的车辆贬值损失10万元，于法无据，不予支持。徐某利主张相关的租车损失，因其未提供相应的证据等，亦不予支持。

金盛公司不服，提起上诉。

二审法院认为，第一，孙某称依据《金盛公司个人汽车消费贷款申请表》内含的借款《承诺书》，金盛公司有权占有案涉车辆。经查，该承诺书约定的关于处置案涉车辆的条款无效，故金盛公司无权占有案涉车辆。退一步分析，即使按照承诺书约定，也应在徐某利违反贷款约定，贷款人发出《提前还款函》之日起15日内，徐某利仍未在规定的期限内清偿全部贷款本息时，金盛公司才有权处置，本案尚未达到该处置条件。故金盛公司无权占有案涉车辆。

第二，孙某在金盛公司破产管理人接收之前，系金盛公司的法定代表人，其履行职责的行为可以代表公司，但责任亦由公司承担，在金盛公司无权占有案涉车辆的情况下，孙某作为公司法人代表，亦无权占有案涉车辆。案发时，孙某与徐某利之间并无其他债权债务纠纷，徐某利亦未依法向孙某出让占有权利，故孙某作为个人亦无权占有案涉车辆。

第三，虽然授权委托书明确祝某川系受托扣押案涉车辆，但该授权并未明确说明委托人已经实际承担担保责任或进行了代偿而享有扣押车辆的权利，且擅自扣押他人财产的行为属于非法行为，除留置权或自助行为等法定情形外，只有行政或司法机关才依法有权执行，个人无权执行，属众所周知的事实和日常生活经验规则，此系违法授权。在违法授权的情况下，祝某川亦无权占有案涉车辆。

本案系返还原物之诉，并非损害赔偿纠纷。因此，返还案涉车辆的义务主体系现实占有案涉车辆且系无权占有。至于无权占有人与他人之间是否存在案涉车辆的其他法律关系并不影响因无权占有而产生的返还责任。经查，案涉车辆非法扣押发生在金盛公司破产之后，且破产管理人并未实际接收案涉车辆，并非现实占有人。孙某在与公安民警通话中自认其参与交涉此事，知道车辆下落且告知待徐某利付清处置款后即可返还车辆，结合在案证据，可以认定孙某与实际扣车第三方共同占有控制案涉车辆。非法扣车行为发生时，金盛公司已进入破产程序，孙某亦无权代表金盛公司履行职务行为，仅能代表其个人。同时根据孙某的陈述、授权委托书、在案证人证言及公安机关的报警记录等证实，案涉车辆被第三方人员非法扣留，而祝某川系代表非法扣车第三方作为非法授权委托扣留案涉车辆的受托人，亦属于实际占有控制案涉车辆人员。故孙某和祝某川具有共同返还案涉车辆的义务。

法理解读

本案涉及本司法解释第 17 条的规定，本司法解释第 17 条的规定是为了解决《民法典》第 1177 条规定的自助行为规则的溯及力问题。原《侵权责任法》规定了正当防卫、紧急避险等免责事由，但没有规定自助行为。在学术讨论中，诸多学者均指出，民事自助行为作为民法中民事权利救济体系的重要组成部分，在弥补公力救济之不足方面效果显著，规定自助行为也具有正当性、科学性和妥适性。[①] 司法实践中，各类涉自助行为的案件常有发生，虽然法律没有明确规定自助行为制度，但部分法院仍然会适用自助行为的法理，从而免除部分行为人的责任。自助行为作为一项免责事由，也有严格的构成要件，一方面，行为人实施自助行为需要满足合法权益受损害且具有急迫性，无法及时得到国家机关保护的要件；另一方面，行为人仅能采取扣留他人财产等紧急措施，在实施了自助行为使得其合法权益得到保障后，应即刻解除相应措施，并请求有关国家机关依法处理。另外，如果行为人对受害人采取自助行为的措施不适当，造成受害人损害的，也应当依照法律规定承担相应的侵权责任。

本案中，徐某利为购买车辆向金盛公司申请了个人消费贷款，同时由金盛公司提供连带责任保证向工商银行温州瓯海支行申请办理了信用卡汽车分期付款业务，并以案涉捷豹汽车作为抵押品，与工商银行温州瓯海支行签订一份《抵押合同》。此后徐某利陆续分期进行还款。但此后，徐某利于 2016 年上半年开始逾期还款，后金盛公司授意不特定第三方人员扣留案涉车辆。2017 年 4 月中旬，徐某利所有的捷豹轿车被祝某川等第三方人员强行开走扣留。案涉车辆被第三方人员扣留后，徐某利与孙某等人进行了交涉，交涉无果后徐某利报案，案件侦办大队民警到温州通过电话与孙某取得联系，孙某明确案涉车辆在甘肃，处置中所有费用应由徐某利负担，但需要徐某利付清处置费用。徐某利认为，被告应当返还非法扣留车辆并赔偿损失，被告则认为，扣留车辆属于自助行为，不应承担责任。法院在判决中指出，首先，从约定上而言，按照案涉《承诺书》的约定，被告应在徐某利违反贷款约定，贷款人发出《提前还款函》之日起 15 日内徐某利仍未在规定的期限内清偿全部贷款本息的情况下，金盛公司才有权处置案涉车辆，但本案尚未达到该处置条件，故金盛公司占有案涉车辆并

---

① 焦清扬：《民事自助行为的价值定位及其制度构建》，载《法学杂志》2014 年第 7 期；尹伟民：《民事自助行为的认定——以司法判决实证分析为视角》，载《社会科学》2016 年第 9 期。

非依约行事。其次，从法律规定上，擅自扣押他人财产的行为属于非法行为，除留置权或自助行为等法定情形外，只有行政或司法机关才依法有权执行扣押，个人没有权利实施此种强制手段的方式，因此，无论是被告还是第三人目前对于案涉车辆的占有均属于无权占有，应当返还案涉车辆。

本案判决明确了自助行为的界限，其实，自助行为的适用应当严格受到限制，即必须符合具有紧迫性等法定要件时方可实施。本案被告在原告未及时还款的情况下，完全能够依照法律手段请求国家有权机关予以救济，其扣留原告车辆的行为，并非属于情况紧迫且不能及时获得国家机关保护的情形，加之被告的行为也缺乏相应的约定基础，因此被告的行为属于违法行为，而非行使自助行为的行为，故应当承担相应的责任。

在《民法典》施行后，该法第 1177 条明确了自助行为的适用要件和法律后果，由于《民法典》关于自助行为的规则是新增规定，以前的法律没有规定，因此对于在《民法典》施行前实施的自助行为，人民法院就可以依照《民法典》的规定依法进行裁判。

第十八条　民法典施行前，因非营运机动车发生交通事故造成无偿搭乘人损害引起的民事纠纷案件，适用民法典第一千二百一十七条的规定。

【条文要义】

本条司法解释的条旨是《民法典》关于好意同乘的规定具有溯及既往的效力。

《民法典》第 1217 条关于好意同乘的规定，之前的法律和司法解释都没有规定，属于新增规定，因而，对于《民法典》施行前发生的好意同乘行为，在《民法典》施行后发生的纠纷案件，具有溯及既往的效力。因此，本条司法解释规定，在《民法典》施行前发生的因非营运机动车发生交通事故造成无偿搭乘人损害引起的民事纠纷案件，在《民法典》施行后提起民事诉讼的，可以直接适用《民法典》第1217条的规定，确定是否承担民事责任。

《民法典》规定好意同乘规则的是第1217条，即："非营运机动车发生交通事故造成无偿搭乘人损害，属于该机动车一方责任的，应当减轻其赔偿责任，但是机动车使用人有故意或者重大过失的除外。"

好意同乘，是指无偿搭乘他人的机动车在运行中发生交通事故，造成无偿搭乘人的损害，属于该机动车一方责任的，减轻机动车一方赔偿责任的规则。

针对免费运送是否构成好意同乘，有不同意见。有的认为，为了搭乘人的特定目的而运行且无偿，不属于好意同乘。不过，《民法典》的规定没有这样的限制，只是强调无偿搭乘人的概念，只要是好意的免费运送，符合好意同乘要件要求的，就可以适用好意同乘的责任承担规则。

适用好意同乘的规则是：（1）好意同乘的适用条件，须为无偿搭乘他人即好意人的机动车，而非有偿搭乘；（2）被搭乘的是他人即好意人的非营运机动车，而不是营运的机动车；（3）发生交通事故造成搭乘人的损害，须构成机动车一方的责任，即被搭乘人的责任；（4）被搭乘的机动车驾驶人对于损害的发生，没有故意或者重大过失。

好意同乘是善意为他人提供方便的行为，是利他行为，即使造成无偿搭乘人的损害，被搭乘人也不应当承担全部赔偿责任，属于该机动车一方责任的，该机动车一方承担责任的范围是减轻其赔偿责任。如果造成交通事故致害无偿搭乘人是机动车使用人因故意或者重大过失所致，则机动车一方应当承担全部赔偿责任。

在《民法典》实施之前发生的好意同乘纠纷案件，符合好意同乘的构成要件和法律特征的，在《民法典》施行之后向法院起诉的，《民法典》第1217条规定具有溯及既往的效力，适用该法律规定，确定好意同乘责任人的责任。

【案例解读】

李某华诉郑某锋机动车交通事故责任纠纷案[①]

基本案情

2019年3月10日下午，郑某锋驾驶无号牌正三轮电动车承载李某华等人自仙游县枫亭镇九社村古院往仙游县枫亭镇九社村方向行驶，15时30分许，行经仙游县枫亭镇九社村古院路段，下坡行驶，未能谨慎驾驶以确保安全，致无号牌正三轮电动车与路边石头发生碰撞，造成李某华受伤及车辆损坏的交通事故。2019年3月13日，仙游县公安局交通警察大队作出第350322420190000277号《道路交通事故认定书》（简易程序），认定郑某锋承担事故全部责任、李某华无责任。事故发生后，李某华在莆田人民医院抢救及住院治疗10天；之后，在莆田学院附属医院住院治疗28天。莆田学院附属医院初步诊断李某华的伤情为：1. 腰1椎体压缩性骨折；2. 右手背皮肤撕脱伤伴感染；3. 高尿酸血症；4. 慢性胃炎。莆田学院附属医院出院医嘱：1. 继续院外伤口换药处理；2. 2~3周后根据伤口愈合情况拆线处理；3. 3~4周后返院复查，酌情拆除右手石膏托；4. 不适，请门诊随访。2019年3月22日，福建恒信司法鉴定所作出的（2019）临鉴字第047号法医临床鉴定意见书，认定李某华的人体损伤程度轻伤一级；2019年7月9日，福建恒信司法鉴定所作出的（2019）临鉴字第150号司法鉴定意见书，认定李某华的伤残程度构成十级伤残。无号牌正三轮电动车系郑某锋所有，未投保交强险。

法院经过审查认定了以下金额。关于伤残赔偿金、精神损害抚慰金问题，法院启动鉴定程序，依法委托福建正泰司法鉴定所进行重新鉴定。经

---

① 审理法院：一审法院为福建省莆田市仙游县人民法院，案号：（2020）闽0322民初7170号；二审法院为福建省莆田市中级人民法院，案号：（2020）闽03民终2696号。

福建正泰司法鉴定所鉴定，李某华的伤残程度为十级伤残。法院依法予以采信。李某华系仙游县枫亭镇兰友社区居民，参照福建省统计局的相关数据，其请求伤残赔偿金按照42121元/年计算，故李某华主张伤残赔偿金42121元/年×18年×10%=75817.8元。本事故造成李某华十级伤残的后果，其请求精神损害抚慰金6000元。关于误工费、护理费的问题。李某华主张误工费184.71元/天×150天=27706.5元、护理费159.09元/天×60天=9545.4元。并提供了福建恒信司法鉴定所2019年7月9日出具的司法鉴定意见书予以证实。福建恒信司法鉴定所鉴定意见书载明：依照中华人民共和国公共安全行业标准（GA/T1193－2014）《人体损害误工期、护理期、营养期评定规范》的相关规定，被鉴定人李某华的误工期为150天、护理期为60天。郑某锋认为，李某华已经年满60周岁，不存在误工费，即使支持也应当按实际住院天数38天及每天159.09元计算；护理费按照按实际住院天数38天且每天159.09元计算。关于医疗费问题。李某华主张医疗费28663.07元，其提供莆田人民医院门诊病历、出院记录、疾病诊断证明书、医疗费发票，证明其在莆田人民医院门诊及住院治疗10天，花费医疗费6067.57元；其提供莆田学院附属医院住院病案首页、入院记录、手术记录、出院记录、医疗费发票、疾病证明书，证明在莆田学院附属医院住院28天，花费医疗费18895.5元；其提供莆田学院附属医院使用自费药品和医用耗材告知同意书、和协公司的增值税普通发票，证明其外购药品花费3700元。关于营养费、住院伙食补助费的问题。李某华主张营养费2886元、住院伙食补助费1140元。

现李某华向法院起诉请求郑某锋赔偿医疗费、住院伙食补助费、营养费、残疾赔偿金、精神损害抚慰金、误工费、护理费、交通费、鉴定费共计155017.97元。

法院判决

一审法院认为，侵害公民身体造成伤害的，应当赔偿医疗费等损失。本事故造成李某华的损失为：医疗费24963.07元、住院伙食补助费1140

元、营养费 2490 元、残疾赔偿金 75817 元、精神损害抚慰金 6000 元、误工费 20059.38 元、护理费 9545.4 元、交通费 760 元、鉴定费 2100 元，共计 142874.85 元。无号牌正三轮摩托车系郑某锋所有，未投保交强险。仙游县公安局交通警察大队认定郑某锋承担本事故的全部责任、李某华无责任，事实清楚，证据充分，法院依法予以采信。关于郑某锋是否属于好意搭乘，郑某锋主张其承载李某华等人没有收费，属于好意搭乘，不应该承担赔偿责任，即使需要承担，也仅承担不超过 10% 的赔偿责任。李某华认为，郑某锋应当承担全部赔偿责任。法院认为，李某华无偿搭乘郑某锋的无号牌正三轮摩托车，已形成好意同乘关系，本案交通事故是在好意同乘过程中发生的；虽然仙游县公安局交通警察大队认定郑某锋承担本事故的全部责任、李某华无责任，但是从公平与公序良俗的法律原理角度考虑，应当由郑某锋承担 80% 的赔偿责任，其余 20% 由李某华自行承担。

郑某锋不服提出上诉，理由之一是认为，本案交通事故属于好意同乘，依法应减轻郑某锋的赔偿责任，其只应承担不超过 10% 的赔偿责任。

二审法院认为，行为人的侵权行为侵害公民身体造成伤害的，应承担赔偿医疗费等损失的民事责任。本案中，李某华无偿搭乘郑某锋的无号牌正三轮摩托车，已形成好意同乘关系。本案交通事故经仙游县公安局交通警察大队作出责任认定，郑某锋承担本事故的全部责任、李某华无责任。在无偿搭乘中发生交通事故导致无偿搭乘人身损害的，搭车人按照公平原则也应分担部分损失的责任，且不能请求赔偿精神损害赔偿金。原判对精神损害赔偿金予以支持不当。原审判决确认由郑某锋承担 80% 赔偿责任，由李某华自行承担其余 20% 责任是正确的。郑某锋承担李某华的经济损失 136874.85 元（14287485 元 – 精神损害赔偿金 6000 元）中 80% 的赔偿责任即 109499.88 元。因郑某锋自认本案系好意同乘，原判以好意同乘认定双方各自应负的责任是正确的，郑某锋以本案交通事故属于好意同乘，依法应减轻郑某锋的赔偿责任，其只应承担不超过 10% 的赔偿责任的上诉理由，不能成立。本案好意同乘关系的双方为搭乘人李某华和被搭乘人郑某锋，谢金容与本案的好意同乘并无关系，故郑某锋以谢金容应当列为本案的共同被告共同承担赔偿责任的上诉理由，不能成立。李某华虽已满64周岁，但以自己的劳动收入为生活来源，李某华以其已达64周岁法定的退休年龄且未提供证据证实其因本次交通事故致收入减少的事实，对其误工费27706.5元应当不予支持的上诉理由，不能成立；本案系好意同乘，精神损害赔偿金不属于本案的赔偿范围，故对李某华主张的本案不同于单纯的交通事故，驾驶员承担责任的赔偿范围应有所限制，不应包括精神损害抚慰金的上诉理由，予以采纳。综上所述，郑某锋上诉请求部分成立，应予驳回；一审判决认定事实清楚，但对赔偿精神损害抚慰金的判决不当，予以纠正。

法理解读

本案涉及本司法解释第18条的规定，本司法解释第18条的规定是为了解决《民法典》第1217条规定的好意同乘规则的溯及力问题。《民法典》规定的好意同乘规则属于新增规定，在《民法典》立法前，日常生活中时常发生好意搭乘行为，无论是亲朋好友之间的免费搭载，还是新兴的“顺风车”搭乘模式，都与好意搭乘相关。在司法实践中，《民法典》前由于好意同乘未能明文规定，因此处理相应案件时存在较大分歧，同案不同判的现象较多，理论和实务界人士也不断呼吁规定好意同乘作为侵权法的减责事由。[①] 好意同乘毕竟是出于善意为他人提供便利的行为，驾驶者并不因此牟利，从权责相一致的角度出发，即使造成无偿搭乘人的损害，被搭乘人也不应当承担全部赔偿责任。《民法典》确立的好意同乘主要是为了解决乘客无偿搭乘他人的机动车发生交通事故时的行为人责任问题，如果好意搭载过程中发生交通事故，属于该机动车一方责任的，则应适当减轻机动车一方赔偿责任。当然，如果造成交通事故致害无偿搭乘人是机动车使用人因故意或者重大过失所致，则机动车一方仍然需要承担全部赔偿责任。另外，《民法典》明确了好意同乘适用的是“非营业机动车”，

---

① 王雷：《好意同乘中的车主责任问题》，载《云南大学学报（法学版）》2009年第6期。袁文全、王旭玲：《好意同乘的民事责任承担》，载《西北师大学报（社会科学版）》2016年第2期。

因此对于常见的网约车平台运营的“顺风车”“特惠快车”等，均不适用好意同乘的规定。

本案的事实十分简单，当事人之间也没有争议。在案发的镇上，机动车较少，因此好意搭载行为时有发生。被告郑某锋作为驾驶人，驾驶无号牌正三轮电动车承载李某华等自仙游县枫亭镇九社村古院往仙游县枫亭镇九社村方向行驶，在某下坡路段时，由于未能谨慎驾驶与石头发生碰撞发生事故，造成被告李某华受伤。经过交通警察大队《道路交通事故认定书》的认定，驾驶人郑某锋应当承担事故全部责任、李某华无责任，如果不考虑好意同乘问题，郑某锋承担所有责任自无疑问。但不可忽略的是，郑某锋搭载李某华是基于好意而非进行运营，其并没有向乘车者收费，因此不从搭乘行为中收益，属于好意搭乘。郑某锋也主张，其不应该因好意行为而承担赔偿责任，即使需要承担，也仅承担不超过10%的赔偿责任。但原告李某华则认为，无论郑某锋是不是出于好意，郑某锋的驾驶行为存在重大过错，应当承担全部赔偿责任。法院在判决中认为，李某华无偿搭乘郑某锋的摩托车，双方之间已形成好意同乘关系，本案交通事故也是在好意同乘过程中发生的，虽然交通警察大队认定郑某锋承担本事故的全部责任、李某华无责任，但是从公平与公序良俗的法律原理角度考虑，应当由郑某锋承担80%的赔偿责任，其余20%由李某华自行承担。二审法院进一步指出，由于本案系好意同乘，因此除适当降低驾驶人的责任外，赔偿范围也应有所限制，原告主张的精神损害赔偿金不应包含在被告需要承担赔偿责任的赔偿范围之中，故相较于一审判决，二审判决采纳了郑某锋提出的赔偿范围不应包括精神损害抚慰金的上诉理由。

本案由于发生在《民法典》实施前，因此法院无法援引《民法典》的规定进行裁判说理，而是采用“公平”与“公序良俗”等法律原理进行的裁判。对于类似于本案的《民法典》施行前发生的好意同乘行为，如果纠纷发生在《民法典》施行后，则好意同乘规则具有溯及既往的效力。人民法院可以直接适用《民法典》第1217条的规定，确定当事人之间的民事责任承担问题。

第十九条　民法典施行前，从建筑物中抛掷物品或者从建筑物上坠落的物品造成他人损害引起的民事纠纷案件，适用民法典第一千二百五十四条的规定。

【条文要义】

本条司法解释的条旨是《民法典》关于高空抛物、坠物规定的规则具有溯及既往的效力。

1.《民法典》关于高空抛物、坠物损害责任的规定是新增规定

对于高空抛物、坠物损害责任，原《侵权责任法》第 87 条作过规定，即："从建筑物中抛掷物品或者从建筑物上坠落的物品造成他人损害，难以确定具体侵权人的，除能够证明自己不是侵权人的外，由可能加害的建筑物使用人给予补偿。"这一规定，是出于救济受害人的目的而作出的规定，对于如何防范预防和避免这种侵权行为注意不够。

2019 年，国内连续发生了几起高空抛物致人损害的案件，引起各方注意，也在社会上引起了对原《侵权责任法》第 87 条规定的批评意见，认为第 87 条是"连坐法"，让不是侵权人的人承担补偿责任是不公平、不合理的，尤其是这样的规定不能减少高空抛物损害行为的发生。《法制日报》根据这些案件，曾经组织专版进行讨论，邀请笔者写一篇文章。笔者在文章中说，原《侵权责任法》第 87 条的规定不能说是错误的，但是有所不足，主要原因是将这样一种造成严重损害的案件规定在民事法律中，当发生高空抛物损害行为后，公安机关会以这种行为属于民法规范的范围而不积极行使刑事案件的侦查权，因而不能及时查清谁是真正的加害人，不能直接追究侵权人的法律责任。解决这一问题的关键，在于规定公安机关对于高空抛物损害案件发生后，应当及时介入，进行侦查，确定造成损害的真正加害人，由其承担刑事责任和民事责任，才能真正救济受害人，制裁

侵权人甚至是犯罪行为人，伸张社会正义，避免造成无辜的人的损害，避免无辜的建筑物使用人被“连坐”，保障每一个人的头顶上的安全。由于造成损害的这类案件不能及时由公安机关侦查处理，因而较多的高空抛物案件都是由有可能造成损害的建筑物使用人给予补偿，形成不公正的后果。

当时正在编纂《民法典》侵权责任编草案，有关领导的批示受到有关机关的高度重视，立法机关积极采取措施，对原《侵权责任法》第 87 条进行修改，最终形成了《民法典》第 1254 条规定，在原《侵权责任法》第 87 条的基础上，进行了大幅度修改，属于新增规定，具有溯及既往的效力。

2. 《民法典》关于高空抛物、坠物规定的基本内容

《民法典》第 1254 条规定的内容是：“禁止从建筑物中抛掷物品。从建筑物中抛掷物品或者从建筑物上坠落的物品造成他人损害的，由侵权人依法承担侵权责任；经调查难以确定具体侵权人的，除能够证明自己不是侵权人的外，由可能加害的建筑物使用人给予补偿。可能加害的建筑物使用人补偿后，有权向侵权人追偿。物业服务企业等建筑物管理人应当采取必要的安全措施防止前款规定的情形发生；未采取必要的安全保障措施的，应当依法承担未履行安全保障义务的侵权责任。发生本条第一款规定的情形的，公安等机关应当依法及时调查，查清责任人。”这一规定的基本规则如下：

（1）禁止从建筑物中抛掷物品。这是对建筑物中的抛掷物、坠落物损害责任的基础性规定。从建筑物中抛掷物品，是非常危险的危害公共安全的行为，必须严格禁止。

（2）从建筑物中抛掷物品或者坠落物品造成的损害，由侵权人承担责任。任何人从建筑物中抛掷物品，或者从建筑物上坠落物品，造成他人损害，都由侵权人承担责任，侵权人就是抛掷物品的行为人，或者坠落物品的建筑物的所有人、管理人或者使用人。他们的作为或者不作为造成他人损害，当然要由他们自己承担侵权责任。

（3）经调查难以确定具体侵权人的，由可能加害的建筑物使用人给予补偿。该项内容就是原《侵权责任法》第87条规定的规则。建筑物抛掷、坠落物品致人损害侵权人不明补偿责任的构成要件是：①行为人在建筑物中抛掷物品，或者建筑物上有物品坠落；②抛掷物品或者坠落物品造成他人损害，主要是人身损害；③实施抛掷行为的行为人或者坠落物品的所有人不明，不能确定真正的加害人；④在特定建筑物的使用人中，不能证明自己不是侵权人。具备上述四个要件，该建筑物的使用人是可能加害的建筑物使用人。责任承担的方式，是由可能加害的建筑物使用人对受害人的损失给予补偿，而不是承担连带责任。补偿的责任范围，应当由法官依照自由裁量原则适当确定。能够证明自己不是加害人，即既没有实施从建筑物中抛掷物品的行为，也不是建筑物、坠落物品的权利人的，不承担补偿责任。

（4）可能加害的建筑物使用人补偿后有权向侵权人追偿。由可能加害的建筑物使用人承担补偿责任，其中大多数人必定是无辜者，即没有实施加害行为的建筑物使用人。公平起见，可能加害的建筑物使用人承担了补偿责任，在查到侵权人后，对其享有追偿权，可以向其进行追偿，将最终责任归之于真正的侵权人。

（5）物业服务企业等建筑物管理人未采取安全保障必要措施的，依法承担责任。建筑物管理人是建筑物的管理者，即物业管理企业等物业管理人，他们对建筑物的安全负有保障义务。因此，第1254条第2款规定，物业服务企业等建筑物管理人应当采取必要的安全保障措施，防止高空抛掷物品或者坠落物品造成损害行为的发生。未尽此安全保障义务造成损害的，应当依照《民法典》第1198条的规定，承担违反安全保障义务的损害责任。

（6）公安等机关应当依法及时调查，查清责任人。在加害人不明的高空抛物损害责任中，绝大多数其实都是能够查清真正加害人的，但是，由于高空抛物损害责任是规定在民法中的民事责任，因此，在案件发生后，很多公安机关并不进行立案侦查，并且有理由推脱，否认是自己的职责范围。正因为如此，才出现了大量的加害人不明的高空抛物损害责任，形成被称为“连坐法”的补偿责任，使承担责任的人怨声载道，抱怨法律不公平。为避免大量出现加害人不明的高空抛物损害责任，本条审议时规定“有关机关应当依法及时调查，查清责任人”，在最终通过时将“有关机关”改为“公安等机关”。对此，立法说明指出，对于造成损害后果的，公安机关应当依法立案调查，对责任人依法给予治安管理处罚；构成犯罪的，应当依法追究刑事责任。这样就明确了高空抛物行为发生后，侦查职责在公安机关，应当及时立案侦查，查清责任人，依法处理。只有经过动用侦查手段仍然查不清责任人的，才可以适用本条规定的第三个规则。

3.《民法典》高空抛物、坠物损害责任规定溯及适用的要求

对高空抛物、坠物损害责任作出这样复杂的规定，显然更有利于保护当事人的合法权益，更有利于维护社会和经济秩序，更有利于弘扬社会主义核心价值观。因此，本条司法解释规定，《民法典》施行前，从建筑物中抛掷物品或者从建筑物上坠落的物品造成他人损害的，适用《民法典》第1254条的规定，具有溯及既往的溯及力。

在对《民法典》实施之前发生的高空抛物、坠物损害责任，具体适用《民法典》第1254条时，应当注意的是：

（1）能够确定加害人的，直接由加害人承担责任，不能由有可能造成损害的建筑物使用人予以补偿。

（2）经公安机关的调查仍然难以确定具体侵权人，才可以由可能加害的建筑物使用人给予补偿；在查到实际加害人后，承担补偿责任的建筑物使用人可以向其追偿，通过行使追偿权，将最终责任归咎于真正的加害人。

（3）如果建筑物的物业管理人违反了安全保障义务，致使发生高空抛物、坠物损害的，物业管理人应当承担违反安全保障义务的侵权责任，其中，建筑物的坠落物造成他人损害，不能确定谁是真正加害人的，直接由物业管理人承担责任；由高空抛物造成损害的，物业管理人即使存在违反安全保障义务的过失，但是，对于造成的损害承担赔偿责任以后，也有权

向实际加害人进行追偿。

（4）在损害行为发生时，公安机关应当及时进行调查，确定真正的加害人。不过，在《民法典》实施之前发生的高空抛物损害责任，由于时过境迁，公安机关已经不能再通过侦查手段确定真正的加害人的，即使适用《民法典》第1254条规定确定责任，这一规则规定的公安机关及时调查的职责也无法履行。

应当强调的是，刚刚通过的《刑法修正案（十一）》第33条规定："在刑法第二百九十一条之一后增加一条，作为第二百九十一条之二：'从建筑物或者其他高空抛掷物品，情节严重的，处一年以下有期徒刑、拘役或者管制，并处或者单处罚金。有前款行为，同时构成其他犯罪的，依照处罚较重的规定定罪处罚。'"对高空抛物入罪，能够进一步防范和制裁高空抛物损害行为的发生，更好地保护人们头顶上的安全。

【案例解读】

刘某诉王某伶等财产损害赔偿纠纷案①

基本案情

2017年12月21日，原告刘某自丰森正公司处购买了位于滦平县的房屋，2019年10月，原告刘某对房屋进行了基础装修，主要是在客厅、餐厅、厨房、卫生间铺设地板砖，屋内墙面粉刷，卫生间及厨房墙面贴瓷砖。屋内客厅地面陈设有带纸盒包装的全新的灯具。第三人云景公司滦平分公司系该小区物业服务公司，其余被告均为原告楼上住户。2020年2月24日，原告刘某家中地板及墙面底部被卫生间下水道返水浸泡，污水渗入地暖底部，将一楼住户的屋顶浸泡。2020年7月2日，一楼住户以本案原

① 审理法院：一审法院为黑龙江省鹤岗市工农区人民法院，案号：（2019）黑0403民初1542号；二审法院为黑龙江省鹤岗市中级人民法院，案号：（2020）黑04民终607号。

告刘某为被告提起财产损害赔偿诉讼。在被泡多天之后原告刘某发现房屋被浸泡的情况，通知第三人物业公司清理，经第三人物业公司调查，发现系三楼及以上住户所共用的卫生间处的主下水道堵塞，造成污水从原告刘某家中的卫生间返流所致，堵塞物主要为卫生用品等生活垃圾。经现场勘查，二楼及楼上所有住户卫生间处共用一条下水管道，一楼住户单独使用一条下水管道。原告刘某于2020年6月4日向本院申请对山水豪庭小区8号楼1单元××室内污水所泡造成的经济损失进行鉴定，本院经咨询鉴定机构，需要先行鉴定维修方案，再行鉴定屋内经济损失，鉴定维修方案鉴定费用需30000元左右，鉴定经济损失鉴定费用另行计算。为了避免扩大不必要的损失，本院未予以委托鉴定。本院于2020年7月24日分别对百居经销部工作人员和勤合居公司工作人员作了调查笔录，经询问，原告刘某家中被卫生间内返流污水浸泡，必须重新更换地暖，否则冬季取暖时屋内恶臭味会更加严重。结合原告刘某屋内被浸泡情况及本院对装修公司做的调查笔录，对原告刘某屋内重新装修的费用认定如下：1. 墙地瓷砖材料费，根据原告提交的盛煌建材门市出具的销售单显示瓷砖材料费为6762元，因卫生间及厨房的墙砖不需要重新安装，本院酌情认定地砖材料费5762元。2. 二次拆除地面及清运渣土费，经调查显示，原告刘某主张5000元合理，本院予以确认。3. 二次装修材料搬运费，经调查显示，原告刘某主张1500元合理，本院予以确认。4. 大理石（过门石）费用，原告提交的多美建材门市收据显示过门石费用500元，并结合调查情况，本院予以确认。5. 卫生间二次做防水材料人工费，经调查显示，原告刘某主张700元合理，本院予以确认。6. 二次墙顶粉刷材料人工费，因原告刘某家中墙面只是底部被浸泡，原告刘某尚未安装踢脚线，结合调查结果，本院酌情认定2000元。7. 灯具损失费用，经过现场勘察，原告灯具未遭受损坏，对该项损失，本院不予认定。8. 改水电暖气材料人工费，经调查显示，在重新安装地暖时，不会必然产生该笔费用，对该项损失，本院不予认定。9. 沙子水泥材料费，原告提交滦平县滦平镇广普建材门市收据显示沙子、水泥材料费为1850元，结合调查结果，本院予以确认。10. 美缝材料人工费，经过现场勘查，未显示有美缝痕迹，对该项损失，本院不予认定。11. 贴瓷砖人工费，经调查显示，原告刘某主张 3800 元过高，本院酌情认定 2000 元。12. 厨房推拉门拆装人工费，经调查显示，原告刘某主张 600 元过高，本院酌情认定 300 元。13. 地暖、地暖二次拆除重做费用查显示，原告刘某主张 10500 元过高，本院酌情认定 9500 元。14. 原告主张延期入住损失费，未提交证据材料予以证实，本院不予认定。综上，原告刘某家中重新装修所需要的费用合计 29112 元。

现刘某向法院起诉请求各被告共同赔偿给原告造成的经济损失。

法院判决

一审法院认为，原告认为楼上住户未合理使用公用污水管道，乱扔卫生用品等生活垃圾导致污水返流，各被告应共同承担赔偿责任，因并不能明确堵塞物究竟系何人倾倒，应参照适用《中华人民共和国侵权责任法》第 87 条“从建筑物中抛掷物品或者从建筑物上坠落的物品造成他人损害，难以确定具体侵权人的，除能够证明自己不是侵权人外，由可能加害的建筑物使用人给予补偿”的规定，原告楼上住户除能证明自己非侵权人外，均应给予原告补偿。被告钱某娇自 2016 年举家搬迁至平泉市，已经办理停水停暖，不可能向主管道内抛掷生活垃圾，对被告钱某娇主张不应承担赔偿责任的辩解意见，本院予以采纳。被告刘某霞 2019 年办理了停暖，称其自 2019 年之后并未居住，不同意赔偿原告的经济损失，但被告刘某霞仅办理了停暖，未办理停水，其提交的村委会证明不能排除其系侵权人的可能，对其不同意承担赔偿责任的辩解意见，本院不予采纳。被告梁某菊辩称自己不在山水豪庭居住，不承担赔偿责任，其提交工作证明、居住证明、孩子出生证明及疾病诊断书等证据不能排除被告梁某菊系侵权人的可能，对其主张，本院不予采信。被告尹某楠、李某静辩称应由第三人物业公司承担赔偿责任。原告房屋被水浸泡的直接原因系下水管道被堵塞，下水回流所致，第三人物业公司并非下水管道的使用者，其不存在可能抛掷堵塞物的侵权行为，第三人物业公司系涉案小区的物业服务公司，其对所服务的小区设施具有维护、检修等义务，该义务基于其与业主所签订的物业服务合同所产生，其与各业主之间形成的系合同关系，原告此次起诉为侵权之诉，赔偿义务主体系可能加害建筑物的使用人，不能依据物业服务合同的合同义务要求其在侵权案件中进行赔偿，故对被告尹某楠、李某静的辩解意见，本院不予采信。对于其他被告的辩解意见，因均未提交证据予以证明，本院不予采信。

关于各被告应承担的补偿比例问题。侵权责任赔偿的目的在于尽可能恢复到被侵权人未遭受加害行为之前应有的状态，即实行“填平”的补偿性赔偿原则。结合原告提交的证据及本院依法作出的调查笔录，原告刘某的经济损失数额为 29112 元。原告楼上的业主均是可能的加害人，并非确定的侵权人，其承担责任形式按照法律规定为补偿责任，且原告刘某未及时发现屋内返水情况，造成损失扩大，故对于原告的经济损失，综合本案，本院认为各侵权人共计补偿原告 70% 为宜。对原告主张过高、事实及法律依据不足的部分诉求，本院不予支持。

王某阳等均不服一审判决，提出上诉。

二审法院认为，案涉住户作为上下楼邻居，共同使用同一污水主管道排放生活污水，应共同维护管道的通畅，保证公共设施的正常使用。本案中，经云景物业公司调查，发现系三楼及以上住户所共用的卫生间处的主下水道堵塞，造成污水从被上诉人刘某家中的卫生间返流，导致家中地板及墙面底部被卫生间下水道返水浸泡受损，原判对此认定事实清楚。该卫生间下水道系该幢房屋的共用设施，对于使用者来说现无法查明系哪一家住户或使用人造成，但不排除共同使用不当行为所造成，基于公平原则，由上诉人及原审被告梁某菊对因卫生间下水道返水给刘某造成的损失承担责任，以 70% 补偿责任并无不当。云景公司滦平分公司已及时清理并疏通了下水道，案涉物业公司已尽到了保修后的维修服务责任。现上诉人无证据证实物业公司不履行或不完全履行物业服务合同约定的或法律、法规规定及相关行业规范确定的维修、养护、管理和维护义务，故上诉人要求案涉物业公司承担责任的上诉请求本院不予支持。原判认定事实清楚，适用法律正确。故判决驳回上诉，维持原判。

法理解读

本案涉及本司法解释第19条的规定，本司法解释第19条规定是为了解决《民法典》第1254条关于高空抛物、坠物中法律责任承担规则的溯及适用问题。《民法典》第1254条和原《侵权责任法》第87条相比，进行了较大的修改完善。原《侵权责任法》第87条对高空抛物、坠物的法律责任作出了规定，在彼时，立法者更多的是考虑受害人利益的保护，因此规定了由可能加害的人共同补偿的规则，此种规则虽然解决了一些实际问题，但是也因为其“连坐”的属性，遭到了很多质疑。许多学者都撰文指出，《侵权责任法》第87条规定虽然不能说有问题，但仍存在不足，存在多方面改善空间。[①] 党中央高度重视广大群众“头顶上的安全”，要求对相应规则进行修改完善，最高人民法院率先颁布《最高人民法院关于依法妥善审理高空抛物、坠物案件的意见》，旨在针对近年来不断发生的高空抛物、坠物事件，回应人民群众呼声，明确要求各级人民法院切实贯彻以人民为中心的发展理念，把维护人民群众的合法权益放在首位，将预防和惩治相结合，加强源头治理。立法机关也积极采取措施，对原《侵权责任法》第87条进行修改，最终形成了《民法典》第1254条之规定。此后的《刑法修正案（十一）》也将高空抛物入刑，明确从高空抛掷物品，危及公共安全的，处拘役或者管制，并处或者单处罚金。有前款行为，致人伤亡或者造成其他严重后果，同时构成其他犯罪的，依照处罚较重的规定定罪处罚。

《民法典》新的规则在原《侵权责任法》第87条的基础上，进行了大幅度修改，要求当发生高空抛物损害行为后，公安机关需要及时介入进行侦查，确定造成损害的真正加害人，由加害人本人承担相应的刑事和民事责任，从而防止无辜的其他住户受到连累。同时，即使暂时无法查明加害

---

① 阳庚德：《高空抛物侵权连带责任制度否定论》，载《广东社会科学》2010年第1期。李妍：《反思高空抛物致害责任》，载《社会科学家》2015年第11期。

人，由可能加害的建筑物使用人补偿后，也保留了向侵权人追偿的权利，将最终责任归之于真正的侵权人，才能真正达到既救济受害人，又制裁侵权人，还能防止无辜的他人受牵连的目的。此外，《民法典》还要求物业服务企业等建筑物管理人采取必要的安全保障措施，未尽到安全保障义务造成他人的损害的，应当依照《民法典》第1198条的规定，承担违反安全保障义务的损害责任。

本案是较为典型的在《民法典》生效前，依据原《侵权责任法》第87条规则作出的判决。本案中，原告刘某购买的房屋在装修没多久后，就发现家中地板及墙面底部被卫生间下水道返水浸泡，其中污水渗入地暖底部，还使得一楼住户的屋顶被浸泡。事后经过第三人物业公司调查，发现系三楼及以上住户所共用的卫生间处的主下水道堵塞，造成污水从原告刘某家中的卫生间返流所致，堵塞物主要为卫生用品等生活垃圾。刘某依据《侵权责任法》第87条的规定要求楼上的住户承担责任。法院认为，由于无法查明案涉堵塞物究竟系何人倾倒，故应参照适用《侵权责任法》第87条的规定，原告楼上住户除能证明自己非侵权人外，均应给予原告补偿。法院经审查认为，被告钱某娇自2016年举家搬迁至平泉市，已经办理停水停暖，不可能向主管道内抛掷生活垃圾，故不应承担赔偿责任；被告刘某霞于2019年办理了停暖，称其自2019年之后并未居住，不同意赔偿原告的经济损失，但被告刘某霞仅办理了停暖，未办理停水，其提交的村委会证明不能排除其系侵权人的可能性，对其不同意承担赔偿责任的辩解意见，法院不予采纳。被告梁某菊辩称自己不在山水豪庭居住，不承担赔偿责任，其提交的工作证明、居住证明、孩子出生证明及疾病诊断书等证据不能排除被告梁某菊系侵权人的可能的，对其主张，法院不予采信。另外，有被告尹某楠、李某静辩称应由第三人物业公司承担赔偿责任，但法院认为原告房屋被水浸泡的直接原因系下水管道被堵塞，下水回流所致，因此没有要求物业公司承担责任。

需要指出的是，本案并非严格的高空抛物、坠物纠纷，而是下水管道堵塞导致的楼下住户损害。从基本的侵权法原理出发，本案的做法应是通过调查找出真正的侵权人，并判决侵权人承担相应的赔偿责任。但是现实情况是，此类案件虽然造成了他人合法权益的损害，但毕竟是民事案件，当发生损害后果后，诸如公安机关等有关机关会以这种行为属于民法规范的范围为由，不介入侦查，从而导致无法及时查清谁是真正的加害人。物业企业由于没有明确规定其应当承担何种义务，法院也很难通过对安全保障义务进行扩张解释的方式，要求物业服务企业承担相应的责任。因此对于法院而言，其只有通过判决可能的加害人共同补偿的方式，来弥补受害人的损害。法院虽然也有很多无奈之处，很多住户可能也很无辜，但依照彼时的法律，也只能作出此种判决。

在《民法典》生效后，类似问题得到了较好的解决。《民法典》要求公安机关对此类损害案件展开侦查，以查明真正的侵权行为人。如果经公安机关的调查仍然难以确定具体侵权人，才需要由可能加害的建筑物使用人给予补偿；而且在查到了实际侵权人后，承担补偿责任的建筑物使用人可以向其追偿，仍由实际侵权人承担最终责任。如果建筑物的物业管理人违反了安全保障义务，导致损害结果的发生，物业管理人应当承担违反安全保障义务的侵权责任。此种规定，更有利于在保护受害人的合法权益的同时，平衡行为人的利益，更有助于维护社会和经济秩序，弘扬社会主义核心价值观。在《民法典》生效后，再发生从建筑物中抛掷物品或者从建筑物上坠落的物品造成他人损害的类似案件，人民法院就应适用《民法典》第1254条的规则，依法进行裁判。

三、衔接适用的具体规定

第二十条 民法典施行前成立的合同，依照法律规定或者当事人约定该合同的履行持续至民法典施行后，因民法典施行前履行合同发生争议的，适用当时的法律、司法解释的规定；因民法典施行后履行合同发生争议的，适用民法典第三编第四章和第五章的相关规定。

【条文要义】

本条司法解释的条旨是《民法典》关于合同持续履行的规定具有衔接适用的溯及效力。

《民法典》合同编关于合同履行和合同债权保全的规定，与原《合同法》关于合同履行的规定有很大区别，在很多方面都进行了重大的改变，因此，只要是合同订立在《民法典》施行之前，合同的履行行为持续至《民法典》施行后的，由于民事法律关系产生在《民法典》施行之前，一直延续到《民法典》施行之后，因而存在适用《民法典》的条件，是《民法典》对于这种合同的争议产生溯及既往的效力，可以适用《民法典》关于合同履行以及合同履行中债权保全的规定。

在制定本司法解释的时候，对于如何规定好这一法律适用原则，存在两种不同意见：

第一种意见是，规定从简，只规定《民法典》施行前成立的合同，履行持续至《民法典》施行后，凡是因履行合同发生争议的，都适用《民法典》第三编第四章和第五章的相关规定。

第二种意见是，区分合同发生争议的时间是在《民法典》施行之前还是施行之后，确定《民法典》的适用效力。提出的意见是，《民法典》施行前成立的合同，依照法律规定或者当事人约定该合同的履行持续至《民法典》施行后，因《民法典》施行前履行合同发生争议的，适用当时的法律、司法解释的规定；当时的法律、司法解释没有规定的，可以适用《民法典》的相关规定。因《民法典》施行后履行合同发生争议的，适用《民法典》第三编第四章和第五章的相关规定。

这两种意见对比起来，第一种意见显然比较简略，是一个简单的“一刀切”的做法，优点是具体操作比较简单，特别容易统一裁判规则。第二种意见比较符合实际情况，存在的问题是操作起来有些难度，即在《民法典》施行前的合同履行发生争议，还是在《民法典》施行后的履行合同发生争议，在实际操作中可能理解不一致。当然，尽管《民法典》施行前成立的合同，依照法律规定或者当事人约定该合同的履行持续至《民法典》施行后，都存在适用《民法典》规定的条件，但是，真正决定适用法律的标志，还是应当以履行合同发生争议的时间是在《民法典》施行之前还是在《民法典》施行之后来确定法律适用的时间效力，更符合法律溯及力的规则。

最终，最高人民法院采纳了第二种意见，删除了关于“当时的法律、司法解释没有规定的，可以适用民法典的相关规定”的内容。这是因为，这样的适用法律的意见，在本司法解释第1条第2款中已经明确规定，不必再加规定。

适用本条司法解释的规则是：

1. 合同在《民法典》施行前成立，依照法律规定或者当事人约定该合同的履行持续至《民法典》施行后。只有符合这个要求，才存在因合同履行发生的争议，决定是否适用《民法典》关于合同履行的规定。

2. 双方当事人因《民法典》施行前履行合同的问题发生争议的，适用当时的法律、司法解释的规定。这是因为，合同履行的争议是发生在

《民法典》施行之前，并非在《民法典》施行后发生争议，因而没有适用《民法典》规定的条件，《民法典》不具有溯及力，不能适用《民法典》关于合同履行的规定。

3. 双方当事人因《民法典》施行后履行合同发生争议的，适用《民法典》第三编第四章和第五章的相关规定。既然履行合同的争议是发生在《民法典》施行之后，就有了适用《民法典》的条件，因而可以适用《民法典》的规定。适用的规则是《民法典》第三编“合同”第四章“合同履行”和第五章“合同的保全”的规定。

【案例解读】

兴龙公司诉徐某等保证合同纠纷案①

基本案情

2012 年 10 月 19 日，借款人吴某与兴龙公司签订借款合同一份，约定吴某向兴龙公司借款 50 万元，借款期限自 2012 年 10 月 19 日起至 2013 年 4 月 10 日止，月利率 17.7‰，每月 20 日结息，逾期还款的，逾期罚息按合同约定利率上浮 50% 计算。同日，徐某、百益公司、企银公司、仇某祥、飞越公司与兴龙公司分别签订三份保证合同，为吴某的上述贷款提供连带责任担保，担保期限为借款期满之日起两年。合同签订后，吴某向兴龙公司出具 50 万元的借款借据一份，兴龙公司即将 50 万元转入吴某的个人账户。借款期内的利息徐某已支付。借款期满后，吴某未能偿还本金，徐某按月息 17.7‰上浮 50% 支付了自 2013 年 4 月 11 日起至 2015 年 2 月 20 日止的利息 301342 元，2015 年 3 月 17 日徐某偿还本金 12 万元，之后未付息。其间，2015 年 1 月 21 日，厉某明向兴龙公司出具《追加担保承

① 审理法院：一审法院为江苏省南通市通州区人民法院，案号：(2015) 通商初字第 00325 号；二审法院为江苏省南通市中级人民法院，案号：(2015) 通中商终字第 00379 号。

诺书》，并与兴龙公司签订保证合同，为案涉借款提供连带责任担保。

法院判决

一审法院认为，百益公司、企银公司、仇某祥、飞越公司、厉某明经法院合法传唤未到庭应诉，应视为其对诉讼权利的放弃。兴龙公司与借款人吴某签订的借款合同，与徐某及百益公司、企银公司、仇某祥、飞越公司、厉某明签订的保证合同，系当事人的真实意思表示，合法有效。借款到期后，借款人应按时偿还本金，逾期还款，应按约承担逾期罚息，各担保人应承担连带责任。现兴龙公司直接要求各担保人承担还款责任，于法有据。徐某按月息 17.7‰上浮 50% 支付了 2015 年 2 月 20 日前的逾期利息，利率超过中国人民银行同期同档次贷款利率的 4 倍，对于多付的利息 74342 元，应充抵借款本金，故案涉借款尚欠的本金为 305658 元。原审法院遂作出如下判决：一、徐某、百益公司、企银公司、仇某祥、飞越公司、厉某明于判决书发生法律效力后十日内共同偿还兴龙公司借款本金 305658 元，并按中国人民银行公布的同期同档次银行贷款基准利率的 4 倍支付自 2015 年 2 月 21 日起至生效判决确定履行之日止的逾期利息；二、驳回兴龙公司的其他诉讼请求。

上诉人徐某不服原审法院判决，提起上诉称：一审法院认定被上诉人兴龙公司所主张的逾期利息已经超过中国人民银行同期同档次贷款利率的四倍，故上诉人每期偿还利息的数额已经高于依法应支付的利息，多出的部分应该冲抵本金。但一审法院并未逐笔核算，而一直以 50 万元为本金计算利息，存在明显错误。请求二审法院发回重审或查清事实后改判。

二审法院认为，被上诉人兴龙公司与借款人吴某签订的借款合同，以及与上诉人、各原审被告签订的保证合同，均系各方当事人的真实意思表示，合法有效。借款到期后，因借款人吴某未能按约还款，出借人要求各担保人承担连带清偿责任，本院应予支持。原审法院查明，上诉人徐某作为担保人之一，按月息 17.7‰上浮 50% 的利率标准，支付了自 2013 年 4 月 11 日至 2015 年 2 月 20 日的利息 301342 元，因该利率超过中国人民银行同期同档次贷款利率的4倍，对多付的利息74342元，应充抵借款本金，故原审认定尚欠的借款本金为305658元。上诉人认为上述超出部分利息不应一次性抵扣本金，而应根据每次支付的利息额，对超出中国人民银行同期同档次贷款利率的4倍的部分逐笔抵扣本金。对此，本院分析如下：本案借款人与出借人之间系民间借贷法律关系。关于出借人可收取利息的最高利率标准，《最高人民法院关于审理民间借贷案件适用法律若干问题的规定》① 与《最高人民法院关于人民法院审理借贷案件的若干意见》规定不一致，因《最高人民法院关于审理民间借贷案件适用法律若干问题的规定》② 于2015年9月1日起施行，而本案一审法院于2015年4月7日受理，故应适用当时的法律、司法解释的规定。当时适用的《最高人民法院关于人民法院审理借贷案件的若干意见》第6条规定，民间借贷的利率可以适当高于银行的利率，各地人民法院可根据本地区的实际情况具体掌握，但最高不得超过银行同类贷款利率的4倍（包含利率本数）。超出此限度的，超出部分的利息不予保护。故本案应以中国人民银行同期同档次贷款利率的4倍作为判断逾期利率是否予以支持的依据，一审法院以月利率2%作为判断依据，上诉人徐某二审提交的利息明细表亦认可月利率2%，故应以月利率2%作为判断是否超出中国人民银行同期同档次贷款利率的4倍的依据。上诉人虽主张自2013年4月11日起，其每月支付的利息超过同期银行基准贷款利率4倍，超出部分应抵算本金，但其对利息如何支付，是逐月支付还是一次性支付利息，如逐月支付，每月支付多少，其未能举证证明，故上诉人要求逐笔核算多支付的利息以充抵本金，无事实依据。原审法院以多付息总额一次性抵扣本金，并无不当。故判决驳回上诉，维持原判。

法理解读

本案涉及本司法解释第20条的规定，本司法解释第20条规定是为了

---

① 本司法解释于2020年修正。

② 本司法解释于2020年修正。

解决《民法典》规定的合同履行保全规则的溯及力问题。《民法典》合同编关于合同履行和合同债权保全的规定，相较于原《合同法》的规定存在较大区别，对于合同订立在《民法典》施行之前，合同的履行行为持续至《民法典》施行后的，由于民事法律关系产生在《民法典》施行之前，一直延续到《民法典》施行之后，因而存在适用《民法典》的条件，本条明确规定对于此类因继续性合同的履行产生的争议，《民法典》具有溯及既往的效力。当然，此种做法可能存在的问题是，在实际操作起来存在难度，即到底争议是发生在《民法典》施行前，还是《民法典》施行后，可能难以断定，这也会导致法律适用的不同，但对于法官而言，则需要全面地把握此项规则。

本案中，借款人吴某与兴龙公司签订借款合同约定的月利率为17.7‰，每月20日结息，逾期还款的，逾期罚息按合同约定利率上浮50%计算。徐某为吴某的上述贷款提供连带责任担保。首先可以肯定的是，兴龙公司与借款人吴某签订的借款合同，与徐某及百益公司、企银公司、仇某祥、飞越公司、厉某明签订的保证合同，都是当事人的真实意思表示，合法有效。现兴龙公司直接要求各担保人承担还款责任，符合合同的约定，保证人也依照约定，将月息17.7‰上浮50%支付了2015年2月20日前的逾期利息。但由此也产生了本案争议，案涉合同约定的月息17.7‰上浮50%支付了2015年2月20日前的逾期利息，利率超过中国人民银行同期同档次贷款利率的4倍，对于多付的利息74342元，保证人认为应充抵借款本金，故案涉借款尚欠的本金为305658元。法院指出，关于案涉出借人可收取利息的最高利率标准，新旧司法解释的规定不一致，因新解释2015年9月1日起施行，本案则早于司法解释施行前受理，故本案只能适用当时的司法解释即旧解释的规定。据此，法院以银行同类贷款利率的4倍为标准认定案涉最高利息。故本案应以中国人民银行同期同档次贷款利率的4倍作为判断逾期利率是否予以支持的依据，一审法院以月利率2%作为判断依据，上诉人徐某二审提交的利息明细表亦认可月利率2%，故应以月利率2%作为判断是否超出中国人民银行同期同档次贷款利率的4倍的依据。因此，在逐笔核算之后，根据抵偿规则，多支付的利息就需要充抵本金，一审和二审法院的此种做法，应属正确。

需要指出的是，本案例系以《最高人民法院关于审理民间借贷案件适用法律若干问题的规定》为对象，来说明对待合同履行问题时的法律适用问题，该司法解释与本司法解释关于溯及力的精神其实是一脉相承的。在《民法典》生效后，对于《民法典》施行前成立的合同，只要是因《民法典》施行前履行合同产生争议的，仍然应当适用当时的法律、司法解释的规定，因《民法典》施行后履行合同发生争议的，则适用《民法典》的规定。

第二十一条　民法典施行前租赁期限届满，当事人主张适用民法典第七百三十四条第二款规定的，人民法院不予支持；租赁期限在民法典施行后届满，当事人主张适用民法典第七百三十四条第二款规定的，人民法院依法予以支持。

【条文要义】

本条司法解释的条旨是《民法典》关于房屋承租人优先承租权具有衔接适用的溯及既往效力。

《民法典》第734条规定的内容是：“租赁期限届满，承租人继续使用租赁物，出租人没有提出异议的，原租赁合同继续有效，但是租赁期限为不定期。租赁期限届满，房屋承租人享有以同等条件优先承租的权利。”这一条文的第2款规定具有衔接适用的溯及既往的效力，不涉及租赁期限届满承租人继续使用租赁物视为成立不定期租赁合同的规定。

按照这一规定，租赁合同约定的租赁期限届满后，承租人享有两项权利：(1) 续租权。在租赁合同约定的租赁期限届满后，如果承租人继续使用租赁物，出租人没有提出异议的，就继续续租，原租赁合同继续有效，实际上是成立了新的租赁合同。这个新成立的租赁合同是不定期租赁合同，适用不定期租赁合同的规定以确定双方当事人的权利义务关系。(2）优先承租权。房屋租赁合同约定的租赁期限届满后，承租人要求续租，他人也要求承租的，原承租人享有优先续租权，在同等条件下，优先承租，订立新的租赁合同。优先续租权的基本条件是同等条件，主要是租金数额，也包括租赁期间等。在订立新的租赁合同时，只要约定条件是一样的，原承租人就优先承租。

这一条文增加承租人优先承租权这一新规则是很重要的。当一个不动产的租赁合同租赁期限届满，出租人继续出租该房屋，而出租人与原承租人没有续订出租合同，可能出现数个当事人主张承租的情形。规定原承租人享有优先承租权，就会在同等条件下，由原承租人承租，不仅会使原承租人对承租房屋的改造、使用都符合其使用目的，使之更加方便，保障原承租人的权益，而且对出租人并无损害且原有的租赁关系可以继续，因而是一个最好的选择。

既然《民法典》第734条第2款关于房屋承租人享有优先承租权的规定是新增规定，确定其是否具有溯及既往的效力的标准，就是租赁期满的时间界限，即究竟是在《民法典》施行之前，还是在《民法典》施行之后。如果房屋租赁合同期限届满时在《民法典》施行之前，该租赁合同就已经消灭，当然就不存在适用《民法典》规定的可能性。如果房屋租赁合同期限届满是在《民法典》施行之后，那就是合同一直延续到《民法典》实施之后，就具有了衔接适用的效力，因而《民法典》第734条第2款的规定就具有了适用的条件，房屋承租人就享有优先承租权，在同等条件下优先承租该租赁物。

其实，在《民法典》施行之前，对房屋承租人享有优先承租权虽然没有成文法的规定，但是在司法实践中是支持承租人优先承租权的。对《民法典》施行之前存在的房屋承租人的优先承租权的规则，应当视为习惯法的规定。因而，即使是在《民法典》施行之前的房屋租赁合同期限届满，主张按照当时的习惯法行使优先承租权的，也是应当予以支持的，只不过不是成文法的法律依据，而是习惯法的法律依据而已。另外，一个房屋租赁合同租赁期限在《民法典》施行之前届满，在《民法典》施行之后起诉主张优先承租权的，其实是比较少见的，除非就是在临近《民法典》施行之日前几天租赁期限届满的。不过，既然已经在《民法典》施行之前租赁期限届满，也就不存在适用《民法典》规定的可能了。因此，本条司法解释的价值在于，房屋租赁合同租赁期限届满发生在《民法典》施行之后，哪怕是2021年1月1日租赁期限届满，都有适用《民法典》第734条第2款之规定主张优先承租权的理由。

【案例解读】

蒋某军诉扶某莲返还原物纠纷案[①]

基本案情

原告蒋某军系冷水江市冷水江街道办事处建新居委会中国银行对面一处房屋的出租人。从2014年12月15日开始，原告蒋某军将4号门面出租给被告扶某莲经营，租赁合同每年一签。原、被告于2018年12月15日签订的《门面租赁合同》约定：一、甲方（出租方，即原告蒋某军）坐落在本市建新路，中国银行对面1楼，第4号门面，以作合法经营使用。二、租赁期限1年，自2018年12月15日起至2019年12月14日止，并付一定的押金4000元（押金2010年6月28日蒋某生已收）。三、付款方式：按每月3000元计算，从租用起一次性付款1年租金36000元整。四、在租用期间一切安全责任由乙方（承租方，即被告扶某莲）负责。五、如需改变房屋的墙体结构需先征得甲方同意。六、在租赁经营期间，甲方不承担任何费用。七、因不可抗力原因导致该房屋毁损和造成损失的双方互不承担

① 审理法院：一审法院为湖南省冷水江市人民法院，案号：（2020）湘1381民初727号；二审法院为湖南省娄底市中级人民法院，案号：（2020）湘13民终1605号。

责任。八、甲方必须保证乙方水电到位。九、租赁期间，乙方如果要求提前终止合同，必须经甲方书面同意。乙方所交给甲方的房租余额甲方不退。十、合同期满，甲方有权收回，可动部分乙方有权带走，不可动部分不能带走。十一、乙方在合同有效期内，甲方无权干涉任何事情。十二、合同期满，甲方如不对外出租，乙方无条件搬出，甲方继续对外租赁，乙方有优先租赁权。十三、如在合同期满继续租赁的，必须提前两个月签订下一年的租赁合同，如没签，甲方有权责行乙方无条件在相应时间内搬走。否则与其他经营商签订合同。十四、此协议一式二份，甲乙双方各执一份，签字生效。合同签订后，被告扶某莲支付了当年的租金，继续租赁4号门面经营。2019年12月16日，原告蒋某军委托其表弟陈某心与案外人罗某平另行签订了《门面租赁合同》。将包括上述4号门面在内的四个门面全部租给罗某平，租赁价格为每月3300元，租赁期限为三年。2019年12月17日，原告蒋某军通知被告扶某莲返还门面，但遭被告扶某莲以优先租赁权受到损害为由拒绝。2019年12月19日，被告扶某莲同意原告蒋某军每月上涨租金300元的要求，并于2019年12月20日将2020年一年的租金39600元转账支付给原告蒋某军。原告蒋某军则拒绝与被告扶某莲续签2020年的合同，于2020年3月6日将被告扶某莲支付的39600元予以退回，双方因此而形成纠纷。2020年1月17日，原告蒋某军就与被告扶某莲房屋租赁合同纠纷一案诉至一审法院，请求解除双方于2018年12月15日签订的房屋租赁合同，并要求被告扶某莲支付相应租金。2020年4月16日，一审法院作出（2020）湘1381民初193号民事判决，认定双方于2018年12月15日签订的租赁合同期限已届满终止，无须判决解除，双方的租赁合同关系已经转为不固定租赁合同。驳回了原告蒋某军的诉讼请求。2020年5月6日，原告蒋某军又通知被告扶某莲腾房，再次遭被告扶某莲拒绝。原告蒋某军又诉至一审法院，要求被告扶某莲立即腾空其承租的建新街中国银行对面1楼4号门面，恢复原状交付给原告，被告扶某莲支付原告租金21000元并赔偿原告经济损失13000元。

法院判决

一审法院认为，租赁合同是出租人将租赁物交付给承租人使用、收益，承租人支付租金的合同。优先承租权，是指租赁期届满后，原告继续出租的，且原承租人仍愿租用房屋的，在同等的租赁价格和租赁期限等条件下，原承租人有优先于其他承租人的承租权。《中华人民共和国合同法》第二百三十条规定："出租人出卖租赁房屋的，应当在出卖之前的合理期限内通知承租人，承租人享有以同等条件优先购买的权利。"承租人的这一优先购买权是基于其享有租赁权在先的事实，租赁权在本质上是承租人依房屋租赁合同所享有的一种法定请求权，具有债权的性质。《合同法》第二百二十九条规定了"租赁物在租赁期间发生所有权变动的，不影响租赁合同的效力"，即"买卖不破租赁"原则。该原则体现了租赁权的债权性质物权化。法律的这些规定，是从房屋承租人往往因合同关系的不稳定而处于弱者的位置考虑，从法律角度加以平衡保护。因为承租人一旦失去住房，就会造成暂时的生产、生活困难。《最高人民法院关于贯彻执行〈中华人民共和国民法通则〉若干问题的意见（试行）》[①] 第 119 条第 3 款规定，未定租期，房主要求收回房屋自住的，如果承租人搬迁确有困难的，可给一定期限让其找房或者腾让部分房屋。该规定也说明了这一问题，既然承租人享有出租人出卖出租房屋的优先购买权，从而使租赁权与所有权重合，那么出租人在租期届满继续出租房屋时，承租人享有同等条件下的优先承租权是应有之意，也就是说优先租的权利是从优先买的权利中推理衍生而来，优先买的权利应当包含优先租的权利。承租人优先购买权是一种法律直接规定的权利，则优先承租权因其包含在优先购买权之内，也是一种法定请求权，其存在及行使不以当事人的约定为前提。本案中，原告蒋某军与被告扶某莲自 2014 年 12 月 15 日开始存在持续的租赁关系，双方 2018 年 12 月 15 日签订的最后一份《门面租赁合同》意思表示真实，合同成立且生效。双方均应按合同的约定履行各自的义务。《门面

---

① 本司法解释现已废止。

租赁合同》第十二条约定“合同期满，甲方如不对外出租，乙方无条件搬出，甲方继续对外租赁，乙方有优先租赁权”。2019 年 12 月 14 日，原、被告所签订的租赁合同期满。2 天后，原告蒋某军与案外人罗某平另行签订租赁合同，将 4 号门面出租给罗某平。但并未提供充分证据证明原告在与罗某平另行签订租赁合同前，被告扶某莲已经以明示或以其行为表明在同等条件下不再继续租赁。反而当被告扶某莲得知租赁价格每月增加 300 元后，同意以同等价格继续租赁，并按惯例于 2019 年 12 月 20 日将全年租金 39600 元转账支付给原告，积极主张优先租赁权。故被告扶某莲依约主张优先租赁权并无不当，主动支付租金的行为亦未给原告的收益造成损害。故原告应依约在同等条件下将门面租给被告扶某莲。原、被告于 2018 年 12 月 15 日所签订的《门面租赁合同》期限虽已届满，但双方的租赁合同已转为不固定租赁合同，合同关系的成立时间为 2019 年 12 月 15 日，租赁期限同时转为不定期。故原告蒋某军以所签订的《门面租赁合同》期限届满为由要求被告扶某莲返还租赁物，并由被告按 3000 元/月支付租金至腾房之日止的诉讼请求，没有事实和法律依据，一审法院不予支持。同时，对被告要求确认双方关于案涉 4 号门面的房屋租赁关系成立的反诉请求应予支持。另原告在庭审时声称其要收回房屋自用，不对外租赁，被告无权行使优先租赁权。但根据原告与案外人罗某平所签订的租赁合同，对房屋租赁时间、房屋租赁金额均有明确规定，可以判断蒋某军有明确房屋租赁的意愿，原告当庭所陈述想收回出租门面自用的理由明显系为规避被告的优先租赁权，规避其合同义务，对此，一审法院不予认可。对被告提出按原告与案外人罗某平所签订的租赁合同内容，与原告续签租赁合同的反诉请求，因原告在与案外人罗某平的租赁合同中对门面租赁时间、租赁金额均有明确的意思表示，被告同意该意思表示与原告续签租赁合同，是对其优先租赁权的行使，且原告一直规避其合同义务，故对该反诉请求，一审法院予以支持。

蒋某军不服提出上诉。

二审法院认为，根据双方于 2018 年 12 月 15 日签订的《门面租赁合同》第12条的约定：合同期满，甲方如不对外出租，乙方无条件搬出，甲方继续对外租赁，乙方有优先租赁权。据此，可以认定双方对优先租赁权进行了约定，上诉人主张被上诉人不享有优先租赁权的诉求，本院不予支持。对于优先权如何实现的问题，从后续实际情况分析，双方于2018年签订的一年期租赁合同到期后，虽然因意见分歧，未继续签订新的租赁合同，但案涉门面一直由被上诉人占有使用近一年，被上诉人已实际行使了优先权，上诉人应对此期间的占用租金向出租人承担支付责任，故对上诉人主张按3000元/月计算占用期间租金的诉求，本院予以支持。本案中，上诉人对案涉门面享有所有权，双方签订的门面租赁合同是债权，权利人行使债权不得过分影响相对人的物权行使。同时，合同关系的设立、变更、解除或终止，需要合同双方自愿真实的意思表示，一审判决双方补签合同的判项不符合民事行为自愿原则，本院予以纠正，上诉人主张驳回被上诉人的该反诉请求的诉求成立，本院予以支持。对本判决所确定的优先权利行使至终止时止，双方应秉着平等、自愿、协商的原则确定能否继续签订合同，否则，被上诉人应按2018年双方签订的原合同约定返还承租门面。对上诉人主张被上诉人赔偿其经济损失13000元的诉求，因该经济损失并非被上诉人违反合同而造成，故对该诉求，本院不予支持。被上诉人扶某莲在2019年12月14日合同到期后，对租赁门面享有优先租赁权，但该权利自2019年12月15日起至2020年12月14日止，由被上诉人扶某莲在本判决生效之日起七日内支付一年续租期租金36000元给上诉人蒋某军。

法理解读

本案涉及本司法解释第21条的规定，本司法解释第21条规定是为了解决《民法典》第734条第2款规定的优先承租权的溯及力问题。《民法典》第734条第2款规定的承租人优先承租权规则系新增规则，优先承租权是指某一不动产的租赁合同租赁期限届满时，当出租人仍愿意出租房屋时，承租人享有在同等条件下优先承租的权利。规定优先承租权的目的主要是保护承租人的利益，以满足现实需求，但同时也不至于损害出租人的利益。对于优先承租权，虽然原《合同法》没有明确规定，但在学界已经有较多讨论，有学者认为，优先承租权应定位为一项约定权利而不是法定权利，但为了弥补当事人意思的不足，为法院裁判案件提供法律依据，立法中对优先承租权相关问题应予以规制，即存在优先承租权约定的，出租人若在租赁期间内或租赁期间届满后一定期限内与第三人签订租赁合同，则应当在合同签订后合理期限内通知承租人；承租人接到通知后有权主张优先承租权，出租人拒绝将租赁物出租给承租人的，应承担损害赔偿等民事责任。[①] 也有学者指出，优先承租权应该引入商业租赁中。[②] 在司法实践中，有部分判决肯定了房屋承租人具有优先承租权。本案所述案例便是其中之一。

本案虽然发生于《民法典》实施前，但体现出优先承租权的内容，这其实也是法官运用司法手段，对当时的法律规定进行法律续造的典型案例之一。本案中，原告蒋某军将4号门面出租给被告扶某莲经营，租赁合同每年一签，2019年12月16日，原告蒋某军委托其表弟陈某心与案外人罗某平另行签订了《门面租赁合同》，将包括上述4号门面在内的四个门面全部租给罗某平，租赁价格为每月3300元，租赁期限为3年。2019年12月17日，原告蒋某军通知被告扶某莲返还门面，但被告扶某莲认为，自己应当享有优先承租权，原告在不通知自己的情况下，把房屋租给第三人是侵害了其优先承租权。2019年12月19日，被告扶某莲同意原告蒋某军每月上涨租金300元的要求。但之后，原告蒋某军就与被告扶某莲房屋租赁合同纠纷一案诉至法院，请求解除双方2018年12月15日所签订的房屋租赁合同，并要求被告扶某莲支付相应租金。一审法院认为，双方2018年12月15日签订的最后一份《门面租赁合同》意思表示真实，该合同第12条约定“合同期满，甲方如不对外出租，乙方无条件搬出，甲方继续对

---

① 周珺：《优先承租权的立法定位及其法律规制》，载《湖北社会科学》2012年第7期。
② 谢靖华：《论商业租赁的优先承租权》，载《法律适用》2012年第12期。

外租赁，乙方有优先租赁权”。此后，虽然原、被告所签订的租赁合同期满，原告蒋某军与案外人罗某平另行签订租赁合同，但原告并未提供充分证据证明原告在与罗某平另行签订租赁合同前，被告扶某莲已经以明示或以其行为表明在同等条件下不再继续租赁，反而当被告扶某莲得知租赁价格每月增加300元后，仍同意以同等价格继续租赁，并按惯例于2019年12月20日将全年租金39600元转账支付给原告，积极主张优先租赁权。因此被告扶某莲依约主张优先租赁权并无不当，主动支付租金的行为亦未给原告的收益造成损害，故一审判决双方应补签合同。

一审法院肯定了优先承租权，并赋予优先承租权以接近物权的效力，但如此，也可能会使得出租人的权益遭受损害。在出租人上诉后，二审法院采取了折中方案，认为二者于2018年签订的一年期租赁合同到期后虽未继续签订新的租赁合同，但案涉门面一直由承租人占有使用近一年，承租人已实际行使了优先权。但毕竟，出租人对案涉门面享有所有权，双方签订的门面租赁合同是债权，权利人行使债权不得过分影响相对人的物权行使，同时，合同关系的设立、变更、解除或终止，需要合同双方自愿真实的意思表示，一审判决双方补签合同的判项不符合民事行为自愿原则。对本判决所确定的优先权利行使至终止时止，双方应秉着平等、自愿、协商的原则确定能否继续签订合同，否则，被上诉人应按2018年双方签订的原合同约定返还承租门面。扶某莲在2019年12月14日合同到期后，对租赁门面享有优先租赁权，但该权利自2019年12月15日至2020年12月14日止，而且需要由扶某莲在本判决生效之日起7日内支付一年续租期租金36000元给出租人蒋某军。

在《民法典》施行之后，类似本案，如果承租人起诉主张优先承租权的，人民法院就可以根据《民法典》第734条第2款的规定，通过审查租赁合同是否在《民法典》施行后届满，以及是否符合优先承租的条件等，对承租人优先承租的请求依法作出裁判。

第二十二条　民法典施行前，经人民法院判决不准离婚后，

双方又分居满一年，一方再次提起离婚诉讼的，适用民法典第一千零七十九条第五款的规定。

【条文要义】

本条司法解释的条旨是《民法典》关于诉讼离婚准予离婚条件的规定具有衔接适用的溯及效力。

《民法典》第1079条规定："夫妻一方要求离婚的，可以由有关组织进行调解或者直接向人民法院提起离婚诉讼。人民法院审理离婚案件，应当进行调解；如果感情确已破裂，调解无效的，应当准予离婚。有下列情形之一，调解无效的，应当准予离婚：（一）重婚或者与他人同居；（二）实施家庭暴力或者虐待、遗弃家庭成员；（三）有赌博、吸毒等恶习屡教不改；（四）因感情不和分居满二年；（五）其他导致夫妻感情破裂的情形。一方被宣告失踪，另一方提起离婚诉讼的，应当准予离婚。经人民法院判决不准离婚后，双方又分居满一年，一方再次提起离婚诉讼的，应当准予离婚。"

1. 判决离婚的法定事由

对此，同样要适用《民法典》第1079条规定的离婚法定事由，即基本事由和具体事由。

判决离婚的基本事由是夫妻感情确已破裂，其含义是：夫妻之间感情已不复存在，已经不能期待夫妻双方有和好的可能。

离婚的具体事由如下：

（1）重婚或有配偶者与他人同居。这是指有配偶者与婚外异性不以夫妻名义，持续、稳定地共同居住。

（2）实施家庭暴力或虐待、遗弃家庭成员。这是指行为人以殴打、捆绑、残害、强行限制人身自由以及其他手段，给对方配偶以及家庭成员的身体、精神等方面造成损害后果的行为。虐待，是指经常以打骂、冻饿、禁闭、有病不予治疗、强迫过度劳动、限制人身自由、凌辱人格等方法，对共同生活的家庭成员进行肉体上和精神上的摧残和折磨的行为。遗弃，是指负有扶养义务的家庭成员拒不履行扶养义务的行为。

（3）有赌博、吸毒等恶习，屡教不改。

（4）因感情不和分居满 2 年。分居，是指配偶双方拒绝在一起共同生活，互不履行夫妻义务的行为，在主观上，配偶确有分居的愿望，拒绝在一起共同生活；在客观上，配偶的夫妻共同生活完全废止，分开生活。按照法律规定，这种状态已满 2 年的，构成离婚的法定事由。

（5）其他导致夫妻感情破裂的情形。

另外，还有以下两种可以判决离婚的情形：一是第 1079 条第 4 款规定的一方被宣告失踪，另一方提起离婚诉讼的，应当准予离婚。二是第 1079 条第 5 款规定的经人民法院判决不准离婚后，双方又分居满一年，一方再次提起离婚诉讼的，应当准予离婚。

符合上述法定事由之一的，可以判决离婚。《民法典》第 1079 条第 5 款规定的法律规范，具有溯及既往的效力。

2. 准予离婚条件的新增规定

本条司法解释涉及《民法典》第 1079 条第 5 款的溯及效力问题，即“经人民法院判决不准离婚后，双方又分居满一年，一方再次提起离婚诉讼的，应当准予离婚”的规定。

这是《民法典》首次规定的离婚理由。在《民法典》施行前的司法实践中，通行的规则是经人民法院判决不准离婚后，双方又分居 6 个月，一方再次提起离婚诉讼的，应当准予离婚。这个做法的法律依据是《民事诉讼法》第 124 条第 7 项的规定，即“人民法院对下列起诉，分别情形，予以处理……（七）判决不准离婚和调解和好的离婚案件，判决、调解维持收养关系的案件，没有新情况、新理由，原告在六个月内又起诉的，不予受理”。在《民法典》起草过程中，立法者为配合登记离婚冷静期的规定，也增加诉讼离婚的难度，促使冲动离婚、草率离婚的配偶有更多的时间冷静下来，稳定婚姻关系，使离婚率有所下降，将原来在实践中掌握的

6个月增加到一年，且强调须分居满一年。这一规定也可以称作诉讼离婚的冷静期。

由于《民法典》施行之前和施行之后诉讼离婚的规则有上述不同，因此，本条司法解释规定，在《民法典》施行前判决不准离婚，再次提起离婚诉讼的，适用《民法典》第1079条规定的条件是：（1）在《民法典》施行前，当事人双方的婚姻关系已经经过人民法院判决不准离婚；（2）双方在不准离婚的判决生效后，又分居满一年，其时间条件是一年，而不是原来的6个月，其客观要件是分居，而不是继续同居，即须符合分居条件要求并且持续满一年；（3）原来提出离婚诉讼请求的一方当事人再次向法院提起离婚诉讼，不论是哪一个法院都可以，不必是原来诉讼的法院；（4）再次提出离婚诉讼请求的时间，是在《民法典》施行之后。符合上述4个要件要求的，《民法典》第1079条第5款的规定就具有溯及既往的效力，可直接适用《民法典》该规定作出判决。

【案例解读】

邓某诉克某甲离婚纠纷案①

基本案情

2016年年初，原、被告经人介绍认识，于2016年农历7月16日双方按农村风俗举行了结婚仪式，2017年5月10日补办了婚姻登记手续，于××××年××月××日生育女儿克某乙，现一直跟随原告邓某共同生活。原、被告因家庭琐事发生矛盾，2019年2月原告向法院提起离婚诉讼，法院于2019年3月20日作出（2019）豫1681民初840号民事判决，判决原、被告不准离婚。法院判决后，双方夫妻感情并未得到改善，原告

① 审理法院：一审法院为河南省项城市人民法院，案号：（2019）豫1681民初5425号；二审法院为河南省周口市中级人民法院，案号：（2019）豫16民终5701号。

认为双方夫妻感情已彻底破裂，为此再次诉至法院。另外，河南省2019年度农村居民人均可支配收入为13830.74元。原告婚前嫁妆有：1. 格力牌立式空调一台；2. 全自动洗衣机一台；3. 格力牌冰箱一台；4. 绿源牌电动车一辆；5. 微波热水器一台；6. 格力空调挂机一台；7. 被子16双，其他嫁妆原告自愿放弃。

法院判决

一审法院认为，本案的焦点是原、被告夫妻感情是否破裂。本案原、被告由于双方结婚时间较短，未建立牢固的夫妻感情，原告在婚后三年内已二次向法院提起离婚诉讼，在法院判决不准离婚后，双方夫妻感情并未得到改善，并分居已一年以上，互不履行夫妻义务。根据《最高人民法院关于人民法院审理离婚案件如何认定夫妻感情确已破裂的若干具体意见》① 第七条规定："因感情不和分居满3年，确无和好可能的，或者经人民法院判决不准离婚后又分居满1年，互不履行夫妻义务的。"依据上述规定，应当认定原、被告夫妻感情确已破裂，原告要求与被告离婚的诉请，本院应予准许。关于子女抚养问题，《最高人民法院关于人民法院审理离婚案件处理子女抚养问题的若干具体意见》第一条"两周岁以下的子女，一般随母方生活……"现原、被告婚生女儿克某乙，且跟随原告共同生活，考虑有利于子女的健康成长，改变子女生活环境对子女成长不利的因素。依据上述规定，一、原、被告的婚生女儿由原告邓某抚养为宜。被告依法应当支付子女抚育费，双方的婚生女儿克某乙于××××年××月××日出生，参照河南省2019年度农村居民人均可支配收入13830.74元，被告克某甲应当支付子女抚育费55611元（13830.74元/年÷12×25%×193个月）。原告的婚前财产（嫁妆）属原告的个人财产，依法应归原告所有，被告应予归还，对原告的该项请求，应予支持；被告克某甲经本院合法传唤，无正当理由拒不到庭参加诉讼，视为对自己权利的放弃，应由其承担

① 本司法解释现已废止。

不利的法律后果。综上，准予原告邓某与被告克某甲离婚；二、原、被告婚生女儿克某乙由原告邓某抚养，被告克某甲于本判决书生效后十日内一次性支付原告邓某子女抚育费 55611 元（抚育费支付至子女满 18 周岁止），被告克某甲享有对子女探视权；三、被告克某甲于本判决书生效后十日内返还原告邓某婚前个人财产。

克某甲不服提起上诉，主要理由之一是：2018 年 6 月，被上诉人邓某并未带孩子一直在其娘家居住，原审法院准许离婚的判决距第一次不准离婚判决的时间在 6 个月左右，上诉人与被上诉人之间的夫妻感情未达到确已破裂的程度。上诉人在平日的生活里对婚生女儿十分疼爱，被上诉人对婚生女儿缺少关爱，即便法院判决离婚，婚生女儿也应当由上诉人抚养。

二审法院认为，在二审审理过程中，上诉人克某甲明确表示对原审判决其与被上诉人邓某离婚无异议。另外，上诉人克某甲虽在事实与理由部分提出原审认定的被上诉人邓某的婚前个人嫁妆格力牌立式空调一台等属于其实际购买，但并未提供证据证明自己的主张，且未要求涉案财产归其所有。故根据《最高人民法院关于适用〈中华人民共和国民事诉讼法〉的解释》① 第三百二十三条第一款之规定，二审法院应当围绕当事人的上诉请求进行审理。当事人没有提出请求的，不予审理。关于婚生女儿的抚养权归属问题，本院认为，由于克某乙出生于××××年××月××日，截至一审法庭辩论终结前尚不足两周岁，而根据《中华人民共和国婚姻法》② 第三十六条，《最高人民法院关于人民法院审理离婚案件处理子女抚养问题的若干具体意见》第一条第一款之规定，由于上诉人克某甲在诉讼过程中未提供证据证明被上诉人邓某存在患有久治不愈的传染性疾病或其他严重疾病，婚生女儿克某乙与其共同生活，也未提供证据证明被上诉人邓某有抚养条件而不尽抚养义务，且上诉人克某甲认可自××××年××月至今婚生女儿克某乙随被上诉人邓某共同生活，故从有利于克某乙身心健康

① 本司法解释 2020 年修正。

② 本司法解释现已废止。

成长的角度出发，原审判决克某乙归被上诉人邓某抚养并无不当，应予以维持。基于上诉理由，上诉人克某甲仅以一份村委会出具的证明达不到其证明目的。故上诉人克某甲关于婚生女儿克某乙应由其抚养的上诉请求及理由不能成立，应不予支持。

法理解读

本案涉及本司法解释第22条的规定，本司法解释第22条规定是为了解决《民法典》第1079条第5款规定的离婚事由的溯及力问题。《民法典》第1079条的规定主要是为了明确离婚被驳回后，再次起诉离婚时，法院应当如何进行裁判的问题。在此之前的《婚姻法》和《民事诉讼法》中，处理离婚被驳回后再次起诉离婚的规则是，判决离婚后需要分居满6个月，另一方再次提起离婚诉讼，才能够进入实体审理环节，而且法院应当准予离婚。在《民法典》的立法过程中，司法部门普遍反映，在审判实践中，经法院判决不准离婚后再次起诉离婚的现象比较普遍，建议将法院判决不准离婚后的分居情况作为认定可否离婚的依据之一在法律中作出规定。立法部门经过深入调研，反复论证，吸收了这一建议，在本条第5款规定，经人民法院判决不准离婚后，双方又分居满一年，一方再次提起离婚诉讼的，应当准予离婚。这一规定，可操作性比较强，有利于审判实践工作的展开，可以解决现实生活中久拖不决的离婚案件。[①] 另外，结婚离婚制度有了重要改变，立法者为了配合登记离婚冷静期的规定，抑制冲动离婚、草率离婚，稳定婚姻关系，所以将原来的6个月期限增加到一年。当然，法院在判决离婚时，同样需要适用《民法典》第1079条的规定，审查是否符合法定离婚事由，以作出裁判。

本案中，原、被告双方系经人介绍认识在2016年举行了结婚仪式，2017年5月10日补办婚姻登记手续，此后，不到两年的时间里，原、被告因家庭琐事发生矛盾，2019年2月原告就向法院提起离婚诉讼，法院于

① 黄薇主编：《中华人民共和国民法典婚姻家庭编解读》，中国法制出版社2020年版，第194页。

2019年3月20日作出（2019）豫1681民初840号民事判决，判决原、被告不准离婚。但是在法院判决后，双方夫妻感情并未得到改善，原告认为双方夫妻感情已彻底破裂，为此再次诉至法院。从原、被告的行为可以发现，原、被告之间由于结婚时间较短，未能建立牢固的夫妻感情，在婚后3年之内已经2次向法院提起离婚诉讼，可见感情状况非常不佳。因此，法院结合双方分居已一年以上，互不履行夫妻义务的事实。根据《最高人民法院关于人民法院审理离婚案件如何认定夫妻感情确已破裂的若干具体意见》[①]第7条的规定，判决准许原告与被告离婚。

由于《民法典》施行之前和施行之后诉讼离婚的规则有上述不同，因此，本条司法解释规定，在《民法典》施行前判决不准离婚，《民法典》施行后再次提起离婚诉讼的，适用《民法典》第1079条的规定。换言之，对于人民法院而言，如果在《民法典》施行前，当事人双方的婚姻关系已经经过人民法院判决不准离婚，其后又分居满一年的，如果请求离婚的一方当事人再次向法院提起离婚诉讼，则法院应当准许。

第二十三条　被继承人在民法典施行前立有公证遗嘱，民法典施行后又立有新遗嘱，其死亡后，因该数份遗嘱内容相抵触发生争议的，适用民法典第一千一百四十二条第三款的规定。

【条文要义】

本条司法解释的条旨是《民法典》关于废弃公证遗嘱效力优先规则的规定具有衔接适用的溯及效力。

《民法典》第1142条规定："遗嘱人可以撤回、变更自己所立的遗嘱。立遗嘱后，遗嘱人实施与遗嘱内容相反的民事法律行为的，视为对遗嘱相关内容的撤回。立有数份遗嘱，内容相抵触的，以最后的遗嘱为准。"这

① 本司法解释现已废止。

是对遗嘱撤回、变更和遗嘱效力冲突的规定。其中特别重要的新规则是，明确规定数份遗嘱内容抵触时以最后的遗嘱为准的原则，替代了“公证遗嘱优先”的规则。

所谓的公证遗嘱效力优先规则，是指原《继承法》第 20 条第 3 款的规定。当一个遗嘱人设立数份遗嘱，数份遗嘱的内容相抵触时，通行的规则是，应当视为以后设立的遗嘱取代或者变更了原设立的遗嘱。因此，遗嘱人设立数份遗嘱内容相抵触的，应当以最后设立的遗嘱为准，即“遗嘱设立在后效力优先”规则。原《继承法》第 20 条第 3 款规定了违反这样的规则，规定为：“自书、代书、录音、口头遗嘱，不得撤销、变更公证遗嘱。”这样的要求是，在数份遗嘱内容相互抵触时，确定哪一份遗嘱具有效力，是以遗嘱的形式作为标准的，即在所有的遗嘱方式中，唯有公证遗嘱具有最高的效力，任何与公证遗嘱的内容相冲突的遗嘱，都不具有对抗公证遗嘱的效力。

原《继承法》作出这样的规定现在看来是有待商榷的。一个遗嘱人立有数份遗嘱，内容相抵触，不看设立遗嘱的时间先后，而是以公证遗嘱具有最高效力，而且任何形式的遗嘱都不能变更、撤回公证遗嘱，就容易出现不代表遗嘱人真实意思的公证遗嘱，并且将这种效力绝对化。其后果是，一旦遗嘱人在设立公证遗嘱之后，想变更遗嘱或者撤回遗嘱，都必须通过公证遗嘱的方式才能实现。如果遗嘱人在临终之前想要撤回或者变更以前所立的公证遗嘱，公证机构不能及时作出新的公证遗嘱，遗嘱人的真实意思就无法实现，实现的是不代表自己真实意思的公证遗嘱所表达的内容。这是违反遗嘱自由原则的做法，是违反法律规定的。

这一立法的形成原因，是在 1985 年制定《继承法》时，公证机构刚刚恢复不久，主张得到立法的支持，而公证在遗产继承中确实具有重要的作用。因此，《继承法》就规定了这样的公证遗嘱优先的规则。

当一个遗嘱人设立数份遗嘱，这些遗嘱的内容相互抵触时，究竟哪一份遗嘱最能够代表遗嘱人的真实意思呢？当然是离遗嘱人死亡时间最近的遗嘱是其真实的处分其遗产的意思表示。因此，各国《民法典》对此规定的一般规则，都是“遗嘱时间在后效力优先”规则。

《民法典》纠正了原《继承法》第20条第3款的规定，确立了本条第3款的原则，即“立有数份遗嘱，内容相抵触的，以最后的遗嘱为准”规则，纠正了原《继承法》第20条规定的公证遗嘱优先原则，是正确的立法选择。

由于在《民法典》施行前，《继承法》的上述规定是不完全适应社会现实的，《民法典》第1142条第3款作出了正确的规定，因而，本条司法解释规定，《民法典》第1142条第3款关于“立有数份遗嘱，内容相抵触的，以最后的遗嘱为准”的规定，具有衔接适用的溯及效力。确认这一溯及力的要件是：（1）被继承人在《民法典》施行前立有公证遗嘱；（2）《民法典》施行后又立有新遗嘱，不论该遗嘱的形式为何种遗嘱；（3）遗嘱人已经死亡；（4）因出现了因数份遗嘱的内容相抵触而发生的争议。对此，就直接适用《民法典》第1142条第3款的规定，适用“时间在后效力优先”规则，应当确认最后一份遗嘱发生法律效力。

其实，这一条司法解释还可以再细化明确。即使不是在《民法典》施行之后又立有新遗嘱，就是在《民法典》施行之前，遗嘱人立有数份遗嘱，其中有公证遗嘱的，遗嘱人在《民法典》施行后死亡，因遗嘱效力发生争议，也必须适用《民法典》第1142条第3款的规定，确定最后一份遗嘱有效，而不能认为只有公证遗嘱效力优先。这是保护遗嘱人的遗嘱自由所必须的。

【案例解读】

刘某、刘某云等所有权确认纠纷案①

基本案情

案涉房屋位于广州市越秀区海珠北路××号之×××房。2018年12月25日，刘某靖、刘某云、刘甲民、刘乙民申请继承，根据查册时间为2019年5月20日的《广州市不动产登记查册表》载明，现案涉房屋的权属人为刘某靖、刘乙民、刘甲民及刘某云（四人占有部分分别为1/4），所有权取得方式为继承；登记附注部分还载明：2019年4月23日刘某申请异议登记（已正式收件）；2019年4月23日核准异议登记，异议期限为15日，自2019年4月25日起至2019年5月9日止，异议范围为该房屋全部份额产权。

刘某为证明案涉房屋由其继承所有，向一审法院提交了以下证据：落款时间为2004年7月14日的《遗赠》一份［同日经（2004）粤公证内字第41049号《公证书》公证］，其中载明：我是坐落在广州市海珠区海珠北路××之××房屋的产权人，因我年老，现我对上述房产所占产权份额立如下遗赠：一、在我百年归老后，上述房产属我所有的产权份额由我曾孙女刘某一人所有，与他人无关。二、上述遗赠为我的真实意思表示，他人不得干涉、争议。立遗赠人刘某一。

刘某靖、刘乙民、刘甲民、刘某云称，案涉房屋现由其四人共同使用，并主张刘某持有的《遗赠》已被刘某一的自书遗嘱撤销。为此，刘某靖、刘乙民、刘甲民、刘某云提交了以下证据：见证人杜某、王某的身份证复印件以及落款日期为2010年10月12日的《遗嘱》一份，其中《遗

---

① 审理法院：一审法院为广州市越秀区人民法院，案号：（2019）粤0104民初22787号；二审法院为广东省广州市中级人民法院，案号：（2020）粤01民终19150号。

嘱》中的打印字体载明："……本人刘某一根据自己的意愿，在没有任何外界干扰的情况下特立遗嘱如下：我的妻子于1986年病逝，我们共有子女四人：长子刘乙民；次子刘甲民；长女刘某云；次女刘某靖。我本人至今没有再婚。我在广州市有一住房，位于越秀区海珠北路××之××，此房产权属于本人，无共有人。现因我年龄已大，疾病缠身，我决定将坐落于广州市越秀区海珠北路××号之×××房在本人逝世后该房无条件由我四个子女（刘乙民、刘甲民、刘某云、刘某靖）共同继承，此房权除上述四子女外其他任何人无权继承。立遗嘱人："在该《遗嘱》落款处，载有"刘某一"手写字体以及"见证人杜某""见证人王某"手写字体。此外，刘某靖、刘某云还向法院提交了信件、收据等证据，拟证明案涉房屋由刘某靖、刘乙民、刘甲民、刘某云出资购买，刘某一并非实际权利人只是挂名人，故相应房屋权利人应系刘某靖、刘乙民、刘甲民、刘某云，因此，刘某一遗赠条件不成就。

法院判决

一审法院认为，关于案涉房屋作为刘某一的遗产如何处理的问题。首先，刘某一于2004年7月14日立下《遗赠》，将位于广州市海珠区海珠北路××号之×××房赠与刘某。根据刘某提交的《广州市房地产证》载明，上述房屋的坐落位置为2207图12幅566地号、其权属人、总建筑面积及使用性质等信息均与《广州市不动产登记查册表》载明的广州市越秀区海珠北路××号之×××房的信息完全吻合，并且众所周知广州市海珠区并无海珠北路，故上述《遗赠》存在笔误，刘某一决定赠与刘某的即为案涉房屋。上述《遗赠》经公证部门进行公证，刘某一的遗赠行为系其真实意思表示，且符合法律规定，该公证遗赠合法有效。其次，刘某一先于2004年7月14日立下经公证的《遗赠》，将案涉房屋的产权份额留给刘某继承，而后在2010年10月12日立下代书的《遗嘱》。根据《中华人民共和国继承法》第五条和第二十条的规定，继承开始后，有遗嘱的按照遗嘱继承或遗赠办理；自书、代书、录音、口头遗嘱，不得撤销、变更公证遗嘱。因此，刘某一于2010年10月12日所立的代书《遗嘱》不影响其于2004年7月14日立下的经公证的《遗赠》的效力，也不能撤销、变更其内容。最后，在刘某一死亡后，刘某已于《中华人民共和国继承法》规定的期限内作出了接受遗赠的表示，故案涉房屋的产权应按照《遗赠》内容，由刘某继承所有。因此，刘某请求确认案涉房屋的产权份额全部归其所有，合理合法，一审法院予以支持。

刘某靖、刘乙民、刘甲民、刘某云提起上诉请求，认为根据刘某提供的《遗赠》记载，其遗赠所指房产是“广州市海珠区海珠北路××号之×××房屋”，与刘某靖、刘乙民、刘甲民、刘某云继承不同辖区“广州市越秀区海珠北路××号之×××房屋”不相关。刘某一遗赠所指对象不存在，刘某一所作出的遗赠内容并非其真实意思表示，故其对刘某作出的遗赠为无效。

二审法院同意一审法院裁判意见。

本案中，刘某已提交了遗赠公证书，其中载明刘某一将广州市海珠区海珠北路××号之×××房赠与给刘某。刘某靖、刘甲民、刘乙民、刘某云主张案涉房屋位于“越秀区”，而非“海珠区”，遗赠标的不存在，遗赠公证无效。一审判决根据不动产登记查册表载明的地号、权属人、建筑面积、使用性质等信息，结合广州市海珠区并无海珠北路的事实，认定遗赠公证书中遗赠的房屋即为案涉房屋，事实清楚，理由阐述充分，应予以确认。在刘某靖、刘甲民、刘乙民、刘某云未提供相反证据足以推翻公证文书内容的情况下，一审法院依法对遗赠公证书予以采纳，并无不当。

法理解读

本案涉及本司法解释第23条的规定，本司法解释第23条规定是为了解决《民法典》第1142条第3款规定的公证遗嘱优先效力规则的溯及力问题。原《继承法》第20条也规定了公证遗嘱的效力，彼时的规则是，自书、代书、录音、口头遗嘱，不得撤销、变更公证遗嘱，这意味着公证遗嘱具有绝对优先的效力，仅有在后的公证遗嘱能够变更在先的公证遗嘱。之所以如此规定，是因为特定的历史原因，1985年制定原《继承法》时，公证机构刚刚恢复不久，当时公证在遗产继承中确实具有重要的作用。但时过境迁之际，公证遗嘱绝对优先已经不再合时宜，不少学者撰文主张对此种规则进行修改。① 一方面，当立遗嘱人立有多份遗嘱，且遗嘱的内容互相抵触时，一般是以成立在后的遗嘱作为最具有优先效力的遗嘱，因为这最能体现立遗嘱人的真实意思；另一方面，公证遗嘱也和其他遗嘱一样，只是作为遗嘱的一个形式，对之赋予绝对优先的效力，正当性不足。基于此，《民法典》改变了原《继承法》第20条第3款的规定，确立了“立有数份遗嘱，内容相抵触的，以最后的遗嘱为准”的规则。

本案是适用原《继承法》进行判决的典型案例。本案中，被继承人刘某一在2004年7月14日订立一份《遗赠》，并办理了公证手续，明确对于案涉房产属于其所有的产权份额由刘某一人继承，其他人不能干涉。上述《遗赠》经公证部门进行公证，刘某一的遗赠行为系其真实意思表示，且符合法律规定，该公证遗赠合法有效。而后在2010年10月12日立下代书的《遗嘱》，遗嘱写到，案涉房屋无条件由我4个子女（刘乙民、刘甲民、刘某云、刘某靖）共同继承，此房产权除上述4子女外其他任何人无权继承。在立遗嘱人落款处，载有“刘某一”手写字体以及“见证人杜某”“见证人王某”手写字体。两份遗嘱的内容互相冲突，其中代书遗嘱成立于公证遗嘱后，但两份内容都是立遗嘱人的真实意思表示。法院根据原《继承法》的规定认为，刘某一先于2004年7月14日立下经公证的《遗赠》，将案涉房屋的产权份额留给刘某继承，而后在2010年10月12日立下代书的《遗嘱》，根据法律规定，继承开始后，有遗嘱的按照遗嘱继承或遗赠办理；自书、代书、录音、口头遗嘱，不得撤销、变更公证遗

① 如有学者指出，规定公证遗嘱优先规则过于绝对化，在遗嘱人无法通过公证程序变更、撤销公证遗嘱的特殊情况下，必将限制遗嘱人变更、撤销遗嘱的自由，使遗嘱人难以依照自己的意志处分个人财产。据此，有必要对公证遗嘱的效力领先地位予以弹性调整，即在常态情况下认可公证遗嘱的优先效力，遗嘱人只能通过公证形式变更或撤销之前订立的公证遗嘱；而在法律规定的特殊情况下，暂时视公证遗嘱与其他遗嘱形式效力等同，允许遗嘱人视情况选择口头或自书、代书、录音等形式遗嘱变更、撤销公证遗嘱。郑倩、房绍坤：《公证遗嘱优先效力论争》，载《政法论丛》2016年第2期。

嘱。因此，刘某一于2010年10月12日所立的代书《遗嘱》不影响其于2004年7月14日立下的经公证的《遗赠》的效力，也不能撤销、变更其内容，故案涉房屋的产权应按照《遗赠》内容，由刘某继承所有。

由上述案件可知，彼时的规则就是公证遗嘱效力一律优先，即在所有的遗嘱方式中，无论自书、代书、录音、口头遗嘱，唯有公证遗嘱具有最高的效力，任何与公证遗嘱的内容相冲突的遗嘱，都不具有对抗公证遗嘱的效力。如此带来的问题就是，遗嘱人在临终之前想要撤回或者变更以前所立的公证遗嘱，若公证机构不能及时作出新的公证遗嘱，遗嘱人的真实意思就无法实现，实现的是不代表自己真实意思的公证遗嘱所表达的内容。《民法典》的规定改变了此种规则，根据本条规定，如果立遗嘱人在《民法典》施行后又立有新遗嘱的，因数份遗嘱内容抵触发生争议的，应当以最后的遗嘱为准。换句话说，如果多份遗嘱都发生在《民法典》前，则原则上仍然依照原《继承法》第20条第3款的规定，确认遗嘱的优先效力。

第二十四条　侵权行为发生在民法典施行前，但是损害后果出现在民法典施行后的民事纠纷案件，适用民法典的规定。

【条文要义】

本条司法解释的条旨是《民法典》关于侵权责任的规定对损害结果发生在《民法典》施行后的侵权行为引发的民事纠纷案件具有衔接适用的效力。

1. 本条司法解释主要包含的内容

侵权行为实施后，损害后果在侵权行为实施之后的一段时间后发生，以及侵权行为实施之后，侵权行为的损害后果一直持续存在的，是侵权行为常有的情形。对此，都属于侵权行为的实施与损害后果的发生存在时间间隔的类型。

有一个典型案例，案情是：1962 年出生的于某，于 2005 年将某医院起诉至法院，诉称其一岁时患病到该医院静脉注射，输液针头断裂，留在其腕部血管中。医院为于某实施手术失败，针头没有被取出来，顺血液流入肩部卡住。再次进行手术，针头随血液通过心脏流到肺部，手术再次失败。当时医院承诺，今后对于某终生免费治疗。于某认为，43 年来，针头仍留在他的肺部，给他和他的家属造成巨大精神压力。由于手术造成于某颈部歪斜，给于某生活及工作带来极大不便，为此要求医院支付取针费 10 万元，残疾补助费 10 万元，精神损害赔偿金 20 万元。法院审理认为，由于本案事故发生在 1963 年，《民法通则》于 1987 年 1 月 1 日起施行时，于某的民事权利被侵害已超过 20 年；在《民法通则》实施后向人民法院请求保护，诉讼时效应从 1987 年 1 月 1 日起计算，一年后诉讼时效期间经过。原告提出诉讼主张时，已经超过法律规定的诉讼时效期间，因此驳回了原告的诉讼请求。

其实，这个案件的侵权行为实施后虽然时间很长，但是该行为持续地给被侵权人造成损害结果，因而其诉讼时效期间并未开始计算。本案的被告以诉讼时效期间届满而进行抗辩，是不正确的。这种侵权行为就属于上述第二种情形。

前一种侵权行为的典型形式是，侵权行为侵害孕妇的身体，并未发现其腹内的胎儿受到损害。胎儿在出生后，发现受到人身损害。这就属于侵权行为实施之后，与损害结果发生的时间有间隔的情形。

在上述两种情形，如果侵权行为发生在《民法典》施行之前，而损害结果在《民法典》施行之后发现，或者侵权行为持续地对被侵权人造成损害，就都存在适用《民法典》关于侵权责任规则的可能性。

因此，本条司法解释规定，侵权行为发生在《民法典》施行前，而损害后果出现在《民法典》施行后，也包括侵权行为发生在《民法典》施行前，但是侵权行为对被侵权人的损害持续到《民法典》施行后的，《民法典》有关侵权责任的规定就具有溯及既往的衔接适用效力，应当适用

《民法典》有关侵权责任的规定。

2. 对本条司法解释所包含的内容的探讨

值得研究的是，本司法解释草案中曾经有一个条文，即草案第 28 条关于持续侵权行为衔接适用的规定，表述为“民法典施行前的侵权行为持续至民法典施行后，该侵权行为引起的民事纠纷案件，适用《民法典》的相关规定”。这一条文的条旨是《民法典》关于持续性侵权行为规定的规则具有衔接适用的溯及效力。在正式文本中，删除了这一条文，究竟是内容错误，还是其他原因，值得探讨。

持续性侵权行为，是行为人实施的行为对同一权利客体持续地、不间断地进行侵害的行为。例如，甲擅自将乙的房屋进行出租获利，只要擅自出租的行为持续存在，就将不断地侵害乙对该房产的财产权利，就是持续性侵权行为。

严格地说，本条司法解释所说的行为人实施的行为已经结束，但是其行为造成的损害后果却不间断地对权利人的权利造成损害的，不属于持续性侵权行为，而属于损害后果持续的侵权行为。例如，环境污染侵权事件，污染行为虽然结束，但是污染的后果在一定时期内持续损害受害人的物质性人格权。因此，《民法典》关于侵权责任就规定这种侵权行为具有溯及既往的效力。

说起来，持续性侵权行为不仅行为人的行为持续不断，而且给权利人造成的侵害也是不断延续的，权利受侵害的状态并没有固定下来，权利人所受的损害会随着侵权行为的持续而不断增加。因此，持续性侵权行为的特点是持续时间长且损害后果严重。由于持续性侵权行为具有持续不断的特点，因而会出现持续性侵权行为跨越《民法典》施行之前和之后的情形。当一个侵权行为在《民法典》施行之前发生，而侵权行为一直持续至《民法典》施行之后的，就具备了对该侵权行为适用《民法典》关于侵权责任规定的条件，《民法典》关于侵权行为的规定就具有溯及既往的效力，所以，对因该侵权行为引起的民事纠纷案件，直接适用《民法典》的相关规定，确定侵权人的侵权责任，保护被侵权人的合法权益。

因此，可以说，持续性侵权行为与损害后果迟延发生的侵权行为具有相当的相似性，可以适用同一个条文确定《民法典》的溯及力问题。因此，不论是侵权行为发生在民法典施行前，损害后果出现在《民法典》施行后，还是侵权行为发生在《民法典》施行前，侵权行为持续造成被侵权人的损害持续到《民法典》施行后的，都适用《民法典》关于侵权责任的规定。

【案例解读】

刘某生诉育黎中学、乳山市育黎镇人民政府生命权、健康权、身体权纠纷案①

基本案情

刘某生1999年就读于黎镇中学八年级一班。1999年5月20日和5月25日，因为刘某生顶撞老师及未完成作业，被化学和生物老师体罚。5月26日，学校老师发现刘某生有点异常，于5月31日将刘某生送往乳山市康宁医院治疗，6月16日刘某生被送往烟台心理康复医院住院治疗至2000年2月4日。刘某生的病情经诊断为：偏执型精神分裂症。2001年3月15日，因乳山市第四中学诉刘某借贷纠纷，一审法院委托烟台市心理康复医院对刘某生的病情进行了司法鉴定。鉴定写明：被鉴定人既往健康、聪明，行为无××家族史，于1999年5月下旬被责罚后出现精神异常，表现为上课反常、害怕、乱疑心称外面有人让他进来（实无）等。曾在当地康宁医院治疗未见好转，入烟心理台康复医院治疗至今。住院时发现紊乱性兴奋等精神症，符合精神分裂症的临床征象。结论是：1. 精神分裂症康复期。2. 该病系1999年5月下旬被责罚所诱发。此后，刘某生多次到烟台

① 审理法院：一审法院为山东省乳山市人民法院，案号：（2019）鲁1083民初2411号；二审法院为山东省威海市中级人民法院，案号：（2020）鲁10民终2263号。

心理康复医院住院治疗，除育黎镇人民政府支付的医疗费外，刘某生自己支付医疗费 115651. 6 元，交通费 30523. 8 元、其他通信费、住宿费等 7068. 9 元。自 2009 年 10 月至 2019 年 4 月，育黎镇人民政府以困难补助、救济款及支付医疗费共计支付给刘某生 92904. 3 元，并支付给刘某生低保金 58203 元及残疾人护理生活补贴 17280 元。

现刘某生向法院起诉请求，判令育黎中学、育黎镇人民政府支付刘某生医疗费、误工费、护理费、残疾生活赔偿金、精神损害抚慰金等共计 300 万元。

法院判决

一审法院认为，刘某生在校期间因为老师的体罚行为诱发精神分裂症，有当时的证人证言及烟台心理康复医院作出的鉴定书在案佐证，可以认定刘某生所受的伤害系老师的体罚行为所诱发。因此，育黎中学应当对刘某生的损失承担赔偿责任，刘某生的医疗费、交通费及为治疗所花费的其他费用育黎中学应当予以赔偿。因刘某生未申请伤残鉴定，其伤残等级无法确定，故对刘某生其他诉讼请求不予支持。育黎镇人民政府与刘某生的损害没有因果关系，故对刘某生要求育黎镇人民政府承担责任的诉讼请求不予支持。关于育黎镇人民政府垫付的医疗费，可以向育黎中学另行主张。对于其支付给刘某生的困难补助及救济款、低保金，生活护理补贴，不属于支付给刘某生的垫付款，因此，要求从刘某生的赔偿款中扣除该部分的请求不予支持。故判决乳山市育黎中学赔偿刘某生医疗费 115651. 6 元、交通费 30523. 8 元、通信费及住宿费 7068. 9 元，共计 153244. 3 元。

刘某生和育黎中学均不服提起上诉。其中育黎中学上诉理由之一是认为，根据《最高人民法院关于适用〈中华人民共和国侵权责任法〉若干问题的通知》第一条的规定，《侵权责任法》施行之前发生的侵权行为引起的民事纠纷案件，适用当时的法律规定，故本案应当适用《民法通则》，而非《侵权责任法》的规定。

二审法院认为，育黎中学于一审中未主张刘某生的诉讼请求超过诉讼时效期间，其于二审中提出该项主张，本院不予支持。关于刘某生的病情是否因受到老师责罚所致，根据一审法院于另案中的调查情况，有多名学生均证实老师对刘某生实施了体罚行为，经烟台心理康复医院的鉴定，该责罚行为诱发了刘某生的发病，育黎中学现主张刘某生之父刘某曾对刘某生进行体罚，仅有证人王某真的证言不足以证实，育黎中学另主张刘某生有家族遗传病史，亦未提供证据证实，刘某生对此亦不予认可，现未有证据证实刘某生的发病与其他事由存在关联，故育黎中学主张不应由其承担全部赔偿责任，缺乏事实及法律依据，本院不予支持。育黎中学系独立民事责任主体，其教学经费及职工工资的来源与其是否独立对外承担民事责任，没有法律上的关联，一审判决认定育黎中学承担责任，并无不当。关于一审判决适用法律是否有误的问题，《最高人民法院关于适用〈中华人民共和国侵权责任法〉若干问题的通知》第二条规定，侵权行为发生在侵权责任法施行前，但损害后果出现在《侵权责任法》施行后的民事纠纷案件，适用《侵权责任法》的规定。本案侵权行为虽发生于1999年，但损害后果持续至今，一审适用《侵权责任法》的规定并无不当。即使应当适用《中华人民共和国民法通则》，对育黎中学应承担的赔偿责任亦无影响。关于刘某生主张的误工费、护理费、残疾赔偿金、精神损害抚慰金、后续治疗费等诉讼请求，因其于一审中未申请对其残疾等级、护理依赖程度、后续治疗费等事项进行鉴定，认定该部分损失没有明确依据，而刘某生现仍在持续治疗中，上述损失可另行主张。育黎中学于二审中提出其为刘某生支付的费用可于另案中一并解决。综上所述，刘某生、育黎中学的上诉请求不能成立，应予驳回。故判决驳回上诉，维持原判。

法理解读

本案涉及本司法解释第24条的规定，本司法解释第24条规定是为了解决发生于《民法典》前，损害后果发生于《民法典》后的侵权行为的法律适用问题。侵权行为的实施与损害后果的发生之间并不必然在同一时间，实践中还存在行为人虽然实施了侵权行为，但是损害后果并不立马显现，以及侵权行为始终持续，但损害后果在侵权行为实施后的一段时间内才被发现的情形。对于损害后果没有立即发生的此类情形，又恰好遇到新旧法交替时，就需要解决新旧法之间的法律适用问题。在本解释作出此条规定之前，《最高人民法院关于适用〈中华人民共和国侵权责任法〉若干问题的通知》第2条同样规定，侵权行为发生在《侵权责任法》施行前，但损害后果出现在《侵权责任法》施行后的民事纠纷案件，适用《侵权责任法》的规定，亦即应适用新法。本条规定和该通知的精神相一致，也规定侵权行为发生在《民法典》施行前，损害后果出现在《民法典》施行后的情况下，《民法典》有关侵权责任的规定具有溯及既往的效力。

此类案件多集中于人格权侵权、知识产权侵权等类型案件中，因为在诸如身体权侵权、名誉权侵权、商标权侵权等案件中，侵权行为多具有持续性的特点，但损害结果可能在侵权行为实施后一段时间才会发生。本案便是侵害身体权的典型案例之一。本案中，刘某生主张在校期间因为老师的体罚行为诱发精神分裂症，但学校方面予以否认。对于此类案件，由于损害后果与侵权行为之间有一段时间的间隔，因此，因果关系往往具有证明上的难度。如一审法院所记载，关于刘某生的病情是否因受到老师责罚所致的问题，根据法院于另案中的调查情况，有多名学生均证实老师对刘某生实施了体罚行为，经烟台市心理康复医院的鉴定，该责罚行为诱发了刘某生的发病，育黎中学主张刘某生之父刘某曾对刘某生进行体罚，仅有证人王某真的证言不足以证实，育黎中学另主张刘某生有家族遗传病史，但未提供证据证实，刘某生对此亦不予认可。因此，法院根据证据优势规则认定，刘某生所受的伤害系老师的体罚行为所诱发，育黎中学应当对刘某生的损失承担赔偿责任。一审判决后，育黎中学以一审判决错误适用《侵权责任法》为由提起上诉，二审法院认为，《最高人民法院关于适用〈中华人民共和国侵权责任法〉若干问题的通知》第2条规定，侵权行为发生在侵权责任法施行前，但损害后果出现在《侵权责任法》施行后的民事纠纷案件，适用《侵权责任法》的规定。虽然本案侵权行为发生于1999年，但损害后果持续至今，因此本案应适用《侵权责任法》的规定作出裁判。

在《民法典》施行后，根据本条司法解释的规定，类似本案一般侵权行为具有持续性，侵权行为发生在《民法典》施行前，损害后果出现在《民法典》施行后的，或者侵权行为不会立即造成损害，损害后果在《民法典》后才发生或者被发现的，人民法院就应当适用《民法典》有关侵权责任的规定，依法予以裁判。

第二十五条　民法典施行前成立的合同，当时的法律、司法解释没有规定且当事人没有约定解除权行使期限，对方当事人也未催告的，解除权人在民法典施行前知道或者应当知道解除事由，自民法典施行之日起一年内不行使的，人民法院应当依法认定该解除权消灭；解除权人在民法典施行后知道或者应当知道解除事由的，适用民法典第五百六十四条第二款关于解除权行使期限的规定。

【条文要义】

本条司法解释的条旨是《民法典》关于合同解除权除斥期间的规定具有衔接适用的溯及效力。

1.《民法典》第564条规定的基本规则

《民法典》第564条规定："法律规定或者当事人约定解除权行使期限，期限届满当事人不行使的，该权利消灭。法律没有规定或者当事人没有约定解除权行使期限，自解除权人知道或者应当知道解除事由之日起一年内不行使，或者经对方催告后在合理期限内不行使的，该权利消灭。"这是对合同解除权除斥期间的规定，与原《合同法》第95条之规定相比，对没有约定解除权除斥期间的，在适用催告确定合理期间的基础上，增加了适用除斥期间的新规定。

对约定解除权或者法定解除权，法律规定或者当事人约定了解除权行使期限的，适用法定或者约定的解除权解除期限。期限届满后当事人不行使的，该解除权消灭。

对约定解除权或者法定解除权，法律没有规定或者当事人没有约定解除权行使期限的，用两种方法确定其行使期限：（1）以除斥期间确定，即除斥期间为一年，自解除权人知道或者应当知道解除事由之日起一年内不行使，解除权消灭。（2）通过催告确定，即经对方催告后，在合理期限内解除权人不行使解除权的，该解除权消灭。无论是约定的解除权行使期限，还是法定的解除权行使期限，都是不变期间，不适用中止、中断和延长的规定。

《民法典》规定的这一规则其内容是：

（1）法律没有规定或者当事人没有约定解除权行使期限，增加规定适用除斥期间的规定。自解除权人知道或者应当知道解除事由之日起一年内不行使，该权利消灭。这是因为解除权是形成权，按照《民法典》第 199 条之规定，应当适用除斥期间的规定。在原《合同法》第 95 条的基础上，增加了除斥期间适用的规定。

（2）法律没有规定或者当事人没有约定解除权行使期限的，是适用除斥期间的规定，还是适用经过催告确定合理期限的规定，属于选择性规定，选择权在于解除权人，解除权人选择哪个期间，就适用哪个期间。不过，在实践中通常不是解除权人选择，而是在解除权人行使解除权后，确定其行使解除权究竟是否在解除权行使期限之内，只要解除权是在本条规定的法定期限、约定期限、除斥期间和合理期限 4 种情形之内，就是在一个合法的期限范围内行使的，就是有效地行使解除权的行为，因而解除合同。当然，还应当符合该种解除权行使期限要求的条件。

2.《民法典》第 564 条规定的衔接适用溯及效力

应当确定的是，《民法典》第 564 条规定的除斥期间，是对合同解除权的新规则，有利于保护当事人的合法权益，稳定交易秩序，对于行使解除权规定了除斥期间，这一规定具有溯及既往的效力。在具体适用上，分为以下两种情形：

（1）除斥期间自《民法典》施行之日起一年期限。具体适用的条件是：①合同订立在《民法典》施行前；②当时的法律、司法解释没有规定且当事人没有约定解除权行使期限；③对方也未催告；④解除权人在《民法典》施行前知道或者应当知道解除事由的。符合这4个条件的要求，确定的解除权的除斥期间自民法典施行之日开始计算。因为即使按照《民法典》的这一规定，其除斥期间也是一年，因此，如果解除权人自《民法典》施行之日起一年内不行使，超过一年的除斥期间的，人民法院应当依法认定该解除权消灭，不得再主张解除合同，该合同应当继续履行。

（2）直接适用《民法典》第564条关于解除权除斥期间的规定。具体的要件是：①合同在《民法典》施行前成立；②当时的法律、司法解释对合同解除权除斥期间没有规定，并且当事人也没有约定解除权行使期限；③当事人也未催告；④解除权人在《民法典》施行后知道或者应当知道解除权事由，主张行使合同解除权，或者因行使合同解除权发生争议。符合上述4个要件的要求，可以直接适用《民法典》第564条第2款的规定。

【案例解读】

珠钢公司诉亚钢公司买卖合同纠纷案[①]

基本案情

珠钢公司原系港澳台与境内合资企业，成立于2003年2月。亚钢公司系在中国香港特别行政区注册登记的公司，成立于1999年。自珠钢公司成立时起，亚钢公司即为珠钢公司股东，持有珠钢公司45%的股份。

2011年3月2日，亚钢公司作为卖方与珠钢公司作为买方签订《设备销售合同》（编号：AC11－001）一份，约定卖方向买方销售三台科尼集

① 审理法院：一审法院为湖北省武汉市中级人民法院，案号：（2018）鄂01民初4383号；二审法院为湖北省高级人民法院，案号：（2020）鄂民终542号。

装箱岸边门式起重机 Postpanamax，两台 KalmarDCD250－12LB 集装箱叉车，两台 KalmarDRF450－60SSK 集装箱正面吊，合同总价款为 1200 万美元。合同第 4 条付款方式约定：（1）买方须于签订合同后 7 天内以电汇支付合同总价 30% 的预付款即 360 万美元至卖方账户；（2）买方须在卖方提交已完成设备的船务文件给买方当日以电汇支付该设备合同价 30% 至卖方账户；（3）买方须在设备安装及签订验收单据后 3 天内以电汇支付该设备合同价 40% 至卖方账户。合同第 5 条交货期约定：（1）科尼集装箱岸边门式起重机 Postpanamax，从收到预付款之日起二年内运抵珠钢码头；（2）KalmarDCD250－12LB 集装箱叉车，从收到预付款之日起一年内运抵珠钢码头；（3）KalmarDRF450－60SSK 集装箱正面吊，从收到预付款之日起一年内运抵珠钢码头。合同第 9 条违约责任第 1 款约定：卖方如非因不可抗力原因未能按期交货，每延期一周，按违约的设备总价款的 1% 赔付给买方，不足一周按一周计算，最高赔付可达设备总价的 10%。如逾期达半年以上，买方有权解除合同，并要求卖方赔偿一切经济损失。合同最后还约定，本合同的订立、生效、解释、变更和争议的解决以中国法律为依据。合同签订当天，珠钢公司向亚钢公司电汇 360 万美元。亚钢公司于次日出具《收条》，载明收到珠钢公司汇款 360 万美元，该款系合同号 AC11－001 项下的机器预付款。合同第 5 条约定的交货期届满后，亚钢公司未向珠钢公司交付约定设备，珠钢公司也未向亚钢公司发送催促函或解除合同通知，直至本案诉讼。

亚钢公司于 2017 年 10 月 23 日进入清盘程序，清盘方式为债权人自动清盘。截至本案一审诉讼时，该公司尚未完成清盘程序。因涉及另案诉讼，湖北省武汉市东西湖区人民法院于 2018 年 8 月 23 日起至 24 日止对亚钢公司持有的珠钢公司 45% 股权进行司法拍卖，并于 8 月 24 日成交。2019 年 2 月 1 日，亚钢公司所持珠钢公司股权变更登记至案外人名下。

珠钢公司向法院起诉请求，判令解除珠钢公司与亚钢公司签订的《设备销售合同》，亚钢公司向珠钢公司返还设备款人民币 23664960 元，并支付赔偿金人民币 7888320 元。

法院判决

一审法院认为，本案争议焦点为：珠钢公司的起诉是否超过诉讼时效，其诉请解除合同及返还设备款请求应否获得支持。

《中华人民共和国合同法》第一百二十九条规定，因国际货物买卖合同和技术进出口合同争议提起诉讼或者申请仲裁的期限为4年，自当事人知道或者应当知道其权利受到侵害之日起计算。因其他合同争议提起诉讼或者申请仲裁的期限，依照有关法律的规定。从上述规定可见，合同法对有关国际货物买卖合同纠纷规定较普通合同纠纷更长的诉讼时效期间。但从本案事实看，珠钢公司的起诉仍超过4年的诉讼时效。根据双方合同第5条有关交货期的约定，双方约定的最迟交货期限应为2013年3月3日。在亚钢公司未按约交货的情况下，珠钢公司作为买受人在该日即应知道其权利受到侵害，因此其最迟应在2017年3月3日之前向人民法院提起诉讼以主张权利。而其直至2018年9月才向一审法院提起诉讼，显然已超过法律规定的诉讼时效期间。《中华人民共和国民法总则》第一百九十二条第一款规定，诉讼时效期间届满的，义务人可以提出不履行义务的抗辩。亚钢公司主张不予退还设备款和赔偿损失具有法律依据，应予支持。

本案中，珠钢公司认为其诉讼请求第一项为判令解除案涉《设备销售合同》，而解除合同系行使形成权，不应适用诉讼时效的规定，因此其可以基于解除合同而要求返还已付设备款并主张损失赔偿。对此，一审法院认为，解除权在性质上虽属于形成权，不能适用诉讼时效的规定，但当事人在诉请解除合同时仍应遵守法律有关解除权行使期限的规定，解除权仍应在合理期限内行使。《中华人民共和国合同法》第九十五条规定，法律规定或者当事人约定解除权行使期限，期限届满当事人不行使的，该权利消灭。法律没有规定或者当事人没有约定解除权行使期限，经对方催告后在合理期限内不行使的，该权利消灭。本案中，合同并没有约定解除权的行使期限，也未有证据表明亚钢公司催告过珠钢公司行使解除权，因此本案并不能直接适用《中华人民共和国合同法》第九十五条的规定。对此种当事方未约定解除权行使期限、相对方也未曾催告行使解除权的情形，该院认为并不能在不考虑守约方行使解除权的时间节点情况下，一概认定其仍享有解除合同之权利。此时，守约方仍应在合理期限内行使解除权，超过合理期限未行使的，其权利应归于消灭。首先，从《中华人民共和国民法总则》第一百九十九条和《中华人民共和国合同法》第九十五条的规定分析，我国法律对解除权的行使规定了除斥期间。法律之所以规定解除权的行使期限，其目的在于督促当事人积极行使权利，维护社会交易秩序的稳定。倘若将双方未约定解除权行使期限且相对方也未催告行使解除权的情形一概认定为守约方不论行使解除权的时间点均享有解除权，将导致双方合同关系始终被置于不稳定状态之中，也使法律对除斥期间的规定失去意义。其次，如果此种情形被认定为守约方不论经过多长期间均可以行使解除权，将造成除斥期间与诉讼时效制度的冲突。除斥期间与诉讼时效在性质上虽有一定区别，但其目的均在于督促当事人在合理期限内行使权利，避免因迟延行使权利而造成社会交易秩序不稳定。在守约方行使解除权明显迟延的情况下，倘若认定其仍可以行使解除权，并可以基于解除合同要求对方返还财产或赔偿损失，将导致法律对诉讼时效的规定失去意义，进而造成法律体系内部的冲突。具体到本案，珠钢公司在合同约定的交货期届满后逾 5 年之久均未主张权利，而直至亚钢公司持有的珠钢公司 45% 股权被司法拍卖后方才提起诉讼，可见其一直怠于行使合同解除权，其在本案诉讼中主张行使解除权显然已超过合理期限，对其解除合同的请求，该院自然不予支持。至于亚钢公司有关案涉合同系虚假交易的主张，该院不再予以评判。

综上所述，珠钢公司提起本案诉讼已经超过法律规定的诉讼时效期间，对其诉讼请求不应予以支持

珠钢公司不服提起上诉，理由之一是认为，关于解除权的行使期限以及解除权的消灭，《中华人民共和国合同法》第九十五条已有明确规定，本案事实也符合该条的规定，一审法院错误地认为本案不能直接适用该条的规定，系适用法律错误。本案中，一审法院认定双方合同中没有约定解

除权的行使期限、被上诉人也未催告上诉人行使解除权这两个事实，因此上诉人行使解除权的期限尚未经过，其解除案涉《设备销售合同》的权利并未消灭。

二审法院认为，关于珠钢公司主张解除案涉《设备销售合同》的诉请应否得到支持。该争议点涉及解除权的行使期限问题，双方各执一词，实践中争议颇大，各地判解不一。《中华人民共和国合同法》第九十五条规定："法律规定或者当事人约定解除权行使期限，期限届满当事人不行使的，该权利消灭。法律没有规定或者当事人没有约定解除权行使期限，经对方催告后在合理期限内不行使的，该权利消灭。"本案中，合同并没有约定解除权的行使期限，也没有证据表明亚钢公司对珠钢公司行使解除权进行过催告，因此本案不能直接适用该条规定。本院认为，即便在该情形下，守约方也应当在合理期限内行使解除权。原审法院对此已经予以详细评述，本院补充以下意见：

其一，合同解除权应当在合理期限内行使。否则，将会使法律关系长期处于不确定状态，从而影响交易安全和稳定，造成交易秩序紊乱，而秩序是法追求的价值目标之一。一方面，解除权长期不行使表明权利人怠于行使权利、漠视自身权利，可视为对自身权利的放弃；另一方面，解除权长期不行使将会损害合同相对人基于权利人长期默示不作为而可能引发的合理的信赖利益。

其二，合同解除权行使的合理期限不宜过长。合理期限意味着在符合解除条件的情况下，解除权人应当在较短的时间内及时行使解除权。根据权利义务一致原则，守约方既享受一定的权利，也要履行及时行使权利的义务；根据诚实信用原则和禁止权利滥用原则，解除权人享有解除权并不意味着可以无限期地享有解除权，解除权人不可滥用权利损害相对方的利益；根据利益衡平原则和公平原则，合同解除权行使的合理期限既要考虑守约方的合法权益，也要顾及违约方基于法律应得到的权益，即要平衡债权人权利、权益与债务人的正当利益，以及交易确定和稳定的需求等多方面利益。只有如此，方能增进法益和全社会福利，方能符合基于成本收益分析的法经济原理。

其三，合同解除权行使的合理期限不宜超过诉讼时效。主流观点认为，合同解除权行使期限在性质上属于除斥期间，而非诉讼时效。对于合同解除权的行使，应适用除斥期间的规定。如果在请求权诉讼时效已经届满的情形下解除权人还可以行使合同解除权，对方当事人此时则可以基于诉讼时效经过或者届满提出抗辩，从而使解除权的行使失去意义。况且，合同解除权行使后附随的返还请求权往往出现在同一诉讼中，合同解除与返还财产等存在前后关联关系，若行使合同解除权不受任何期间的限制，会导致当事人以解除权的行使作为规避诉讼时效的事由，也会使得请求权的诉讼时效规定落空，不符合诉讼时效的立法目的。因此，合同解除权行使的合理期限应该比诉讼时效更短，方能逻辑自洽。

其四，上述结论和意见符合《中华人民共和国民法典》的相关规定。即将实施的《中华人民共和国民法典》第五百六十四条第二款规定："法律没有规定或者当事人没有约定解除权行使期限，自解除权人知道或者应当知道解除事由之日起一年内不行使，或者经对方催告后在合理期限内不行使的，该权利消灭。"该规定已经将解除权未经催告的合理行使期限确定为一年，尽管尚未实施，但其相关立法精神和法理可以作为本案判决参考。故判决驳回上诉，维持原判。

法理解读

本案涉及本司法解释第25条的规定，本司法解释第25条的规定是为了解决《民法典》第564条第2款规定的合同解除的除斥期间规则的溯及力问题。原《合同法》第95条第1款规定法定或者约定解除权行使期限届满但当事人不行使的，该权利消灭，这明确了合同解除期间是除斥期间，超过期间会产生失权效力。原《合同法》第95条第2款规定在法律没有规定或者当事人没有约定解除权行使期限的情况下，经对方催告后在合理期限内不行使的，该权利消灭。但是，对该款规定的催告后的"合理期限"应如何理解，司法实践中存在一定分歧，由于缺乏统一的裁判标准，法官基本是通过内心确信来行使自由裁量权，由此导致了同案不同判的存在。[①] 而且，原《合同法》第95条的规定还存在疑问，即在法律没有规定或者当事人没有约定解除权行使期限，且对方没有催告的情况下，解除权是否会因经过一定期间而消灭，还是说必须要有催告才会开始计算除斥期间。《民法典》第564条第2款和原《合同法》第95条相比，填补了部分法律漏洞，即对于法律没有规定或者当事人没有约定解除权行使期限的，明确除斥期间应该为一年，起算点是解除权人知道或者应当知道解除事由之日。同时，如果《民法典》施行前解除权人知道或者应当知道解除事由的，起算点是《民法典》施行之日即2021年1月1日，从此时起算一年内不行使的，人民法院应当依法认定该解除权消灭。除此之外，如果通过相对人催告，则在经对方催告后的合理期限内解除权人不行使解除权的，该解除权消灭，此规则延续了原《合同法》第95条的规定，“合理期间”如何确定，仍有待于在司法裁判中根据个案情况予以明确。

本案便是司法实践中较为典型的关涉解除权消灭的争议，两审法院均集中回应了在法律没有规定、当事人也没有约定解除权行使期限，且没有证据能够证明对方进行催告的情况下，解除权是否会消灭的问题。本案的案情事实比较简单，2011年3月2日，亚钢公司作为卖方与珠钢公司作为买方签订《设备销售合同》，根据案涉合同第5条关于交货期的约定，双方最迟交货期限应为2013年3月3日。在亚钢公司未按约交货的情况下，珠钢公司作为买受人知道或者应当知道其权利受到侵害，根据诉讼时效的规定，最迟也应在2017年3月3日之前向人民法院提起诉讼以主张权利。但直至2018年9月，珠钢公司才向一审法院提起诉讼，一审法院据此认

---

① 有学者和从事实务的法官分析了36份裁判文书，发现我国司法实践中就合同解除权行使期限的认定存在有待进一步统一合理期限裁判尺度、完善漏洞补充方法运用、明确司法认定因素等问题。针对上述问题，研究者指出，一方面，考量合同解除权的性质与制度价值、合同解除权行使期限的性质和目的以及合同解除权行使期限与诉讼时效的关系，合同解除权行使期限这一除斥期间不宜过长，且不超过诉讼时效；另一方面，结合合同解除权行使合理期限三种漏洞补充方法，法院可依据合同标的和合同类型、合同履行情况、交易习惯等，并结合诚实信用原则对合同解除权行使的合理期限予以综合认定。详细论述。高丰美、丁广宇：《合同解除权行使“合理期限”之司法认定——基于36份裁判文书的分析》，载《法律适用》2019年第22期。

为，珠钢公司的起诉显然已超过法律规定的诉讼时效期间，其诉讼请求不应得到支持。亚钢公司不服一审判决提起上诉，主要理由是，《合同法》第 95 条明确规定了解除权的行使期限以及解除权的消灭，双方合同中并没有约定解除权的行使期限，珠钢公司也未催告上诉人行使解除权，因此珠钢公司行使解除权的期限尚未经过，其解除案涉《设备销售合同》的权利并未消灭。针对此问题，二审法院认为，虽然案涉合同并没有约定解除权的行使期限，也没有证据表明亚钢公司对珠钢公司行使解除权进行过催告，但即便在该情形下，守约方也应当在合理期限内行使解除权。二审法院在论述中明确，首先，本案不符合《合同法》第 95 条的规定，因为不存在催告的事实。其次，我国现行法对解除权的行使规定的是除斥期间，目的在于督促当事人积极地行使权利。如果在双方未约定解除权行使期限且相对方也未催告的情形下，无限延长守约方行使解除权的期限，将导致双方合同关系始终被置于不稳定状态之中，守约方随时可以解除合同，也会使得相对人随时可能遭受不测之害，这将无助于维护社会交易秩序的稳定。最后，如果认为守约方可以不受期限约束随时解除合同，将造成除斥期间与诉讼时效制度的冲突。换言之，如果在诉讼时效经过后当事人仍可以行使解除权，将使得诉讼时效制度的规范意义无法实现，进而造成法律体系内部的冲突。在明确了上述理由后，二审法院进一步认为，珠钢公司多年以来始终未主张合同的解除权利，应当认定其怠于行使相应权利，故珠钢公司在本案诉讼中才主张行使解除权已经超过了合理期限，不应得到支持。

本案虽然发生于《民法典》施行前，但法院的论述从规范、法理等角度明晰了对合同解除权进行期限限制的理由，这与《民法典》第 564 条第 2 款规定一年除斥期间的精神一脉相承。在《民法典》施行后，当事人主张行使合同解除权，就可以直接适用《民法典》第 564 条第 2 款的规定，来确定解除权的除斥期间。

第二十六条　当事人以民法典施行前受胁迫结婚为由请求人

民法院撤销婚姻的，撤销权的行使期限适用民法典第一千零五十二条第二款的规定。

【条文要义】

本条司法解释的条旨是《民法典》关于受胁迫婚姻撤销权除斥期间的规定具有衔接适用的溯及效力。

1.《民法典》对受胁迫婚姻撤销权除斥期间的新增规定

《民法典》关于撤销受胁迫婚姻除斥期间的规定，是第1052条，即："因胁迫结婚的，受胁迫的一方可以向人民法院请求撤销婚姻。请求撤销婚姻的，应当自胁迫行为终止之日起一年内提出。被非法限制人身自由的当事人请求撤销婚姻的，应当自恢复人身自由之日起一年内提出。"与原《婚姻法》第11条规定相比，有关胁迫婚姻的规定，删除了向婚姻登记机关请求撤销的内容，将撤销权的除斥期间修改为自胁迫行为终止之日起1年内提出。

可撤销婚姻是已经成立的因胁迫行为发生的婚姻关系，因欠缺婚姻合意，受胁迫的一方当事人可以向人民法院申请撤销的违法两性结合。可撤销婚姻是婚姻的基础合意没有达成，其法理基础在于尊重当事人的意思基础，确定为相对无效的属性，赋予受胁迫一方当事人撤销婚姻关系或者维持婚姻关系的权利，让其根据自己的意愿自由选择。

婚姻胁迫行为，是指行为人以给另一方当事人或者其近亲属以生命、健康、身体、名誉、财产等方面造成损害为要挟，迫使另一方当事人违背自己的真实意愿而结婚的行为。构成婚姻胁迫须具备以下要件：（1）行为人为婚姻当事人或者第三人。至于受胁迫者，既可以是婚姻关系当事人，也可以是婚姻关系当事人的近亲属。（2）行为人须有胁迫的故意，是通过自己的威胁而使一方当事人产生恐惧心理，并基于这种心理恐惧而被迫同意结婚。（3）行为人须实施胁迫行为，使其产生恐惧心理。（4）受胁迫人同意结婚与胁迫行为之间须有因果关系。符合上述要件要求的，构成婚姻胁迫行为，受胁迫一方享有撤销权。

撤销婚姻的请求权受除斥期间的约束，除斥期间为 1 年。《民法典》第 152 条第 2 项规定，当事人受胁迫，自胁迫行为终止之日起一年内没有行使撤销权的，撤销权消灭。故撤销婚姻关系的申请人应当自胁迫行为终止之日起开始计算，在一年内提出撤销婚姻关系请求的，都可以支持其撤销婚姻关系的请求。

被非法限制人身自由的当事人请求撤销婚姻的，应当自恢复人身自由之日起一年内提出。在其恢复人身自由之日起一年内还没有提出撤销婚姻关系请求的，为超过除斥期间，撤销权消灭，不得再提出撤销婚姻的请求。

《民法典》在上述规定中，对于受胁迫婚姻的撤销权规定的新规则是：(1) 删除了受胁迫方向婚姻登记机关申请撤销的规则。确认婚姻无效和撤销婚姻的权力专属于司法机关，不应属于行政机关。(2) 修改撤销权除斥期间的起始点。按照原《婚姻法》第 11 条的规定，只要登记结婚，就要自结婚登记之日起开始计算除斥期间，期间届满，该撤销权就消灭。这样的做法不利于保护婚姻关系中的被胁迫者，如果胁迫行为没有终止，受胁迫一方尚无条件行使撤销权，除斥期间一旦完成，就无法依法撤销这种婚姻关系。为了充分救济受胁迫一方的权益，本条规定将其修改为自胁迫终止之日起计算除斥期间。

2. 《民法典》关于受胁迫婚姻撤销权除斥期间的衔接适用效力

这些经过修改的《民法典》规则，更有利于保护权利人的合法权益，特别是保护受胁迫一方婚姻当事人的合法权益，应当具有溯及既往的效力。所以，本条司法解释规定，当事人以《民法典》施行前受胁迫结婚为由请求人民法院撤销婚姻的，撤销权的行使期间适用《民法典》第 1052 条第 2 款的规定。即“被非法限制人身自由的当事人请求撤销婚姻的，应当自恢复人身自由之日起一年内提出”。具体的要求是：(1) 当事人的婚姻关系在《民法典》施行之前建立；(2) 建立婚姻关系是因一方对另一方当事人的胁迫，违反婚姻自主权的规定；(3) 受胁迫一方当事人在《民法典》施行后向人民法院起诉主张行使撤销权。符合上述三个要件要求的，法院可以直接适用《民法典》第1052条第2款之规定，一般的因胁迫而缔结婚姻关系的，除斥期间自胁迫行为终止之日起计算；如果是受胁迫方被非法限制人身自由的，应当自该方当事人恢复人身自由之日起计算除斥期间。

民政部门不再有撤销婚姻关系的权力，是正确的规定，体现司法权的职能。

【案例解读】

孙某霞诉兰州市城关区人民政府等不履行撤销婚姻法定职责纠纷案[①]

基本案情

原告孙某霞曾于2014年向兰州市中级人民法院起诉要求撤销关城区人民政府（以下简称区政府）区政府作出的甘兰城民字第2××××××6号结婚登记行为，该案经兰州市中级人民法院审理后，以超过起诉期限为由裁定驳回原告孙某霞的起诉。孙某霞不服，上诉于本院，经本院二审审理，维持了原裁定。之后，原告孙某霞于2015年4月8日通过邮政特快专递的方式向被告区政府及区民政局提出申请，要求二被告撤销甘兰城民字第2××××××6号结婚登记行为。二被告收到申请后，未对孙某霞的申请作出答复，孙某霞遂于2015年7月16日以不履行法定职责为由，向本院提起诉讼，要求判令二被告限期内对原告的申请作出答复。在本案审理期间，被告区民政局于2015年10月25日作出《关于不能为孙某霞撤销结婚证的通知》，认为根据《中华人民共和国婚姻法》第十一条之规定，只有

① 审理法院：一审法院为甘肃省武威市中级人民法院，案号：（2015）武中行初字第182号；二审法院为甘肃省高级人民法院，案号：（2016）甘行终158号。

婚姻一方当事人在受胁迫的情形下才能申请撤销结婚证，原告孙某霞的申请事由不符合法律规定的情形，故未对甘兰城民字第2××××××6号结婚证予以撤销。该通知已经书面告知该院。原告孙某霞收到该通知后不撤诉，并要求对二被告拒不撤销甘兰城民字第2××××××6号结婚证的行为进行进一步审查。

倪某某向法院起诉请求，确认被告兰州市城关区民政局逾期对原告孙某霞要求撤销甘兰城民字第2××××××号结婚登记的申请作出答复的行为违法。

法院判决

一审法院认为，关于本案是否属于重复起诉的问题，原告于2014年将区政府列为被告起诉至兰州市中级人民法院，其起诉请求为撤销被告区政府作出的甘兰城民字第2××××××6号婚姻登记行为，而原告本次诉讼是基于二被告未在法定期限内对其申请予以答复提起的不履行法定职责之诉，两个案件并不基于相同的事实和理由，被告区政府及区民政局抗辩本案系重复诉讼的理由不能成立。关于被告区政府是否有不履行法定职责的行为。地方各级人民政府的民政部门主管本行政区域内的婚姻登记管理工作，故原告孙某霞申请要求撤销婚姻登记应当向作出婚姻登记的民政部门提出，即向被告区民政局提出，其申请要求被告区政府履行法定职责的理由不能成立，对该请求依法不予支持。关于民政局是否有不履行法定职责的行为，原告孙某霞通过邮政特快专递的方式向民政局提出申请的时间为2015年4月8日，被告抗辩未收到申请，但并未提交本单位收发室在此期间的收发邮件登记簿或者邮局的凭证，且其自认在此之前曾收到过孙某霞的申请并口头予以答复，故对被告该抗辩理由不予支持。《中华人民共和国行政诉讼法》第四十七条第一款规定："公民、法人或者其他组织申请行政机关履行保护其人身权、财产权等合法权益的法定职责，行政机关在接到申请之日起两个月内不履行的，公民、法人或者其他组织可以向人民法院提起诉讼。法律、法规对行政机关履行职责的期限另有规定的，从其规定。”本案中，被告区民政局并未提交法律法规对其履行职责的期限有另行规定的依据，故依上述法律规定，其履行法定职责的期限应为自收到当事人申请之日起两个月。原告孙某霞于2015年4月8日向被告区民政局提出申请，直到2015年7月16日才提起不履行法定职责之诉。显然，被告区民政局在起诉前存在不履行法定职责的行为。在审理期间，被告于2015年10月25日对孙某霞的申请事项作出书面答复，并告知了该院。但原告孙某霞对该答复依然不服，并要求进行进一步审查。该院依照《最高人民法院关于执行〈中华人民共和国行政诉讼法〉若干问题的解释》[①] 第五十条之规定，对被告区民政局作出的答复进行了审理。关于原告要求被告区民政局撤销甘兰城民字第2××××××6号结婚证的理由能否成立的问题。《中华人民共和国婚姻法》第十一条规定：“因胁迫结婚的，受胁迫的一方可以向婚姻登记机关或人民法院请求撤销该婚姻。受胁迫的一方撤销婚姻的请求，应当自结婚登记之日起一年内提出。被非法限制人身自由的当事人请求撤销婚姻的，应当自恢复人身自由之日起一年内提出。”《婚姻登记条例》第九条规定：“因胁迫结婚的，受胁迫的当事人依据婚姻法第十一条的规定向婚姻登记机关请求撤销其婚姻的，应当出具下列证明材料：（一）本人的身份证、结婚证；（二）能够证明受胁迫结婚的证明材料。婚姻登记机关经审查认为受胁迫结婚的情况属实且不涉及子女抚养、财产及债务问题的，应当撤销该婚姻，宣告结婚证作废。”可见，法律法规规定婚姻登记机关可以依受胁迫的当事人的申请撤销因胁迫结婚的婚姻，且有期限限制，即自结婚登记之日起一年内提出。被告区民政局认为原告孙某霞以男方龙某润在结婚登记时使用虚假的身份信息为由要求撤销婚姻的请求于法无据，并作出不能为其撤销结婚证的答复并无不当。但由于被告区民政局并非在法定履行期限内作出的答复，故应当认定为其逾期作出答复的行为违法。

孙某霞不服一审判决，提起上诉。

二审法院认为，行政职权是行政机关依法履行职责的前提和基础。国

---

① 本司法解释现已废止。

务院《婚姻登记条例》第二条第一款规定：“内地居民办理婚姻登记的机关是县级人民政府民政部门或者乡（镇）人民政府，省、自治区、直辖市人民政府可以按照便民原则确定农村居民办理婚姻登记的具体机关。”民政部 2003 年 10 月 1 日实施的《婚姻登记工作暂行规范》（现已失效）第三条规定：“婚姻登记机关是具有依法履行婚姻登记行政职能的机关。”第四条第四项规定，婚姻登记机关的职责：撤销受胁迫的婚姻。本案中，上诉人孙某霞于 2015 年 4 月 8 日向被上诉人区政府和民政局申请撤销甘兰城民字第 2 ××××××6 号婚姻登记行为。根据上述规定，被上诉人区政府和民政局不具有共同履行撤销婚姻的法定职责，该职责应由被上诉人民政局履行。上诉人孙某霞诉请被上诉人区政府履行法定职责的理由缺乏法律依据，本院不予支持。《中华人民共和国行政诉讼法》第四十七条第一款规定：“公民、法人或者其他组织申请行政机关履行保护其人身权、财产权等合法权益的法定职责，行政机关在接到申请之日起两个月内不履行的，公民、法人或者其他组织可以向人民法院提起诉讼。法律、法规对行政机关履行职责的期限另有规定的，从其规定。”民政部 2003 年 10 月 1 日实施的《婚姻登记工作暂行规范》第四十五条规定：“婚姻登记处对不符合撤销婚姻条件的，应当告知当事人不予撤销原因，并告知当事人可以向人民法院请求撤销婚姻。”本案中，上诉人孙某霞于 2015 年 4 月 8 日提出申请，被上诉人民政局接到申请后未对该申请作出处理，直至同年 10 月 25 日即本案一审诉讼期间，被上诉人民政局作出《关于不能为孙某霞撤销结婚证的通知》，明显超过上述法律规定的期限，属于拖延履行法定职责的情形。关于被上诉人民政局作出的《关于不能为孙某霞撤销结婚证的通知》，上诉人孙某霞不服应否另行提起诉讼的问题。《最高人民法院关于执行〈中华人民共和国行政诉讼法〉若干问题的解释》第五十条第二款规定：“原告或者第三人对改变后的行为不服提起诉讼的，人民法院应当就改变后的具体行政行为进行审理。”第四款规定：“原告起诉被告不作为，在诉讼中被告作出具体行政行为，原告不撤诉的，参照上述规定处理。”本案上诉人孙某霞诉请被上诉人民政局履行撤销婚姻的法定职责，该诉请属于履行法定职责之诉。被上诉人民政局作出《关于不能为孙某霞撤销结婚证的通知》，上诉人孙某霞因未达到申请履行法定职责的目的，其不服该通知，要求法庭对此进行审查，该诉请亦属于履行法定职责之诉。因上诉人孙某霞的诉请均属于履行撤销婚姻法定职责之诉，现在孙某霞不撤诉的情况下，对该通知不服，人民法院就改变后的行政行为进行审理，不违反上述法律规定。关于被上诉人民政局作出《关于不能为孙某霞撤销结婚证的通知》，上诉人孙某霞申请被上诉人履行撤销婚姻法定职责理由能否成立的问题。根据《中华人民共和国婚姻法》第 11 条的规定，因胁迫结婚的，受胁迫的一方可以向婚姻登记机关或人民法院请求撤销该婚姻。及民政部 2003 年 10 月 1 日实施的《婚姻登记工作暂行规范》第 46 条的规定，除受胁迫结婚外，以任何理由请求宣告婚姻无效或者撤销婚姻的，婚姻登记机关不予受理。上诉人孙某霞以婚姻登记一方“龙某润”申请婚姻登记所提交的身份证明虚假为由，申请被上诉人民政局履行撤销婚姻法定职责的理由缺乏法律依据。被上诉人民政局作出不予撤销通知并无不当。上诉人孙某霞的诉请本院不予支持。故驳回上诉，维持原判。

法理解读

本案涉及本司法解释第 26 条的规定，本司法解释第 26 条规定是为了解决《民法典》第 1052 条第 2 款关于胁迫婚姻的撤销规则的溯及力问题。胁迫婚姻的撤销是指，对于已经成立的婚姻关系，因胁迫而欠缺真实的婚姻合意，受胁迫的一方当事人可以向人民法院申请撤销婚姻。撤销后的婚姻会使得当事人之间丧失婚姻关系。可撤销婚姻中所称的胁迫，是指行为人以给另一方当事人或者其近亲属以生命、健康、身体、名誉、财产等方面造成损害为要挟，迫使另一方当事人违背自己的真实意愿而结婚的行为，这其实与胁迫实施的法律行为中的胁迫概念相当。原《婚姻法》也规定了胁迫婚姻的撤销问题，但明确撤销申请可以向婚姻登记机关即民政局提出，也可以直接诉至人民法院，此种制度安排饱受诟病。[①]《民法典》意识到这一问题，与原《婚姻法》第11条规定相比，删除了向婚姻登记机关请求撤销的内容，从而将可撤销婚姻纠纷全部交由更为专业的人民法院，以便统一法律适用尺度。根据新的规则，确认婚姻无效和撤销婚姻的权力专属于司法机关，行政机关即民政部门不再享有撤销婚姻的权力。此外，撤销婚姻的请求权受除斥期间的约束，除斥期间为1年，但是自胁迫行为终止之日起算，相较于旧规定，实质上延长了对当事人的保护。

本案是在原《婚姻法》的背景下作出的判决，彼时，在胁迫下要求撤销婚姻登记应当向作出婚姻登记的民政部门提出，弊端就是行政机关可能答复较慢，容易导致当事人的合法权益无法及时得到保护，本案便凸显了这一问题。本案中，原告孙某霞通过邮政特快专递的方式向民政局提出申请的时间为2015年4月8日，民政局虽然抗辩未收到申请，但没有提供充分证据证明。其后，民政局并没有及时履行法定职责，在收到当事人申请之日起2个月内，也没有对当事人进行答复，于是2015年7月16日原告向人民法院提起不履行法定职责之诉。在审理期间，被告于2015年10月25日时对孙某霞的申请事项作出书面答复，决定不予撤销婚姻，并告知了法院。原告孙某霞对该答复依然不服，请求进一步审查。法院认为，孙某霞的诉请均属于履行撤销婚姻法定职责之诉，现在孙某霞不撤诉的情况下，对该通知不服，人民法院就改变后的行政行为进行审理，不违反上述法律规定。关于民政局作出《关于不能为孙某霞撤销结婚证的通知》，孙某霞申请民政局履行撤销婚姻法定职责理由能否成立的问题。根据原《婚姻法》第11条和《婚姻登记工作暂行规范》第46条的规定，除受胁迫结婚外，以任何理由请求宣告婚姻无效或者撤销婚姻的，婚姻登记机关不予受理。因此，孙某霞以婚姻登记一方“龙某润”申请婚姻登记所提交的身

---

① 学者就指出，在《婚姻法》和司法解释的框架下，我国对于胁迫婚姻的撤销，施行的是双轨主管制，婚姻登记机关和法院均有管辖权，如此可能带来当事人诉讼无门或者诉讼困难、法律适用不统一、浪费社会资源等弊病，亟待改革。详细论述，参见王礼仁：《解决婚姻行政诉讼与民事诉讼“打架”之路径》，载《法律适用》2011年第2期。

份证明虚假为由，申请被上诉人民政局履行撤销婚姻法定职责的理由缺乏法律依据。民政局作出不予撤销通知并无不当。

虽然本案最终在人民法院作出了判决，但此种双轨制的安排，给当事人的婚姻状态带来了极强的不确定性。在《民法典》施行后，新的胁迫婚姻撤销规则更有利于保护权利人的合法权益，特别是保护被胁迫一方婚姻当事人的合法权益，因为当事人可以直接向法院起诉，期间也有所延长，因此本司法解释规定相关规定具有溯及既往的效力。当事人以《民法典》施行前受胁迫结婚为由请求人民法院撤销婚姻的，人民法院应适用《民法典》第1052条第2款的规定。

第二十七条　民法典施行前成立的保证合同，当事人对保证期间约定不明确，主债务履行期限届满至民法典施行之日不满二年，当事人主张保证期间为主债务履行期限届满之日起二年的，人民法院依法予以支持；当事人对保证期间没有约定，主债务履行期限届满至民法典施行之日不满六个月，当事人主张保证期间为主债务履行期限届满之日起六个月的，人民法院依法予以支持。

【条文要义】

本条司法解释的条旨是《民法典》关于保证期间的规定具有衔接适用的溯及效力。

保证期间，是指保证合同当事人的约定或依法律推定在主债务履行期届满后，保证人能够容许债权人主张权利的最长期限。在保证期间内，一般保证的债权人应当向债务人提起诉讼或仲裁，连带责任保证应当向保证人主张权利。超过保证期间，债权人未提起主张的，保证人不再承担保证责任。保证期间只能是在保证人的保证责任发生后的一定期间，而不能是保证责任发生前的一定期间。保证期间是不变期间，不发生中止、中断、延长的情形。

1.《民法典》第 692 条规定的保证期间

《民法典》第 692 条对保证期间的规定是："保证期间是确定保证人承担保证责任的期间，不发生中止、中断和延长。债权人与保证人可以约定保证期间，但是约定的保证期间早于主债务履行期限或者与主债务履行期限同时届满的，视为没有约定；没有约定或者约定不明确的，保证期间为主债务履行期限届满之日起六个月。债权人与债务人对主债务履行期限没有约定或者约定不明确的，保证期间自债权人请求债务人履行债务的宽限期届满之日起计算。"

保证期间的确定，分为约定的保证期间和法定的保证期间。

（1）约定的保证期间。按照合同自由原则，双方当事人对于保证期间有约定的，按照约定的期间确定。约定的保证期间早于主债务履行期限或者与主债务履行期限同时届满的，视为没有约定。

（2）法定的保证期间。一般保证的保证人与债权人未约定保证期间或者约定不明确的，保证期间为主债务履行期届满之日起 6 个月。

（3）连带责任保证的保证人与债权人未约定保证期间或者约定不明确的，债权人有权自主债务履行期届满之日起 6 个月内要求保证人承担保证责任。债权人与债务人对主债务履行期限没有约定或者约定不明确的，保证期间自债权人要求债务人履行义务的宽限期届满之日起计算。

原《担保法》对保证期间没有作出规定，《民法典》第 692 条借鉴最高人民法院担保法司法解释的规定，对保证期间作了上述规定。

2. 原《担保法》及司法解释对担保期间的规定

原《担保法》对保证期间有以下几条规定：

（1）第 25 条规定："一般保证的保证人与债权人未约定保证期间的，保证期间为主债务履行期届满之日起六个月。在合同约定的保证期间和前款规定的保证期间，债权人未对债务人提起诉讼或者申请仲裁的，保证人免除保证责任；债权人已提起诉讼或者申请仲裁的，保证期间适用诉讼时效中断的规定。"

（2）第 26 条规定："连带责任保证的保证人与债权人未约定保证期间的，债权人有权自主债务履行期届满之日起六个月内要求保证人承担保证责任。在合同约定的保证期间和前款规定的保证期间，债权人未要求保证人承担保证责任的，保证人免除保证责任。"

（3）第 27 条规定："保证人依照本法第十四条规定就连续发生的债权作保证，未约定保证期间的，保证人可以随时书面通知债权人终止保证合同，但保证人对于通知到债权人前所发生的债权，承担保证责任。"

原《担保法》司法解释对担保期间的规定有以下几条：

（1）第 31 条规定："保证期间不因任何事由发生中断、中止、延长的法律后果。"

（2）第 32 条规定："保证合同约定的保证期间早于或者等于主债务履行期限的，视为没有约定，保证期间为主债务履行期届满之日起六个月。保证合同约定保证人承担保证责任直至主债务本息还清时为止等类似内容的，视为约定不明，保证期间为主债务履行期届满之日起二年。"

（3）第 33 条规定："主合同对主债务履行期限没有约定或者约定不明的，保证期间自债权人要求债务人履行义务的宽限期届满之日起计算。"

（4）第 34 条规定："一般保证的债权人在保证期间届满前对债务人提起诉讼或者申请仲裁的，从判决或者仲裁裁决生效之日起，开始计算保证合同的诉讼时效。连带责任保证的债权人在保证期间届满前要求保证人承担保证责任的，从债权人要求保证人承担保证责任之日起，开始计算保证合同的诉讼时效。"

上述这些法律及司法解释的规定，过于烦琐，所以，《民法典》在此基础上，进行了修改，作出了新的规定。

3.《民法典》规定的保证期间确定规则具有衔接适用的溯及效力

通过上述法律及司法解释规定的内容可知，保证合同中的保证期间约定不明，对保证期间的认定有明确规定。这些规定与《民法典》第 692 条的规定有所不同。

本司法解释根据《民法典》施行之前我国《担保法》司法解释的规

定，以及《民法典》对保证期间的规定，进行比较，确定的规则是：

（1）保证期间约定不明，可以确定为主债务履行期限届满之日起二年。

其条件：①保证合同是在《民法典》施行前成立的；②当事人在保证合同中对保证期间约定不明，而不是没有约定；③主债务履行期限届满的时间至《民法典》施行之日不满二年，只要是不满二年即可，只差一天就行；④当事人在《民法典》施行后，主张保证期间为主债务履行期限届满之日起二年。符合这样 4 个要件的要求，人民法院就可以确定保证期间虽然约定不明，但是在《民法典》施行之前订立的保证合同，其主债务履行期限只要延续至《民法典》施行之日不满二年的，其诉讼请求就应当予以支持。这主要是因为，原《担保法》司法解释第 32 条规定，保证合同约定保证人承担保证责任直至主债务本息还清时为止等类似内容的，视为约定不明，保证期间为主债务履行期届满之日起二年。按照这一规定的思路，确定上述《民法典》关于保证期间在约定不明的情况下，适用上述规则确定保证期间。

（2）《民法典》施行前成立的保证合同对保证期间没有约定，适用《民法典》关于保证期间的规定。

应当具备的要件：①保证合同是在《民法典》施行前成立的；②须当事人对保证期间没有约定，而不是约定不明，更不是有明确约定；③主债务履行期限届满至《民法典》施行之日不满 6 个月；④当事人在《民法典》施行后，主张保证期间为主债务履行期限届满之日起 6 个月。符合上述 4 个要件的要求，当事人关于 6 个月保证期间的主张就成立，对于这一诉讼主张，人民法院应当依法予以支持。这是因为，既然在《民法典》施行之前订立的保证合同是没有约定保证期间，在《民法典》施行之前司法解释的规定原则上是 6 个月，《民法典》规定的保证期限也是 6 个月，因此，确定 6 个月为没有约定保证期限的保证合同的保证期间，是符合法律规定的。

【案例解读】

建新公司诉白乃庙公司保证合同纠纷案①

基本案情

2014年5月16日，建新公司（甲方）、豫光（乙方）与白乃庙公司（丙方）签订了一份《反担保合同》，合同主要约定，鉴于建新公司、豫光公司为冠欣投资、冠欣矿业向相关金融机构提供了连带保证责任，总额约16.5亿元，其中建新公司约12.5亿元，豫光公司约4亿元。依照甲方、乙方与金融机构保证合同约定，当借款人在还款期限届满而不履行还款义务时，由甲方、乙方承担还款义务。甲方、乙方在承担上述保证责任后，可以向借款人追偿，为确保甲方、乙方追偿权的实现，丙方向甲方、乙方提供反担保。所担保的债权为甲方、乙方就借款人与金融机构签订的任何一笔或数笔由甲方、乙方担保的借款合同约定的借款本息、违约金、罚息及实现债权所产生的费用。丙方以自身全部资产向甲方、乙方提供反担保，与借款人提供连带清偿责任保证。丙方向甲方、乙方提供的反担保的范围包括甲方、乙方为履行上述保证义务所支付的全部款。丙方应于甲方、乙方向金融机构履行保证义务后立即向甲方、乙方偿还甲方、乙方为履行上述保证义务所付出之全部款项。任何一方没有履行或遵守合同中的任何一项义务或规定的，应向相对方支付相当于上述债务标的金额20%的违约金；因此给对方造成的损失，应当赔偿。本合同在甲方、乙方完全实现担保权利之前持续有效。

2012年，冠欣矿业与华融信托签订《信托贷款合同》，借款金额为1.5亿元，借款期限为24个月。后双方又签订了《补充协议》对上述合同

① 审理法院：一审法院为甘肃省高级人民法院，案号：（2016）甘民初56号；二审法院为最高人民法院，案号：（2020）最高法民终156号。

进行了修改补充。之后，双方又签订编号为华融信托〔2012〕财第38号《财务顾问协议》，约定华融信托为冠欣矿业提供财务顾问服务，财务顾问费金额为1200万元，顾问期间为2012年9月13日至2013年1月31日。2012年10月18日，建新公司与华融信托签订了《法人连带责任保证合同》，合同约定建新公司为冠欣矿业在华融信托的借款提供连带责任保证。同年，华融信托将其对冠欣矿业享有的债权转让给了华融深圳公司。2014年，华融深圳公司、冠欣矿业与建新公司签订了《债务代偿协议》，协议约定建新公司代冠欣矿业向华融深圳公司偿还编号为深圳Y32140070－3号《财务顾问协议》项下债务332.7万元。2014年12月19日，建新公司向华融深圳公司汇款332.7万元，偿还了上述债务。

2013年5月23日，冠欣投资与浙商银行深圳分行签订《借款合同》，约定借款金额为5000万元，借款期限为2013年5月23日至2014年5月23日。同日，建新公司、冠欣矿业、白乃庙公司与浙商银行深圳分行签订了《保证合同》，约定为冠欣投资在浙商银行深圳分行处的借款提供连带责任保证。建新公司委托其时任法定代表人刘某民分别于2014年5月23日、5月26日向冠欣投资名下在浙商银行深圳分行营业部开立的尾号为0582的账户内汇款500万元、500万元（合计1000万元），用于偿还上述借款。2014年7月17日，建新公司又向冠欣投资尾号0582的账户内汇款200万元，代其偿还借款本金。建新公司委托其全资子公司万星公司从浙商银行深圳分行处借款3390万元用于偿还冠欣投资的借款，万星公司分别于2014年7月14日、7月17日向冠欣投资尾号0582的账户内汇款10万元、3390万元（合计3400万元），代为偿还借款本金。综上，建新公司代冠欣投资向浙商银行深圳分行偿还借款共计4600万元（1000＋200＋3400＝4600）。

2015年7月16日，白乃庙公司向建新公司出具了一份《确认函》，该函载明“建新公司：我公司于2014年5月16日与贵公司及豫光公司签订了《反担保合同》一份，现截至2015年7月15日贵公司履行担保责任的情况，确认如下：1. 浙商银行2014年5月23日，代付款500万元；2014

年5月26日，代付款500万元；2014年7月17日，代付款200万元；2015年7月14日，代付款3400万元；2. 杭州银行2014年8月19日，代付款2000万元；2014年9月15日，代付款9850万元；3. 建设银行2014年5月26日，代付款3500万元；2014年6月5日，代付款500万元；4. 华融资产2014年12月29日，代付财务顾问费332.7万元；5. 中国银行2014年5月26日，代付2762.5万元；6. 2014年6月20日贵公司委托阿尔山公司代付银行利息3940474.31元。上述共计24410.247431万元。我公司确认上述代付款均属《反担保合同》中约定的反担保责任范围，特此说明”。该函的尾部有白乃庙公司法定代表人韩某红的签字，并加盖了白乃庙公司的印章。

2016年5月18日，建新公司向白乃庙公司邮寄了一份文件，内含《要求返还代偿款至敦促函》《要求承担相应担保责任之敦促函》及代偿的凭证，要求白乃庙公司收到此函后，立即向建新公司偿付其替白乃庙公司代付利息2464072.35元，并对已替冠欣投资、冠欣矿业偿还的451175883.2元的债务履行担保责任，并承担给建新公司造成的实际损失。

现建新公司向法院起诉请求，判令白乃庙公司返还建新公司代偿款，支付逾期付款利息和违约金。

法院判决

一审法院认为，案涉《反担保协议》《确认函》真实有效，案涉代偿事实也可以确认。关于白乃庙公司是否应当承担担保责任的问题。《最高人民法院关于适用〈中华人民共和国担保法〉若干问题的解释》第三十二条第二款规定：“保证合同约定保证人承担保证责任直至主债务本息还清时为止等类似内容的，视为约定不明，保证期间为主债务履行期届满之日起二年。”本案中，《反担保合同》第九条约定，担保合同在甲方、乙方完全实现担保权利之前持续有效，根据该条约定，意味着白乃庙公司的担保义务在主债务全部履行完毕之后才能终止。根据上述法律规定，双方对保证期间约定不明，保证期间为主债务履行期间届满之日起二年。此后，建新公司向白乃庙公司主张债权，白乃庙公司于 2015 年 7 月 16 日向建新公司出具《确认函》，该函中载明的代付款均属《反担保合同》中约定的反担保责任范围。故建新公司在保证期间内向白乃庙公司主张了债权，并未超过法律规定的期间，此后保证期间转化为保证债务诉讼时效，后建新公司又于 2016 年 5 月 18 日向白乃庙公司公证邮寄送达要求其偿还代付款以及承担担保责任的函件，此时保证债务诉讼时效发生了中断，建新公司于 2016 年 6 月 2 日提起诉讼，故本案既未超过保证期间也未超过保证债务的诉讼时效期间，白乃庙公司辩称本案超过保证期间的理由，于法无据，不予支持。《反担保合同》约定了白乃庙公司应当承担担保责任，并且白乃庙公司又出具《确认函》，确认建新公司代付款为 244102474. 31 元的情况下，建新公司要求白乃庙公司偿还代付款 244102474. 31 元的诉讼请求，事实清楚，于法有据，予以支持。关于建新公司要求违约金、利息、公证费用的诉请，《反担保合同》约定白乃庙公司提供的反担保范围包括建新公司为履行保证义务所支付的全部款项，包括贷款本金、利息（含复利）、罚息、违约金以及诉讼或仲裁费、律师费、评估费、差旅费等一切实现债权的费用。《反担保合同》约定因白乃庙公司违约给建新公司造成损失的，应赔偿实际损失。本案中，建新公司代偿款产生的实际损失为因白乃庙公司未履行保证责任而产生的建新公司垫付资金的利息损失。建新公司要求白乃庙公司承担利息的诉请，于法有据，予以支持。

根据《反担保合同》的约定，白乃庙公司应于建新公司向金融机构履行保证责任后立即向建新公司偿还建新公司履行保证义务所付出之全部款项。任何一方没有履行或遵守合同中的任何一项义务或规定的，应向相对方支付相当于债务标的金额 20% 的违约金。本案中，白乃庙公司未能按照《反担保合同》的约定向建新公司承担保证责任，其行为已经构成违约，应当承担违约责任。白乃庙公司在本案中抗辩其不承担责任，并未明确提出调整违约金计算标准。白乃庙公司作为商事主体，在签订合同时具有自身的商业判断，自身承担风险能力的判断，在约定违约金标准时是依据当时的商业环境确定的计算标准，且白乃庙公司自 2014 年起至今未能按照

《反担保合同》的约定向建新公司承担保证责任，故对于违约金计算标准不再予以调整。综上所述，建新公司的诉讼请求，于法有据，予以支持。

白乃庙公司不服一审判决，提起上诉。理由之一是认为，一审判决混淆"合同有效期"与"保证期间"，本案保证期间为6个月，并非2年。即使本案所涉反担保债权成立，因保证期间届满，白乃庙公司的保证责任亦应免除。

二审法院认为，关于保证期间的问题，白乃庙公司上诉认为一审判决认定案涉代偿款的保证期间为2年错误，应为6个月，即使本案所涉反担保债权成立，但因保证期间已超过，白乃庙公司的保证责任应予免除。经审查，《反担保合同》第九条约定，本合同在建新公司完全实现担保权利之前持续有效，该约定的保证期间并不明确，一审判决依据《最高人民法院关于适用〈中华人民共和国担保法〉若干问题的解释》① 第三十二条第二款规定，认定保证期间不明确时，白乃庙公司的反担保期间为主债务履行期届满之日起2年内，合同及法律依据充分，并无不妥。白乃庙公司认为案涉反担保期间为6个月的上诉理由不能成立，本院不予支持。

法理解读

本案涉及本司法解释第27条的规定，本司法解释第27条规定是为了解决《民法典》第692条规定的保证期间的溯及力问题。保证期间是保证人能够容许债权人主张权利的最长期限，一般保证的债权人应当向债务人提起诉讼或仲裁，连带责任保证应当向保证人主张权利。如果债权人超过保证期间未要求保证人承担责任的，保证人不再承担保证责任。一般认为，就保证期间是否经过，人民法院应当依职权予以查明。② 此外，保证

① 本司法解释已废止。

② 高圣平：《民法典上保证期间的效力及计算》，载《甘肃政法大学学报》2020年第5期。

期间应是不变期间，不发生中止、中断、延长的情形。[①] 原《担保法》和《最高人民法院关于适用〈中华人民共和国担保法〉若干问题的解释》规定了保证期间的问题，如果保证期间约定不明的，则一般保证的保证期间为主债务履行期届满之日起2年。《民法典》第692条改变了此种规则，明确将未约定保证期间的，推定为主债务履行期限届满之日起6个月。由于新规则明显缩短了约定不明时的保证期间，因此该规则不当然能够产生溯及力，对于保证合同成立在《民法典》前的保证合同，且对保证期间约定不明的，需要区分情况处理。如果主债务履行期限届满至《民法典》施行之日不满2年的，仍适用原《担保法》规定的2年期限；如果当事人对保证期间没有约定，主债务履行期限届满至民法典施行之日不满6个月的，保证期间为主债务履行期限届满之日起6个月；如果保证合同成立在《民法典》后，保证期间约定不明的，则自然应当按照《民法典》第692条的规则，认定保证期间为6个月。

本案是按照原《担保法》的规定作出的裁判。本案中，《反担保合同》第9条约定，担保合同在甲方、乙方完全实现担保权利之前持续有效，该条约定实际上意味着白乃庙公司承担的担保义务在主债务全部履行完毕后才能终止，符合原《担保法》及司法解释规定的对保证期间约定不明的情况，故保证期间应为主债务履行期间届满之日起2年。此后，建新公司向白乃庙公司主张债权，白乃庙公司于2015年7月16日向建新公司出具《确认函》，该函中载明的代付款均属《反担保合同》中约定的反担保责任范围，因此，建新公司认为其在保证期间内已经向白乃庙公司主张了债权，此后保证期间转化为保证债务诉讼时效。2016年5月18日，建新公司向白乃庙公司公证邮寄送达要求其偿还代付款以及承担担保责任的函件，此行为的性质应当属于催告，会发生诉讼时效中断的效果，因此，

① 有学者认为，保证期间不是诉讼时效，也不是除斥期间，因为民事主体于期间伊始并无相应权利，若该主体在期间届满前为特定行为，则取得相应权利，此种期间又被称为“或有期间”，类似的还有检验期间等。王轶：《诉讼时效制度三论》，载《法律适用》2008年第11期；沈健州：《民法解释选择问题的分析框架——以或有期间概念为分析范例》，载《中外法学》2019年第4期。

建新公司于2016年6月2日提起诉讼，仍在诉讼时效期间内。一审法院也认同了此种判断，认为建新公司主张权利并未超过诉讼时效、也未超过保证期间。白乃庙公司在上诉中认为，一审判决认定案涉代偿款的保证期间为2年是错误的，案涉约定不属于约定不明的情况，因此案涉保证期间应为一般的6个月而非2年，所以即便案涉反担保债权成立，但因保证期间已超过，白乃庙公司的保证责任应予免除。二审法院认为，《反担保合同》第9条约定所表述的是“本合同在建新公司完全实现担保权利之前持续有效”，这属于典型的保证期间约定不明确的情形，依照《最高人民法院关于适用〈中华人民共和国担保法〉若干问题的解释》第32条第2款的规定，认定保证期间不明确时，白乃庙公司的反担保期间为主债务履行期届满之日起2年。基于此，二审判决维持了一审判决的裁判结果，认为建新公司的起诉没有超过诉讼时效，要求白乃庙公司承担保证责任也没有超过保证期间。

如果本案起诉的时间点在《民法典》施行前，但《民法典》施行后仍未作出终审判决，则案涉保证期间仍应为2年，得出的结果应与本案判决一致，亦即在《民法典》施行之前订立的保证合同，其主债务履行期限只要延续至《民法典》施行之日不满2年的，仍应以2年来计算保证期间。但是对于成立在《民法典》施行后的保证合同，如果当事人对保证期间没有约定，则保证期间是6个月；约定不明的，保证期间同样为6个月。

四、附　则

第二十八条　本规定自2021年1月1日起施行。

本规定施行后，人民法院尚未审结的一审、二审案件适用本规定。

【条文要义】

本条司法解释的条旨是对本司法解释生效时间的规定。

本条确定的本司法解释生效的时间是：

1.《民法典》施行之日，就是本司法解释的生效之日。这是因为本司法解释本来就是为了确定《民法典》适用的时间效力制定的规则，当然要跟随《民法典》的施行而生效。实际上，在域外法律及相关规定的实施中，都要制定“实施法”，用法律或规定的形式规定新法的具体适用的时间效力等问题。我国自1949年以来，尚未形成这个立法习惯，在改革开放之后的立法中，涉及法律施行的有关问题，都是由最高人民法院采用司法解释的方式作出规定。当然这些问题由法律施行法来规定是最为稳妥的，也是最好的方法。由于用司法解释的方式规定这个问题已经形成了习惯，因此，对于《民法典》施行的时间效力等问题，仍然适用司法解释的规定。在《民法典》施行之时，本司法解释同时生效，界定《民法典》施行的效力规则。

2. 对于法院已经受理正在审理的案件，在本司法解释施行后，如何确定《民法典》的溯及力问题，采取的办法是，符合本司法解释规定的情形，人民法院尚未审结的一、二审案件，直接适用本司法解释，作出裁判；对于已经发生法律效力的案件，在再审程序中的，仍然适用当时的法律、司法解释的规定，不能适用《民法典》的规定。

【案例解读】

咸恒公司诉中广核公司、葛洲坝公司建设工程施工合同纠纷案[①]

基本案情

2010年1月，中广核公司（发包人）与葛洲坝公司（承包人）签订《白河（夹河）水电站麻虎沟渣场整治及右坝肩316国道改线工程施工合同》，约定：中广核公司拟修建白河（夹河）水电站麻虎沟渣场整治及右坝肩316国道改线工程，接受葛洲坝公司投标，双方达成协议，并于2010年元月签订协议，合同总金额为48819362.37元；承包人保证按照合同规定全面完成各项承包工作，并承担合同规定的承包人的全部义务和责任；发包人保证按照合同规定付款并承担合同规定的发包人的全部义务和责任。合同约定承包方式为《工程量清单》中的项目除备注栏内标明“总价承包”的项目实行固定总价承包外，其他项目均实行固定单价承包。合同第二部分专用合同条款第5.6项办理保险，承包人负责办理以下险种：（1）工程一切险和第三者责任险；（2）施工设备险；（3）人身意外伤害险；（4）其他应由承包人负责办理的保险。上述（1）项承包人应以承包人和发包人的共同名义向发包人同意的保险公司投保，保费计入《工程量清单》相应项目中。第51.1保险凭证和条件，承包人应在接到开工通知后的14天内向发包人提交按合同规定的各项保险单的副本，并通知监理人。通用合同条款第19.2发包人暂停施工的责任，属于下列任何一种情

---

① 审理法院：一审法院为陕西省安康市中级人民法院，案号：（2016）陕09民初12号；二审法院为陕西省高级人民法院，案号：（2020）陕民终25号。

况引起的暂停施工，均为发包人的责任，由此造成的工期延误，应按第20.2款的规定办理……（2）由于不可抗力的自然或社会因素引起的暂停施工。通用合同条款第47.1发包人的风险，工程（包括材料和工程设备）发生以下各种风险造成的损失和损坏，均应由发包人承担风险责任……（3）发包人和承包人均不能预见、不能避免并不能克服的自然灾害造成的损失和损坏，但承包人迟延履行合同后发生的除外。通用合同条款第47.2承包人的风险，工程（包括材料和工程设备）发生以下各种风险造成的损失和损坏，均应由承包人承担风险责任。（1）由于承包人对工程（包括材料和工程设备）照管不周造成的损失和损坏。（2）由于承包人的施工组织措施失误造成的损失和损坏。（3）其他由于承包人原因造成的损失和损坏。通用合同条款第48.1工程和施工设备的保险：（1）承包人应以承包人和发包人的共同名义向发包人同意的保险公司投保工程险（包括材料和工程设备），投保的工程项目及其保险金额在签订协议时由双方协商确定。（2）承包人应以承包人的名义投保施工设备险，投保项目及其保险金额由承包人根据其配备的施工设备状况自行确定，但承包人应充分估计主要施工设备可能发生的重大事故或因自然灾害造成施工设备的损失和损坏对工程的影响。第48.2损失和损坏的费用补偿：（1）自工程开工至完工移交期间，任何未保险的或从保险部门得到的赔偿费尚不能弥补工程损失和修复损坏所需的费用时，应由发包人或承包人根据第47.1款或第47.2款所述的风险责任承担所需的费用，包括由于修复风险损坏过程中造成的工程损失和损坏所需的全部费用。（2）若发生的工程风险包含第47.1款和第47.2款所述的发包人和承包人的共同风险，则应由监理人与发包人和承包人通过友好协商，按各自的风险责任分担工程的损失和修复损坏所需的全部费用。（3）若发生承包人设备（包括其租用的施工设备）的损失或损坏，其所得到的保险金尚不能弥补其损失或损坏的费用时，除第47.1款所列的风险外，应由承包人自行承担其所需的全部费用。2010年1月，成恒公司与葛洲坝公司白河水电站施工项目部签订《白河水电站劳务分包合同》，约定由成恒公司分包麻虎沟渣场整治工程土石方开挖。2010年1月，咸恒公司与三众公司签订《白河水电站劳务分包合同》，约定由三众公司分包麻虎沟渣场整治工程混凝土工程。2010 年 5 月 31 日，韩某某代表葛洲坝公司白河电站施工项目部（甲方）项目经理与赖某平代表松滋公司白河项目部（乙方）签订了《汉江白河（夹河）水电站麻虎沟渣场整治及 316 国道改线工程施工合同》，约定施工范围为汉江白河（夹河）水电站麻虎沟渣场整治工程及右坝肩 316 国道改线施工，合同价款为 44486521 元。2010 年 4 月 23 日，清江公司白河水电站工程监理部向葛洲坝公司白河（夹河）水电站工程施工项目部发出《合同项目开工令》，载明麻虎沟渣场整治工程项目的实际开工日期为 2010 年 4 月 24 日，完工日期为 2012 年 2 月 18 日。2013 年 10 月 18 日经施工单位、监理单位、设计单位、业主单位共同评定为优良等级。2010 年 10 月 15 日，清江公司向葛洲坝公司白河（夹河）水电站工程施工项目部发出《合同项目开工令》，××道××线工程实际开工日期是 2010 年 9 月 13 日，2012 年 6 月全部完工。2015 年 1 月 11 日，咸恒公司与葛洲坝公司白河施工项目部签订了《白河项目部工程进度价款结算书》，合同名称：白河（夹河）水电站麻虎沟渣场整治及右坝肩 316 国道改线工程劳务分包合同［葛二白合字（2010）1－3 号］；工程名称：白河（夹河）水电站麻虎沟渣场整治及右坝肩 316 国道改线工程；结算时段：2010 年 1 月 1 日至 2015 年 1 月 11 日；累计应结算工程款金额 40130966 元；累计应扣款金额 1432000 元；累计实际结算金额 38698966 元。

2016 年 2 月 4 日，咸恒公司向一审法院起诉请求，判令葛洲坝公司承担欠付款责任，中广核公司按照《最高人民法院关于审理建设工程施工合同纠纷案件适用法律问题的解释》[①] 第 26 条的规定承担相应责任。

法院判决

一审法院认为，建设工程施工合同是承包人进行工程建设，发包人支

① 本司法解释现已废止。

付价款的合同。葛洲坝公司与中广核公司签订了《白河（夹河）水电站麻虎沟渣场整治及右坝肩 316 国道改线工程施工合同》，约定由葛洲坝公司承包建设该工程。葛洲坝公司主张其与松滋公司签订了施工合同，松滋公司参与部分施工，而松滋公司明确表示未施工涉案工程，对赖某平以松滋公司白河项目部名义与葛洲坝公司签订的合同不知情，葛洲坝公司未进一步提交证据证明松滋公司实际施工，或其与松滋公司存在工程款支付往来的相关证据，故对葛洲坝辩解的松滋公司施工的意见不予采纳。葛洲坝公司与咸恒公司签订了劳务分包合同，约定由咸恒公司分包麻虎沟渣场整治工程土石方开挖。但从葛洲坝公司与咸恒公司 2015 年 1 月的结算书内容来看，结算的工程项目涵盖了葛洲坝公司与中广核公司签订的总包合同所附的工程项目清单中的全部内容，咸恒公司并非劳务分包，而是完成了涉案全部工程的施工。葛洲坝公司认为该结算书系咸恒公司代表各种法律身份与葛洲坝公司结算，但葛洲坝公司除提交了与不同主体签订合同、会议纪要等书面形式证据外，未提供充分证据证明其他主体有实际施工的行为，故对葛洲坝认为施工分三个阶段，分别由不同主体施工的辩解理由不予采纳，应认定咸恒公司为涉案全部工程的实际施工人，具有主张涉案工程款的主体资格。同时，该结算书也反映出，葛洲坝公司分别与松滋公司、咸恒公司签订的施工合同均未实际履行，咸恒公司施工涉案全部工程，应参照总包合同的约定处理本案。关于咸恒公司主张的工程款是否具有事实和法律依据，应否支持。经释明，咸恒公司明确其起诉主张的 76520451.6 元包括工程价款和相应的防洪抢险费、冲毁损失费、大干九十天赶工费、人员窝工及设备闲置费等各项损失。首先，关于工程价款，咸恒公司与葛洲坝公司于 2015 年 1 月达成白河（夹河）水电站麻虎沟渣场整治及右坝肩 316 国道改线工程白河项目部工程进度结算报表价款结算书》。从该结算书的内容来看，涵盖了葛洲坝公司和中广核公司签订的总包合同所附工程量清单的全部内容，并约定了变更项目和其他项目等。从该结算书的结算时段看，结算时涉案全部工程已施工完毕。所以该结算书名为进度结算，实为对咸恒公司施工的全部工程的总结算。根据《最高人民法院关于审理建设工程施工合同纠纷案件适用法律问题的解释（二）》[①] 第十二条，当事人在诉讼前已经对建设工程价款结算达成协议，诉讼中一方当事人申请对工程造价进行鉴定的，人民法院不予准许。又根据该解释第二十六条，本解释自2019年2月1日起施行。本解释施行后尚未审结的一审、二审案件，适用本解释。所以，本案在2016年虽然就工程价款启动了鉴定程序，但在审理终结前，新的司法解释已经施行，应适用新的司法解释，就工程价款已经达成结算协议，不应就工程价款再进行鉴定。该结算协议是双方真实意思表示，对协议当事人具有法律约束力。所以咸恒公司提出的关于工程造价的漏项及调差问题，均因该有效结算协议的存在，且未提供证据证明当事人达成了新的合意，缺乏事实和法律依据，不予支持。

咸恒公司不服一审判决，提起上诉。

二审法院认为，关于中广核公司是否应当承担责任的问题

《最高人民法院关于审理建设工程施工合同纠纷案件适用法律问题的解释》第二十六条第二款规定，实际施工人以发包人为被告主张权利的，人民法院可以追加转包人或者违法分包人为本案当事人。发包人只在欠付工程价款范围内对实际施工人承担责任。《最高人民法院关于审理建设工程施工合同纠纷案件适用法律问题的解释（二）》第二十四条规定，实际施工人以发包人为被告主张权利的，人民法院应当追加转包人或者违法分包人为本案第三人，在查明发包人欠付转包人或者违法分包人建设工程价款的数额后，判决发包人在欠付建设工程价款范围内对实际施工人承担责任。前述司法解释规范权利的范围限定于“工程价款”，咸恒公司的该项上诉理由不能成立。

法理解读

本案涉及本司法解释第28条的规定，本司法解释第28条规定是为了解决本司法解释的生效时间问题。根据本条规定，《民法典》施行之日也

① 本司法解释现已废止。

是本司法解释的生效之日。之所以作出此种安排，是因为本司法解释主要就是为了确定《民法典》适用的时间效力问题，因此，在《民法典》公布施行时，就需要发生效力。本条规则还明确，对于人民法院正在审理的一审、二审案件，在本解释施行后，符合本解释规定的情形的，人民法院应当直接适用本规定作出裁判；对于已经发生法律效力的案件，当下正在审判监督程序中的，则仍应适用当时的法律、司法解释的规定，不能适用《民法典》的规定，这遵循的仍是既判力优先于溯及力的原则。

本案中，当事人之间因建设工程的造价问题产生争议，建设工程案件纠纷事实认定较为复杂，往往持续时间较长，本案争议便是从2016年2月4日受理的，但一审判决到2019年9月4日才作出，二审则是在2020年11月23日才最终完成。本案产生争议的问题点之一在于，人民法院在2016年时就根据当事人的申请，委托鉴定机构已经对工程造价问题进行了鉴定。但是，2019年2月1日施行的《最高人民法院关于审理建设工程施工合同纠纷案件适用法律问题的解释（二）》第12条规定，当事人在诉讼前已经对建设工程价款结算达成协议，诉讼中一方当事人申请对工程造价进行鉴定的，人民法院不予准许。又根据该解释第26条的规定，本解释施行后尚未审结的一审、二审案件，适用本解释。因此，一审法院便认为，本案在2016年虽然就工程价款启动了鉴定程序，但在二审审理终结前，新的司法解释已经施行，应适用新的司法解释的规定，就工程价款已经达成结算协议，不应就工程价款再进行鉴定。最终，一审法院也依照双方达成的结算协议确定了当事人之间的权利义务关系，二审法院对此也予以维持。可见，在一个新的司法解释出台时，如果案件仍处于一审或者二审阶段，且未终审结束，则人民法院可以依照新司法解释的规则，妥善作出裁判。

需要说明的是，本案是以《最高人民法院关于审理建设工程施工合同纠纷案件适用法律问题的解释（二）》适用的时间问题作为研究对象，但相应精神与本解释一脉相承。本部关于时间效力的司法解释施行后，人民法院尚未审结的一审、二审案件，也应适用本解释的规定。

附录

最高人民法院关于适用《中华人民共和国民法典》时间效力的若干规定

（2020 年 12 月 14 日最高人民法院审判委员会第 1821 次会议通过　2020 年 12 月 29 日最高人民法院公告公布　自 2021 年 1 月 1 日起施行　法释〔2020〕15 号）

根据《中华人民共和国立法法》《中华人民共和国民法典》等法律规定，就人民法院在审理民事纠纷案件中有关适用民法典时间效力问题作出如下规定。

一、一般规定

第一条　民法典施行后的法律事实引起的民事纠纷案件，适用民法典的规定。

民法典施行前的法律事实引起的民事纠纷案件，适用当时的法律、司法解释的规定，但是法律、司法解释另有规定的除外。

民法典施行前的法律事实持续至民法典施行后，该法律事实引起的民事纠纷案件，适用民法典的规定，但是法律、司法解释另有规定的除外。

第二条　民法典施行前的法律事实引起的民事纠纷案件，当时的法律、司法解释有规定，适用当时的法律、司法解释的规定，但是适用民法典的规定更有利于保护民事主体合法权益，更有利于维护社会和经济秩序，更有利于弘扬社会主义核心价值观的除外。

第三条　民法典施行前的法律事实引起的民事纠纷案件，当时的法律、司法解释没有规定而民法典有规定的，可以适用民法典的规定，但是明显减损当事人合法权益、增加当事人法定义务或者背离当事人合理预期的除外。

第四条 民法典施行前的法律事实引起的民事纠纷案件，当时的法律、司法解释仅有原则性规定而民法典有具体规定的，适用当时的法律、司法解释的规定，但是可以依据民法典具体规定进行裁判说理。

第五条 民法典施行前已经终审的案件，当事人申请再审或者按照审判监督程序决定再审的，不适用民法典的规定。

二、溯及适用的具体规定

第六条 《中华人民共和国民法总则》施行前，侵害英雄烈士等的姓名、肖像、名誉、荣誉，损害社会公共利益引起的民事纠纷案件，适用民法典第一百八十五条的规定。

第七条 民法典施行前，当事人在债务履行期限届满前约定债务人不履行到期债务时抵押财产或者质押财产归债权人所有的，适用民法典第四百零一条和第四百二十八条的规定。

第八条 民法典施行前成立的合同，适用当时的法律、司法解释的规定合同无效而适用民法典的规定合同有效的，适用民法典的相关规定。

第九条 民法典施行前订立的合同，提供格式条款一方未履行提示或者说明义务，涉及格式条款效力认定的，适用民法典第四百九十六条的规定。

第十条 民法典施行前，当事人一方未通知对方而直接以提起诉讼方式依法主张解除合同的，适用民法典第五百六十五条第二款的规定。

第十一条 民法典施行前成立的合同，当事人一方不履行非金钱债务或者履行非金钱债务不符合约定，对方可以请求履行，但是有民法典第五百八十条第一款第一项、第二项、第三项除外情形之一，致使不能实现合同目的，当事人请求终止合同权利义务关系的，适用民法典第五百八十条第二款的规定。

第十二条 民法典施行前订立的保理合同发生争议的，适用民法典第三编第十六章的规定。

第十三条 民法典施行前，继承人有民法典第一千一百二十五条第一款第四项和第五项规定行为之一，对该继承人是否丧失继承权发生争议的，适用民法典第一千一百二十五条第一款和第二款的规定。

民法典施行前，受遗赠人有民法典第一千一百二十五条第一款规定行为之一，对受遗赠人是否丧失受遗赠权发生争议的，适用民法典第一千一百二十五条第一款和第三款的规定。

第十四条 被继承人在民法典施行前死亡，遗产无人继承又无人受遗赠，其兄弟姐妹的子女请求代位继承的，适用民法典第一千一百二十八条第二款和第三款的规定，但是遗产已经在民法典施行前处理完毕的除外。

第十五条 民法典施行前，遗嘱人以打印方式立的遗嘱，当事人对该遗嘱效力发生争议的，适用民法典第一千一百三十六条的规定，但是遗产已经在民法典施行前处理完毕的除外。

第十六条 民法典施行前，受害人自愿参加具有一定风险的文体活动受到损害引起的民事纠纷案件，适用民法典第一千一百七十六条的规定。

第十七条 民法典施行前，受害人为保护自己合法权益采取扣留侵权人的财物等措施引起的民事纠纷案件，适用民法典第一千一百七十七条的规定。

第十八条 民法典施行前，因非营运机动车发生交通事故造成无偿搭乘人损害引起的民事纠纷案件，适用民法典第一千二百一十七条的规定。

第十九条 民法典施行前，从建筑物中抛掷物品或者从建筑物上坠落的物品造成他人损害引起的民事纠纷案件，适用民法典第一千二百五十四条的规定。

三、衔接适用的具体规定

第二十条 民法典施行前成立的合同，依照法律规定或者当事人约定该合同的履行持续至民法典施行后，因民法典施行前履行合同发生争议的，适用当时的法律、司法解释的规定；因民法典施行后履行合同发生争议的，适用民法典第三编第四章和第五章的相关规定。

第二十一条 民法典施行前租赁期限届满，当事人主张适用民法典第七百三十四条第二款规定的，人民法院不予支持；租赁期限在民法典施行后届满，当事人主张适用民法典第七百三十四条第二款规定的，人民法院依法予以支持。

第二十二条 民法典施行前，经人民法院判决不准离婚后，双方又分居满一年，一方再次提起离婚诉讼的，适用民法典第一千零七十九条第五款的规定。

第二十三条 被继承人在民法典施行前立有公证遗嘱，民法典施行后又立有新遗嘱，其死亡后，因该数份遗嘱内容相抵触发生争议的，适用民法典第一千一百四十二条第三款的规定。

第二十四条 侵权行为发生在民法典施行前，但是损害后果出现在民法典施行后的民事纠纷案件，适用民法典的规定。

第二十五条 民法典施行前成立的合同，当时的法律、司法解释没有规定且当事人没有约定解除权行使期限，对方当事人也未催告的，解除权人在民法典施行前知道或者应当知道解除事由，自民法典施行之日起一年内不行使的，人民法院应当依法认定该解除权消灭；解除权人在民法典施行后知道或者应当知道解除事由的，适用民法典第五百六十四条第二款关于解除权行使期限的规定。

第二十六条 当事人以民法典施行前受胁迫结婚为由请求人民法院撤销婚姻的，撤销权的行使期限适用民法典第一千零五十二条第二款的规定。

第二十七条 民法典施行前成立的保证合同，当事人对保证期间约定不明确，主债务履行期限届满至民法典施行之日不满二年，当事人主张保证期间为主债务履行期限届满之日起二年的，人民法院依法予以支持；当事人对保证期间没有约定，主债务履行期限届满至民法典施行之日不满六个月，当事人主张保证期间为主债务履行期限届满之日起六个月的，人民法院依法予以支持。

四、附　则

第二十八条 本规定自 2021 年 1 月 1 日起施行。

本规定施行后，人民法院尚未审结的一审、二审案件适用本规定。

最高人民法院关于适用《中华人民共和国民法典》有关担保制度的解释

（2020年12月25日最高人民法院审判委员会第1824次会议通过　2020年12月31日最高人民法院公告公布　自2021年1月1日起施行　法释〔2020〕28号）

为正确适用《中华人民共和国民法典》有关担保制度的规定，结合民事审判实践，制定本解释。

一、关于一般规定

第一条　因抵押、质押、留置、保证等担保发生的纠纷，适用本解释。所有权保留买卖、融资租赁、保理等涉及担保功能发生的纠纷，适用本解释的有关规定。

第二条　当事人在担保合同中约定担保合同的效力独立于主合同，或者约定担保人对主合同无效的法律后果承担担保责任，该有关担保独立性的约定无效。主合同有效的，有关担保独立性的约定无效不影响担保合同的效力；主合同无效的，人民法院应当认定担保合同无效，但是法律另有规定的除外。

因金融机构开立的独立保函发生的纠纷，适用《最高人民法院关于审理独立保函纠纷案件若干问题的规定》。

第三条　当事人对担保责任的承担约定专门的违约责任，或者约定的担保责任范围超出债务人应当承担的责任范围，担保人主张仅在债务人应当承担的责任范围内承担责任的，人民法院应予支持。

担保人承担的责任超出债务人应当承担的责任范围，担保人向债务人追偿，债务人主张仅在其应当承担的责任范围内承担责任的，人民法院应予支持；担保人请求债权人返还超出部分的，人民法院依法予以支持。

第四条 有下列情形之一，当事人将担保物权登记在他人名下，债务人不履行到期债务或者发生当事人约定的实现担保物权的情形，债权人或者其受托人主张就该财产优先受偿的，人民法院依法予以支持：

（一）为债券持有人提供的担保物权登记在债券受托管理人名下；

（二）为委托贷款人提供的担保物权登记在受托人名下；

（三）担保人知道债权人与他人之间存在委托关系的其他情形。

第五条 机关法人提供担保的，人民法院应当认定担保合同无效，但是经国务院批准为使用外国政府或者国际经济组织贷款进行转贷的除外。

居民委员会、村民委员会提供担保的，人民法院应当认定担保合同无效，但是依法代行村集体经济组织职能的村民委员会，依照村民委员会组织法规定的讨论决定程序对外提供担保的除外。

第六条 以公益为目的的非营利性学校、幼儿园、医疗机构、养老机构等提供担保的，人民法院应当认定担保合同无效，但是有下列情形之一的除外：

（一）在购入或者以融资租赁方式承租教育设施、医疗卫生设施、养老服务设施和其他公益设施时，出卖人、出租人为担保价款或者租金实现而在该公益设施上保留所有权；

（二）以教育设施、医疗卫生设施、养老服务设施和其他公益设施以外的不动产、动产或者财产权利设立担保物权。

登记为营利法人的学校、幼儿园、医疗机构、养老机构等提供担保，当事人以其不具有担保资格为由主张担保合同无效的，人民法院不予支持。

第七条 公司的法定代表人违反公司法关于公司对外担保决议程序的规定，超越权限代表公司与相对人订立担保合同，人民法院应当依照民法典第六十一条和第五百零四条等规定处理：

（一）相对人善意的，担保合同对公司发生效力；相对人请求公司承担担保责任的，人民法院应予支持。

（二）相对人非善意的，担保合同对公司不发生效力；相对人请求公司承担赔偿责任的，参照适用本解释第十七条的有关规定。

法定代表人超越权限提供担保造成公司损失，公司请求法定代表人承担赔偿责任的，人民法院应予支持。

第一款所称善意，是指相对人在订立担保合同时不知道且不应当知道法定代表人超越权限。相对人有证据证明已对公司决议进行了合理审查，人民法院应当认定其构成善意，但是公司有证据证明相对人知道或者应当知道决议系伪造、变造的除外。

第八条 有下列情形之一，公司以其未依照公司法关于公司对外担保的规定作出决议为由主张不承担担保责任的，人民法院不予支持：

（一）金融机构开立保函或者担保公司提供担保；

（二）公司为其全资子公司开展经营活动提供担保；

（三）担保合同系由单独或者共同持有公司三分之二以上对担保事项有表决权的股东签字同意。

上市公司对外提供担保，不适用前款第二项、第三项的规定。

第九条 相对人根据上市公司公开披露的关于担保事项已经董事会或者股东大会决议通过的信息，与上市公司订立担保合同，相对人主张担保合同对上市公司发生效力，并由上市公司承担担保责任的，人民法院应予支持。

相对人未根据上市公司公开披露的关于担保事项已经董事会或者股东大会决议通过的信息，与上市公司订立担保合同，上市公司主张担保合同对其不发生效力，且不承担担保责任或者赔偿责任的，人民法院应予支持。

相对人与上市公司已公开披露的控股子公司订立的担保合同，或者相对人与股票在国务院批准的其他全国性证券交易场所交易的公司订立的担保合同，适用前两款规定。

第十条 一人有限责任公司为其股东提供担保，公司以违反公司法关于公司对外担保决议程序的规定为由主张不承担担保责任的，人民法院不予支持。公司因承担担保责任导致无法清偿其他债务，提供担保时的股东不能证明公司财产独立于自己的财产，其他债权人请求该股东承担连带责任的，人民法院应予支持。

第十一条 公司的分支机构未经公司股东（大）会或者董事会决议以自己的名义对外提供担保，相对人请求公司或者其分支机构承担担保责任的，人民法院不予支持，但是相对人不知道且不应当知道分支机构对外提供担保未经公司决议程序的除外。

金融机构的分支机构在其营业执照记载的经营范围内开立保函，或者经有权从事担保业务的上级机构授权开立保函，金融机构或者其分支机构以违反公司法关于公司对外担保决议程序的规定为由主张不承担担保责任的，人民法院不予支持。金融机构的分支机构未经金融机构授权提供保函之外的担保，金融机构或者其分支机构主张不承担担保责任的，人民法院应予支持，但是相对人不知道且不应当知道分支机构对外提供担保未经金融机构授权的除外。

担保公司的分支机构未经担保公司授权对外提供担保，担保公司或者其分支机构主张不承担担保责任的，人民法院应予支持，但是相对人不知道且不应当知道分支机构对外提供担保未经担保公司授权的除外。

公司的分支机构对外提供担保，相对人非善意，请求公司承担赔偿责任的，参照本解释第十七条的有关规定处理。

第十二条 法定代表人依照民法典第五百五十二条的规定以公司名义加入债务的，人民法院在认定该行为的效力时，可以参照本解释关于公司为他人提供担保的有关规则处理。

第十三条 同一债务有两个以上第三人提供担保，担保人之间约定相互追偿及分担份额，承担了担保责任的担保人请求其他担保人按照约定分担份额的，人民法院应予支持；担保人之间约定承担连带共同担保，或者约定相互追偿但是未约定分担份额的，各担保人按照比例分担向债务人不能追偿的部分。

同一债务有两个以上第三人提供担保，担保人之间未对相互追偿作出约定且未约定承担连带共同担保，但是各担保人在同一份合同书上签字、盖章或者按指印，承担了担保责任的担保人请求其他担保人按照比例分担向债务人不能追偿部分的，人民法院应予支持。

除前两款规定的情形外，承担了担保责任的担保人请求其他担保人分担向债务人不能追偿部分的，人民法院不予支持。

第十四条 同一债务有两个以上第三人提供担保，担保人受让债权的，人民法院应当认定该行为系承担担保责任。受让债权的担保人作为债权人请求其他担保人承担担保责任的，人民法院不予支持；该担保人请求其他担保人分担相应份额的，依照本解释第十三条的规定处理。

第十五条 最高额担保中的最高债权额，是指包括主债权及其利息、违约金、损害赔偿金、保管担保财产的费用、实现债权或者实现担保物权的费用等在内的全部债权，但是当事人另有约定的除外。

登记的最高债权额与当事人约定的最高债权额不一致的，人民法院应当依据登记的最高债权额确定债权人优先受偿的范围。

第十六条 主合同当事人协议以新贷偿还旧贷，债权人请求旧贷的担保人承担担保责任的，人民法院不予支持；债权人请求新贷的担保人承担担保责任的，按照下列情形处理：

（一）新贷与旧贷的担保人相同的，人民法院应予支持；

（二）新贷与旧贷的担保人不同，或者旧贷无担保新贷有担保的，人民法院不予支持，但是债权人有证据证明新贷的担保人提供担保时对以新贷偿还旧贷的事实知道或者应当知道的除外。

主合同当事人协议以新贷偿还旧贷，旧贷的物的担保人在登记尚未注销的情形下同意继续为新贷提供担保，在订立新的贷款合同前又以该担保财产为其他债权人设立担保物权，其他债权人主张其担保物权顺位优先于新贷债权人的，人民法院不予支持。

第十七条 主合同有效而第三人提供的担保合同无效，人民法院应当区分不同情形确定担保人的赔偿责任：

（一）债权人与担保人均有过错的，担保人承担的赔偿责任不应超过债务人不能清偿部分的二分之一；

（二）担保人有过错而债权人无过错的，担保人对债务人不能清偿的部分承担赔偿责任；

（三）债权人有过错而担保人无过错的，担保人不承担赔偿责任。

主合同无效导致第三人提供的担保合同无效，担保人无过错的，不承担赔偿责任；担保人有过错的，其承担的赔偿责任不应超过债务人不能清偿部分的三分之一。

第十八条 承担了担保责任或者赔偿责任的担保人，在其承担责任的范围内向债务人追偿的，人民法院应予支持。

同一债权既有债务人自己提供的物的担保，又有第三人提供的担保，承担了担保责任或者赔偿责任的第三人，主张行使债权人对债务人享有的担保物权的，人民法院应予支持。

第十九条 担保合同无效，承担了赔偿责任的担保人按照反担保合同的约定，在其承担赔偿责任的范围内请求反担保人承担担保责任的，人民法院应予支持。

反担保合同无效的，依照本解释第十七条的有关规定处理。当事人仅以担保合同无效为由主张反担保合同无效的，人民法院不予支持。

第二十条 人民法院在审理第三人提供的物的担保纠纷案件时，可以适用民法典第六百九十五条第一款、第六百九十六条第一款、第六百九十七条第二款、第六百九十九条、第七百条、第七百零一条、第七百零二条等关于保证合同的规定。

第二十一条 主合同或者担保合同约定了仲裁条款的，人民法院对约定仲裁条款的合同当事人之间的纠纷无管辖权。

债权人一并起诉债务人和担保人的，应当根据主合同确定管辖法院。

债权人依法可以单独起诉担保人且仅起诉担保人的，应当根据担保合同确定管辖法院。

第二十二条 人民法院受理债务人破产案件后，债权人请求担保人承担担保责任，担保人主张担保债务自人民法院受理破产申请之日起停止计息的，人民法院对担保人的主张应予支持。

第二十三条 人民法院受理债务人破产案件，债权人在破产程序中申报债权后又向人民法院提起诉讼，请求担保人承担担保责任的，人民法院依法予以支持。

担保人清偿债权人的全部债权后，可以代替债权人在破产程序中受偿；在债权人的债权未获全部清偿前，担保人不得代替债权人在破产程序中受偿，但是有权就债权人通过破产分配和实现担保债权等方式获得清偿总额中超出债权的部分，在其承担担保责任的范围内请求债权人返还。

债权人在债务人破产程序中未获全部清偿，请求担保人继续承担担保责任的，人民法院应予支持；担保人承担担保责任后，向和解协议或者重整计划执行完毕后的债务人追偿的，人民法院不予支持。

第二十四条 债权人知道或者应当知道债务人破产，既未申报债权也未通知担保人，致使担保人不能预先行使追偿权的，担保人就该债权在破产程序中可能受偿的范围内免除担保责任，但是担保人因自身过错未行使追偿权的除外。

二、关于保证合同

第二十五条 当事人在保证合同中约定了保证人在债务人不能履行债务

或者无力偿还债务时才承担保证责任等类似内容，具有债务人应当先承担责任的意思表示的，人民法院应当将其认定为一般保证。

当事人在保证合同中约定了保证人在债务人不履行债务或者未偿还债务时即承担保证责任、无条件承担保证责任等类似内容，不具有债务人应当先承担责任的意思表示的，人民法院应当将其认定为连带责任保证。

第二十六条 一般保证中，债权人以债务人为被告提起诉讼的，人民法院应予受理。债权人未就主合同纠纷提起诉讼或者申请仲裁，仅起诉一般保证人的，人民法院应当驳回起诉。

一般保证中，债权人一并起诉债务人和保证人的，人民法院可以受理，但是在作出判决时，除有民法典第六百八十七条第二款但书规定的情形外，应当在判决书主文中明确，保证人仅对债务人财产依法强制执行后仍不能履行的部分承担保证责任。

债权人未对债务人的财产申请保全，或者保全的债务人的财产足以清偿债务，债权人申请对一般保证人的财产进行保全的，人民法院不予准许。

第二十七条 一般保证的债权人取得对债务人赋予强制执行效力的公证债权文书后，在保证期间内向人民法院申请强制执行，保证人以债权人未在保证期间内对债务人提起诉讼或者申请仲裁为由主张不承担保证责任的，人民法院不予支持。

第二十八条 一般保证中，债权人依据生效法律文书对债务人的财产依法申请强制执行，保证债务诉讼时效的起算时间按照下列规则确定：

（一）人民法院作出终结本次执行程序裁定，或者依照民事诉讼法第二百五十七条第三项、第五项的规定作出终结执行裁定的，自裁定送达债权人之日起开始计算；

（二）人民法院自收到申请执行书之日起一年内未作出前项裁定的，自人民法院收到申请执行书满一年之日起开始计算，但是保证人有证据证明债务人仍有财产可供执行的除外。

一般保证的债权人在保证期间届满前对债务人提起诉讼或者申请仲裁，债权人举证证明存在民法典第六百八十七条第二款但书规定情形的，保证债务的诉讼时效自债权人知道或者应当知道该情形之日起开始计算。

第二十九条 同一债务有两个以上保证人，债权人以其已经在保证期间内依法向部分保证人行使权利为由，主张已经在保证期间内向其他保证人行使权利的，人民法院不予支持。

同一债务有两个以上保证人，保证人之间相互有追偿权，债权人未在保证期间内依法向部分保证人行使权利，导致其他保证人在承担保证责任后丧失追偿权，其他保证人主张在其不能追偿的范围内免除保证责任的，人民法院应予支持。

第三十条 最高额保证合同对保证期间的计算方式、起算时间等有约定的，按照其约定。

最高额保证合同对保证期间的计算方式、起算时间等没有约定或者约定不明，被担保债权的履行期限均已届满的，保证期间自债权确定之日起开始计算；被担保债权的履行期限尚未届满的，保证期间自最后到期债权的履行期限届满之日起开始计算。

前款所称债权确定之日，依照民法典第四百二十三条的规定认定。

第三十一条 一般保证的债权人在保证期间内对债务人提起诉讼或者申请仲裁后，又撤回起诉或者仲裁申请，债权人在保证期间届满前未再行提起诉讼或者申请仲裁，保证人主张不再承担保证责任的，人民法院应予支持。

连带责任保证的债权人在保证期间内对保证人提起诉讼或者申请仲裁后，又撤回起诉或者仲裁申请，起诉状副本或者仲裁申请书副本已经送达保证人的，人民法院应当认定债权人已经在保证期间内向保证人行使了权利。

第三十二条 保证合同约定保证人承担保证责任直至主债务本息还清时为止等类似内容的，视为约定不明，保证期间为主债务履行期限届满之日起六个月。

第三十三条 保证合同无效，债权人未在约定或者法定的保证期间内依法行使权利，保证人主张不承担赔偿责任的，人民法院应予支持。

第三十四条 人民法院在审理保证合同纠纷案件时，应当将保证期间是否届满、债权人是否在保证期间内依法行使权利等事实作为案件基本事实予以查明。

债权人在保证期间内未依法行使权利的，保证责任消灭。保证责任消灭后，债权人书面通知保证人要求承担保证责任，保证人在通知书上签字、盖章或者按指印，债权人请求保证人继续承担保证责任的，人民法院不予支持，但是债权人有证据证明成立了新的保证合同的除外。

第三十五条 保证人知道或者应当知道主债权诉讼时效期间届满仍然提

供保证或者承担保证责任，又以诉讼时效期间届满为由拒绝承担保证责任或者请求返还财产的，人民法院不予支持；保证人承担保证责任后向债务人追偿的，人民法院不予支持，但是债务人放弃诉讼时效抗辩的除外。

第三十六条 第三人向债权人提供差额补足、流动性支持等类似承诺文件作为增信措施，具有提供担保的意思表示，债权人请求第三人承担保证责任的，人民法院应当依照保证的有关规定处理。

第三人向债权人提供的承诺文件，具有加入债务或者与债务人共同承担债务等意思表示的，人民法院应当认定为民法典第五百五十二条规定的债务加入。

前两款中第三人提供的承诺文件难以确定是保证还是债务加入的，人民法院应当将其认定为保证。

第三人向债权人提供的承诺文件不符合前三款规定的情形，债权人请求第三人承担保证责任或者连带责任的，人民法院不予支持，但是不影响其依据承诺文件请求第三人履行约定的义务或者承担相应的民事责任。

三、关于担保物权

（一）担保合同与担保物权的效力

第三十七条 当事人以所有权、使用权不明或者有争议的财产抵押，经审查构成无权处分的，人民法院应当依照民法典第三百一十一条的规定处理。

当事人以依法被查封或者扣押的财产抵押，抵押权人请求行使抵押权，经审查查封或者扣押措施已经解除的，人民法院应予支持。抵押人以抵押权设立时财产被查封或者扣押为由主张抵押合同无效的，人民法院不予支持。

以依法被监管的财产抵押的，适用前款规定。

第三十八条 主债权未受全部清偿，担保物权人主张就担保财产的全部行使担保物权的，人民法院应予支持，但是留置权人行使留置权的，应当依照民法典第四百五十条的规定处理。

担保财产被分割或者部分转让，担保物权人主张就分割或者转让后的担保财产行使担保物权的，人民法院应予支持，但是法律或者司法解释另有规定的除外。

第三十九条 主债权被分割或者部分转让，各债权人主张就其享有的债权份额行使担保物权的，人民法院应予支持，但是法律另有规定或者当事人另有约定的除外。

主债务被分割或者部分转移，债务人自己提供物的担保，债权人请求以该担保财产担保全部债务履行的，人民法院应予支持；第三人提供物的担保，主张对未经其书面同意转移的债务不再承担担保责任的，人民法院应予支持。

第四十条 从物产生于抵押权依法设立前，抵押权人主张抵押权的效力及于从物的，人民法院应予支持，但是当事人另有约定的除外。

从物产生于抵押权依法设立后，抵押权人主张抵押权的效力及于从物的，人民法院不予支持，但是在抵押权实现时可以一并处分。

第四十一条 抵押权依法设立后，抵押财产被添附，添附物归第三人所有，抵押权人主张抵押权效力及于补偿金的，人民法院应予支持。

抵押权依法设立后，抵押财产被添附，抵押人对添附物享有所有权，抵押权人主张抵押权的效力及于添附物的，人民法院应予支持，但是添附导致抵押财产价值增加的，抵押权的效力不及于增加的价值部分。

抵押权依法设立后，抵押人与第三人因添附成为添附物的共有人，抵押权人主张抵押权的效力及于抵押人对共有物享有的份额的，人民法院应予支持。

本条所称添附，包括附合、混合与加工。

第四十二条 抵押权依法设立后，抵押财产毁损、灭失或者被征收等，抵押权人请求按照原抵押权的顺位就保险金、赔偿金或者补偿金等优先受偿的，人民法院应予支持。

给付义务人已经向抵押人给付了保险金、赔偿金或者补偿金，抵押权人请求给付义务人向其给付保险金、赔偿金或者补偿金的，人民法院不予支持，但是给付义务人接到抵押权人要求向其给付的通知后仍然向抵押人给付的除外。

抵押权人请求给付义务人向其给付保险金、赔偿金或者补偿金的，人民法院可以通知抵押人作为第三人参加诉讼。

第四十三条 当事人约定禁止或者限制转让抵押财产但是未将约定登记，抵押人违反约定转让抵押财产，抵押权人请求确认转让合同无效的，人民法院不予支持；抵押财产已经交付或者登记，抵押权人请求确认转让不发生物权效力的，人民法院不予支持，但是抵押权人有证据证明受让人知道的除外；

抵押权人请求抵押人承担违约责任的，人民法院依法予以支持。

当事人约定禁止或者限制转让抵押财产且已经将约定登记，抵押人违反约定转让抵押财产，抵押权人请求确认转让合同无效的，人民法院不予支持；抵押财产已经交付或者登记，抵押权人主张转让不发生物权效力的，人民法院应予支持，但是因受让人代替债务人清偿债务导致抵押权消灭的除外。

第四十四条 主债权诉讼时效期间届满后，抵押权人主张行使抵押权的，人民法院不予支持；抵押人以主债权诉讼时效期间届满为由，主张不承担担保责任的，人民法院应予支持。主债权诉讼时效期间届满前，债权人仅对债务人提起诉讼，经人民法院判决或者调解后未在民事诉讼法规定的申请执行时效期间内对债务人申请强制执行，其向抵押人主张行使抵押权的，人民法院不予支持。

主债权诉讼时效期间届满后，财产被留置的债务人或者对留置财产享有所有权的第三人请求债权人返还留置财产的，人民法院不予支持；债务人或者第三人请求拍卖、变卖留置财产并以所得价款清偿债务的，人民法院应予支持。

主债权诉讼时效期间届满的法律后果，以登记作为公示方式的权利质权，参照适用第一款的规定；动产质权、以交付权利凭证作为公示方式的权利质权，参照适用第二款的规定。

第四十五条 当事人约定当债务人不履行到期债务或者发生当事人约定的实现担保物权的情形，担保物权人有权将担保财产自行拍卖、变卖并就所得的价款优先受偿的，该约定有效。因担保人的原因导致担保物权人无法自行对担保财产进行拍卖、变卖，担保物权人请求担保人承担因此增加的费用的，人民法院应予支持。

当事人依照民事诉讼法有关“实现担保物权案件”的规定，申请拍卖、变卖担保财产，被申请人以担保合同约定仲裁条款为由主张驳回申请的，人民法院经审查后，应当按照以下情形分别处理：

（一）当事人对担保物权无实质性争议且实现担保物权条件已经成就的，应当裁定准许拍卖、变卖担保财产；

（二）当事人对实现担保物权有部分实质性争议的，可以就无争议的部分裁定准许拍卖、变卖担保财产，并告知可以就有争议的部分申请仲裁；

（三）当事人对实现担保物权有实质性争议的，裁定驳回申请，并告知可以向仲裁机构申请仲裁。

债权人以诉讼方式行使担保物权的，应当以债务人和担保人作为共同被告。

（二）不动产抵押

第四十六条 不动产抵押合同生效后未办理抵押登记手续，债权人请求抵押人办理抵押登记手续的，人民法院应予支持。

抵押财产因不可归责于抵押人自身的原因灭失或者被征收等导致不能办理抵押登记，债权人请求抵押人在约定的担保范围内承担责任的，人民法院不予支持；但是抵押人已经获得保险金、赔偿金或者补偿金等，债权人请求抵押人在其所获金额范围内承担赔偿责任的，人民法院依法予以支持。

因抵押人转让抵押财产或者其他可归责于抵押人自身的原因导致不能办理抵押登记，债权人请求抵押人在约定的担保范围内承担责任的，人民法院依法予以支持，但是不得超过抵押权能够设立时抵押人应当承担的责任范围。

第四十七条 不动产登记簿就抵押财产、被担保的债权范围等所作的记载与抵押合同约定不一致的，人民法院应当根据登记簿的记载确定抵押财产、被担保的债权范围等事项。

第四十八条 当事人申请办理抵押登记手续时，因登记机构的过错致使其不能办理抵押登记，当事人请求登记机构承担赔偿责任的，人民法院依法予以支持。

第四十九条 以违法的建筑物抵押的，抵押合同无效，但是一审法庭辩论终结前已经办理合法手续的除外。抵押合同无效的法律后果，依照本解释第十七条的有关规定处理。

当事人以建设用地使用权依法设立抵押，抵押人以土地上存在违法的建筑物为由主张抵押合同无效的，人民法院不予支持。

第五十条 抵押人以划拨建设用地上的建筑物抵押，当事人以该建设用地使用权不能抵押或者未办理批准手续为由主张抵押合同无效或者不生效的，人民法院不予支持。抵押权依法实现时，拍卖、变卖建筑物所得的价款，应当优先用于补缴建设用地使用权出让金。

当事人以划拨方式取得的建设用地使用权抵押，抵押人以未办理批准手续为由主张抵押合同无效或者不生效的，人民法院不予支持。已经依法办理抵押登记，抵押权人主张行使抵押权的，人民法院应予支持。抵押权依法实现时所得的价款，参照前款有关规定处理。

第五十一条 当事人仅以建设用地使用权抵押，债权人主张抵押权的效力及于土地上已有的建筑物以及正在建造的建筑物已完成部分的，人民法院应予支持。债权人主张抵押权的效力及于正在建造的建筑物的续建部分以及新增建筑物的，人民法院不予支持。

当事人以正在建造的建筑物抵押，抵押权的效力范围限于已办理抵押登记的部分。当事人按照担保合同的约定，主张抵押权的效力及于续建部分、新增建筑物以及规划中尚未建造的建筑物的，人民法院不予支持。

抵押人将建设用地使用权、土地上的建筑物或者正在建造的建筑物分别抵押给不同债权人的，人民法院应当根据抵押登记的时间先后确定清偿顺序。

第五十二条 当事人办理抵押预告登记后，预告登记权利人请求就抵押财产优先受偿，经审查存在尚未办理建筑物所有权首次登记、预告登记的财产与办理建筑物所有权首次登记时的财产不一致、抵押预告登记已经失效等情形，导致不具备办理抵押登记条件的，人民法院不予支持；经审查已经办理建筑物所有权首次登记，且不存在预告登记失效等情形的，人民法院应予支持，并应当认定抵押权自预告登记之日起设立。

当事人办理了抵押预告登记，抵押人破产，经审查抵押财产属于破产财产，预告登记权利人主张就抵押财产优先受偿的，人民法院应当在受理破产申请时抵押财产的价值范围内予以支持，但是在人民法院受理破产申请前一年内，债务人对没有财产担保的债务设立抵押预告登记的除外。

（三）动产与权利担保

第五十三条 当事人在动产和权利担保合同中对担保财产进行概括描述，该描述能够合理识别担保财产的，人民法院应当认定担保成立。

第五十四条 动产抵押合同订立后未办理抵押登记，动产抵押权的效力按照下列情形分别处理：

（一）抵押人转让抵押财产，受让人占有抵押财产后，抵押权人向受让人请求行使抵押权的，人民法院不予支持，但是抵押权人能够举证证明受让人知道或者应当知道已经订立抵押合同的除外；

（二）抵押人将抵押财产出租给他人并移转占有，抵押权人行使抵押权的，租赁关系不受影响，但是抵押权人能够举证证明承租人知道或者应当知道已经订立抵押合同的除外；

（三）抵押人的其他债权人向人民法院申请保全或者执行抵押财产，人民法院已经作出财产保全裁定或者采取执行措施，抵押权人主张对抵押财产优先受偿的，人民法院不予支持；

（四）抵押人破产，抵押权人主张对抵押财产优先受偿的，人民法院不予支持。

第五十五条 债权人、出质人与监管人订立三方协议，出质人以通过一定数量、品种等概括描述能够确定范围的货物为债务的履行提供担保，当事人有证据证明监管人系受债权人的委托监管并实际控制该货物的，人民法院应当认定质权于监管人实际控制货物之日起设立。监管人违反约定向出质人或者其他人放货、因保管不善导致货物毁损灭失，债权人请求监管人承担违约责任的，人民法院依法予以支持。

在前款规定情形下，当事人有证据证明监管人系受出质人委托监管该货物，或者虽然受债权人委托但是未实际履行监管职责，导致货物仍由出质人实际控制的，人民法院应当认定质权未设立。债权人可以基于质押合同的约定请求出质人承担违约责任，但是不得超过质权有效设立时出质人应当承担的责任范围。监管人未履行监管职责，债权人请求监管人承担责任的，人民法院依法予以支持。

第五十六条 买受人在出卖人正常经营活动中通过支付合理对价取得已被设立担保物权的动产，担保物权人请求就该动产优先受偿的，人民法院不予支持，但是有下列情形之一的除外：

（一）购买商品的数量明显超过一般买受人；

（二）购买出卖人的生产设备；

（三）订立买卖合同的目的在于担保出卖人或者第三人履行债务；

（四）买受人与出卖人存在直接或者间接的控制关系；

（五）买受人应当查询抵押登记而未查询的其他情形。

前款所称出卖人正常经营活动，是指出卖人的经营活动属于其营业执照明确记载的经营范围，且出卖人持续销售同类商品。前款所称担保物权人，是指已经办理登记的抵押权人、所有权保留买卖的出卖人、融资租赁合同的出租人。

第五十七条 担保人在设立动产浮动抵押并办理抵押登记后又购入或者以融资租赁方式承租新的动产，下列权利人为担保价款债权或者租金的实现而订立担保合同，并在该动产交付后十日内办理登记，主张其权利优先于在先设立的浮动抵押权的，人民法院应予支持：

（一）在该动产上设立抵押权或者保留所有权的出卖人；

（二）为价款支付提供融资而在该动产上设立抵押权的债权人；

（三）以融资租赁方式出租该动产的出租人。

买受人取得动产但未付清价款或者承租人以融资租赁方式占有租赁物但是未付清全部租金，又以标的物为他人设立担保物权，前款所列权利人为担保价款债权或者租金的实现而订立担保合同，并在该动产交付后十日内办理登记，主张其权利优先于买受人为他人设立的担保物权的，人民法院应予支持。

同一动产上存在多个价款优先权的，人民法院应当按照登记的时间先后确定清偿顺序。

第五十八条 以汇票出质，当事人以背书记载"质押"字样并在汇票上签章，汇票已经交付质权人的，人民法院应当认定质权自汇票交付质权人时设立。

第五十九条 存货人或者仓单持有人在仓单上以背书记载"质押"字样，并经保管人签章，仓单已经交付质权人的，人民法院应当认定质权自仓单交付质权人时设立。没有权利凭证的仓单，依法可以办理出质登记的，仓单质权自办理出质登记时设立。

出质人既以仓单出质，又以仓储物设立担保，按照公示的先后确定清偿顺序；难以确定先后的，按照债权比例清偿。

保管人为同一货物签发多份仓单，出质人在多份仓单上设立多个质权，按照公示的先后确定清偿顺序；难以确定先后的，按照债权比例受偿。

存在第二款、第三款规定的情形，债权人举证证明其损失系由出质人与保管人的共同行为所致，请求出质人与保管人承担连带赔偿责任的，人民法院应予支持。

第六十条 在跟单信用证交易中，开证行与开证申请人之间约定以提单作为担保的，人民法院应当依照民法典关于质权的有关规定处理。

在跟单信用证交易中，开证行依据其与开证申请人之间的约定或者跟单信用证的惯例持有提单，开证申请人未按照约定付款赎单，开证行主张对提单项下货物优先受偿的，人民法院应予支持；开证行主张对提单项下货物享有所有权的，人民法院不予支持。

在跟单信用证交易中，开证行依据其与开证申请人之间的约定或者跟单信用证的惯例，通过转让提单或者提单项下货物取得价款，开证申请人请求返还超出债权部分的，人民法院应予支持。

前三款规定不影响合法持有提单的开证行以提单持有人身份主张运输合同项下的权利。

第六十一条 以现有的应收账款出质，应收账款债务人向质权人确认应收账款的真实性后，又以应收账款不存在或者已经消灭为由主张不承担责任的，人民法院不予支持。

以现有的应收账款出质，应收账款债务人未确认应收账款的真实性，质权人以应收账款债务人为被告，请求就应收账款优先受偿，能够举证证明办理出质登记时应收账款真实存在的，人民法院应予支持；质权人不能举证证明办理出质登记时应收账款真实存在，仅以已经办理出质登记为由，请求就应收账款优先受偿的，人民法院不予支持。

以现有的应收账款出质，应收账款债务人已经向应收账款债权人履行了债务，质权人请求应收账款债务人履行债务的，人民法院不予支持，但是应收账款债务人接到质权人要求向其履行的通知后，仍然向应收账款债权人履行的除外。

以基础设施和公用事业项目收益权、提供服务或者劳务产生的债权以及其他将有的应收账款出质，当事人为应收账款设立特定账户，发生法定或者约定的质权实现事由时，质权人请求就该特定账户内的款项优先受偿的，人民法院应予支持；特定账户内的款项不足以清偿债务或者未设立特定账户，质权人请求折价或者拍卖、变卖项目收益权等将有的应收账款，并以所得的价款优先受偿的，人民法院依法予以支持。

第六十二条 债务人不履行到期债务，债权人因同一法律关系留置合法占有的第三人的动产，并主张就该留置财产优先受偿的，人民法院应予支持。第三人以该留置财产并非债务人的财产为由请求返还的，人民法院不予支持。

企业之间留置的动产与债权并非同一法律关系，债务人以该债权不属于企业持续经营中发生的债权为由请求债权人返还留置财产的，人民法院应予支持。

企业之间留置的动产与债权并非同一法律关系，债权人留置第三人的财产，第三人请求债权人返还留置财产的，人民法院应予支持。

四、关于非典型担保

第六十三条 债权人与担保人订立担保合同，约定以法律、行政法规尚未规定可以担保的财产权利设立担保，当事人主张合同无效的，人民法院不予支持。当事人未在法定的登记机构依法进行登记，主张该担保具有物权效力的，人民法院不予支持。

第六十四条 在所有权保留买卖中，出卖人依法有权取回标的物，但是与买受人协商不成，当事人请求参照民事诉讼法“实现担保物权案件”的有关规定，拍卖、变卖标的物的，人民法院应予准许。

出卖人请求取回标的物，符合民法典第六百四十二条规定的，人民法院应予支持；买受人以抗辩或者反诉的方式主张拍卖、变卖标的物，并在扣除买受人未支付的价款以及必要费用后返还剩余款项的，人民法院应当一并处理。

第六十五条 在融资租赁合同中，承租人未按照约定支付租金，经催告后在合理期限内仍不支付，出租人请求承租人支付全部剩余租金，并以拍卖、变卖租赁物所得的价款受偿的，人民法院应予支持；当事人请求参照民事诉讼法“实现担保物权案件”的有关规定，以拍卖、变卖租赁物所得价款支付租金的，人民法院应予准许。

出租人请求解除融资租赁合同并收回租赁物，承租人以抗辩或者反诉的方式主张返还租赁物价值超过欠付租金以及其他费用的，人民法院应当一并处理。当事人对租赁物的价值有争议的，应当按照下列规则确定租赁物的价值：

（一）融资租赁合同有约定的，按照其约定；

（二）融资租赁合同未约定或者约定不明的，根据约定的租赁物折旧以及合同到期后租赁物的残值来确定；

（三）根据前两项规定的方法仍然难以确定，或者当事人认为根据前两项规定的方法确定的价值严重偏离租赁物实际价值的，根据当事人的申请委托有资质的机构评估。

第六十六条 同一应收账款同时存在保理、应收账款质押和债权转让，当事人主张参照民法典第七百六十八条的规定确定优先顺序的，人民法院应予支持。

在有追索权的保理中，保理人以应收账款债权人或者应收账款债务人为被告提起诉讼，人民法院应予受理；保理人一并起诉应收账款债权人和应收账款债务人的，人民法院可以受理。

应收账款债权人向保理人返还保理融资款本息或者回购应收账款债权后，请求应收账款债务人向其履行应收账款债务的，人民法院应予支持。

第六十七条 在所有权保留买卖、融资租赁等合同中，出卖人、出租人的所有权未经登记不得对抗的“善意第三人”的范围及其效力，参照本解释第五十四条的规定处理。

第六十八条 债务人或者第三人与债权人约定将财产形式上转移至债权人名下，债务人不履行到期债务，债权人有权对财产折价或者以拍卖、变卖该财产所得价款偿还债务的，人民法院应当认定该约定有效。当事人已经完成财产权利变动的公示，债务人不履行到期债务，债权人请求参照民法典关于担保物权的有关规定就该财产优先受偿的，人民法院应予支持。

债务人或者第三人与债权人约定将财产形式上转移至债权人名下，债务人不履行到期债务，财产归债权人所有的，人民法院应当认定该约定无效，但是不影响当事人有关提供担保的意思表示的效力。当事人已经完成财产权利变动的公示，债务人不履行到期债务，债权人请求对该财产享有所有权的，人民法院不予支持；债权人请求参照民法典关于担保物权的规定对财产折价或者以拍卖、变卖该财产所得的价款优先受偿的，人民法院应予支持；债务人履行债务后请求返还财产，或者请求对财产折价或者以拍卖、变卖所得的价款清偿债务的，人民法院应予支持。

债务人与债权人约定将财产转移至债权人名下，在一定期间后再由债务人或者其指定的第三人以交易本金加上溢价款回购，债务人到期不履行回购义务，财产归债权人所有的，人民法院应当参照第二款规定处理。回购对象自始不存在的，人民法院应当依照民法典第一百四十六条第二款的规定，按照其实际构成的法律关系处理。

第六十九条 股东以将其股权转移至债权人名下的方式为债务履行提供担保，公司或者公司的债权人以股东未履行或者未全面履行出资义务、抽逃出资等为由，请求作为名义股东的债权人与股东承担连带责任的，人民法院不予支持。

第七十条 债务人或者第三人为担保债务的履行，设立专门的保证金账户并由债权人实际控制，或者将其资金存入债权人设立的保证金账户，债权人主张就账户内的款项优先受偿的，人民法院应予支持。当事人以保证金账户内的款项浮动为由，主张实际控制该账户的债权人对账户内的款项不享有优先受偿权的，人民法院不予支持。

在银行账户下设立的保证金分户，参照前款规定处理。

当事人约定的保证金并非为担保债务的履行设立，或者不符合前两款规定的情形，债权人主张就保证金优先受偿的，人民法院不予支持，但是不影响当事人依照法律的规定或者按照当事人的约定主张权利。

五、附　则

第七十一条 本解释自2021年1月1日起施行。

最高人民法院关于适用《中华人民共和国民法典》婚姻家庭编的解释（一）

（2020年12月25日最高人民法院审判委员会第1825次会议通过　2020年12月29日最高人民法院公告公布　自2021年1月1日起施行　法释〔2020〕22号）

为正确审理婚姻家庭纠纷案件，根据《中华人民共和国民法典》《中华人民共和国民事诉讼法》等相关法律规定，结合审判实践，制定本解释。

一、一般规定

第一条 持续性、经常性的家庭暴力，可以认定为民法典第一千零四十二条、第一千零七十九条、第一千零九十一条所称的“虐待”。

第二条 民法典第一千零四十二条、第一千零七十九条、第一千零九十一条规定的“与他人同居”的情形，是指有配偶者与婚外异性，不以夫妻名义，持续、稳定地共同居住。

第三条 当事人提起诉讼仅请求解除同居关系的，人民法院不予受理；已经受理的，裁定驳回起诉。

当事人因同居期间财产分割或者子女抚养纠纷提起诉讼的，人民法院应当受理。

第四条 当事人仅以民法典第一千零四十三条为依据提起诉讼的，人民法院不予受理；已经受理的，裁定驳回起诉。

第五条 当事人请求返还按照习俗给付的彩礼的，如果查明属于以下情形，人民法院应当予以支持：

（一）双方未办理结婚登记手续；

（二）双方办理结婚登记手续但确未共同生活；

（三）婚前给付并导致给付人生活困难。

适用前款第二项、第三项的规定，应当以双方离婚为条件。

二、结　婚

第六条 男女双方依据民法典第一千零四十九条规定补办结婚登记的，婚姻关系的效力从双方均符合民法典所规定的结婚的实质要件时起算。

第七条 未依据民法典第一千零四十九条规定办理结婚登记而以夫妻名义共同生活的男女，提起诉讼要求离婚的，应当区别对待：

（一）1994 年 2 月 1 日民政部《婚姻登记管理条例》公布实施以前，男女双方已经符合结婚实质要件的，按事实婚姻处理。

（二）1994 年 2 月 1 日民政部《婚姻登记管理条例》公布实施以后，男女双方符合结婚实质要件的，人民法院应当告知其补办结婚登记。未补办结婚登记的，依据本解释第三条规定处理。

第八条 未依据民法典第一千零四十九条规定办理结婚登记而以夫妻名义共同生活的男女，一方死亡，另一方以配偶身份主张享有继承权的，依据本解释第七条的原则处理。

第九条 有权依据民法典第一千零五十一条规定向人民法院就已办理结婚登记的婚姻请求确认婚姻无效的主体，包括婚姻当事人及利害关系人。其中，利害关系人包括：

（一）以重婚为由的，为当事人的近亲属及基层组织；

（二）以未到法定婚龄为由的，为未到法定婚龄者的近亲属；

（三）以有禁止结婚的亲属关系为由的，为当事人的近亲属。

第十条 当事人依据民法典第一千零五十一条规定向人民法院请求确认婚姻无效，法定的无效婚姻情形在提起诉讼时已经消失的，人民法院不予支持。

第十一条 人民法院受理请求确认婚姻无效案件后，原告申请撤诉的，不予准许。

对婚姻效力的审理不适用调解，应当依法作出判决。

涉及财产分割和子女抚养的，可以调解。调解达成协议的，另行制作调解书；未达成调解协议的，应当一并作出判决。

第十二条 人民法院受理离婚案件后，经审理确属无效婚姻的，应当将婚姻无效的情形告知当事人，并依法作出确认婚姻无效的判决。

第十三条 人民法院就同一婚姻关系分别受理了离婚和请求确认婚姻无效案件的，对于离婚案件的审理，应当待请求确认婚姻无效案件作出判决后进行。

第十四条 夫妻一方或者双方死亡后，生存一方或者利害关系人依据民法典第一千零五十一条的规定请求确认婚姻无效的，人民法院应当受理。

第十五条 利害关系人依据民法典第一千零五十一条的规定，请求人民法院确认婚姻无效的，利害关系人为原告，婚姻关系当事人双方为被告。

夫妻一方死亡的，生存一方为被告。

第十六条 人民法院审理重婚导致的无效婚姻案件时，涉及财产处理的，应当准许合法婚姻当事人作为有独立请求权的第三人参加诉讼。

第十七条 当事人以民法典第一千零五十一条规定的三种无效婚姻以外的情形请求确认婚姻无效的，人民法院应当判决驳回当事人的诉讼请求。

当事人以结婚登记程序存在瑕疵为由提起民事诉讼，主张撤销结婚登记的，告知其可以依法申请行政复议或者提起行政诉讼。

第十八条 行为人以给另一方当事人或者其近亲属的生命、身体、健康、名誉、财产等方面造成损害为要挟，迫使另一方当事人违背真实意愿结婚的，可以认定为民法典第一千零五十二条所称的“胁迫”。

因受胁迫而请求撤销婚姻的，只能是受胁迫一方的婚姻关系当事人本人。

第十九条 民法典第一千零五十二条规定的“一年”，不适用诉讼时效中止、中断或者延长的规定。

受胁迫或者被非法限制人身自由的当事人请求撤销婚姻的，不适用民法典第一百五十二条第二款的规定。

第二十条 民法典第一千零五十四条所规定的“自始没有法律约束力”，是指无效婚姻或者可撤销婚姻在依法被确认无效或者被撤销时，才确定该婚姻自始不受法律保护。

第二十一条 人民法院根据当事人的请求，依法确认婚姻无效或者撤销婚姻的，应当收缴双方的结婚证书并将生效的判决书寄送当地婚姻登记管理机关。

第二十二条 被确认无效或者被撤销的婚姻，当事人同居期间所得的财产，除有证据证明为当事人一方所有的以外，按共同共有处理。

三、夫妻关系

第二十三条 夫以妻擅自中止妊娠侵犯其生育权为由请求损害赔偿的，人民法院不予支持；夫妻双方因是否生育发生纠纷，致使感情确已破裂，一方请求离婚的，人民法院经调解无效，应依照民法典第一千零七十九条第三款第五项的规定处理。

第二十四条 民法典第一千零六十二条第一款第三项规定的“知识产权的收益”，是指婚姻关系存续期间，实际取得或者已经明确可以取得的财产性收益。

第二十五条 婚姻关系存续期间，下列财产属于民法典第一千零六十二条规定的“其他应当归共同所有的财产”：

（一）一方以个人财产投资取得的收益；

（二）男女双方实际取得或者应当取得的住房补贴、住房公积金；

（三）男女双方实际取得或者应当取得的基本养老金、破产安置补偿费。

第二十六条 夫妻一方个人财产在婚后产生的收益，除孳息和自然增值外，应认定为夫妻共同财产。

第二十七条 由一方婚前承租、婚后用共同财产购买的房屋，登记在一方名下的，应当认定为夫妻共同财产。

第二十八条 一方未经另一方同意出售夫妻共同所有的房屋，第三人善意购买、支付合理对价并已办理不动产登记，另一方主张追回该房屋的，人民法院不予支持。

夫妻一方擅自处分共同所有的房屋造成另一方损失，离婚时另一方请求赔偿损失的，人民法院应予支持。

第二十九条 当事人结婚前，父母为双方购置房屋出资的，该出资应当认定为对自己子女个人的赠与，但父母明确表示赠与双方的除外。

当事人结婚后，父母为双方购置房屋出资的，依照约定处理；没有约定或者约定不明确的，按照民法典第一千零六十二条第一款第四项规定的原则处理。

第三十条 军人的伤亡保险金、伤残补助金、医药生活补助费属于个人财产。

第三十一条 民法典第一千零六十三条规定为夫妻一方的个人财产，不因婚姻关系的延续而转化为夫妻共同财产。但当事人另有约定的除外。

第三十二条 婚前或者婚姻关系存续期间，当事人约定将一方所有的房产赠与另一方或者共有，赠与方在赠与房产变更登记之前撤销赠与，另一方请求判令继续履行的，人民法院可以按照民法典第六百五十八条的规定处理。

第三十三条 债权人就一方婚前所负个人债务向债务人的配偶主张权利的，人民法院不予支持。但债权人能够证明所负债务用于婚后家庭共同生活的除外。

第三十四条 夫妻一方与第三人串通，虚构债务，第三人主张该债务为夫妻共同债务的，人民法院不予支持。

夫妻一方在从事赌博、吸毒等违法犯罪活动中所负债务，第三人主张该债务为夫妻共同债务的，人民法院不予支持。

第三十五条 当事人的离婚协议或者人民法院生效判决、裁定、调解书已经对夫妻财产分割问题作出处理的，债权人仍有权就夫妻共同债务向男女双方主张权利。

一方就夫妻共同债务承担清偿责任后，主张由另一方按照离婚协议或者人民法院的法律文书承担相应债务的，人民法院应予支持。

第三十六条 夫或者妻一方死亡的，生存一方应当对婚姻关系存续期间的夫妻共同债务承担清偿责任。

第三十七条 民法典第一千零六十五条第三款所称“相对人知道该约定的”，夫妻一方对此负有举证责任。

第三十八条 婚姻关系存续期间，除民法典第一千零六十六条规定情形以外，夫妻一方请求分割共同财产的，人民法院不予支持。

四、父母子女关系

第三十九条 父或者母向人民法院起诉请求否认亲子关系，并已提供必要证据予以证明，另一方没有相反证据又拒绝做亲子鉴定的，人民法院可以认定否认亲子关系一方的主张成立。

父或者母以及成年子女起诉请求确认亲子关系，并提供必要证据予以证明，另一方没有相反证据又拒绝做亲子鉴定的，人民法院可以认定确认亲子关系一方的主张成立。

第四十条 婚姻关系存续期间，夫妻双方一致同意进行人工授精，所生子女应视为婚生子女，父母子女间的权利义务关系适用民法典的有关规定。

第四十一条 尚在校接受高中及其以下学历教育，或者丧失、部分丧失劳动能力等非因主观原因而无法维持正常生活的成年子女，可以认定为民法典第一千零六十七条规定的“不能独立生活的成年子女”。

第四十二条 民法典第一千零六十七条所称“抚养费”，包括子女生活费、教育费、医疗费等费用。

第四十三条 婚姻关系存续期间，父母双方或者一方拒不履行抚养子女义务，未成年子女或者不能独立生活的成年子女请求支付抚养费的，人民法院应予支持。

第四十四条 离婚案件涉及未成年子女抚养的，对不满两周岁的子女，按照民法典第一千零八十四条第三款规定的原则处理。母亲有下列情形之一，父亲请求直接抚养的，人民法院应予支持：

（一）患有久治不愈的传染性疾病或者其他严重疾病，子女不宜与其共同生活；

（二）有抚养条件不尽抚养义务，而父亲要求子女随其生活；

（三）因其他原因，子女确不宜随母亲生活。

第四十五条 父母双方协议不满两周岁子女由父亲直接抚养，并对子女健康成长无不利影响的，人民法院应予支持。

第四十六条 对已满两周岁的未成年子女，父母均要求直接抚养，一方有下列情形之一的，可予优先考虑：

（一）已做绝育手术或者因其他原因丧失生育能力；

（二）子女随其生活时间较长，改变生活环境对子女健康成长明显不利；

（三）无其他子女，而另一方有其他子女；

（四）子女随其生活，对子女成长有利，而另一方患有久治不愈的传染性疾病或者其他严重疾病，或者有其他不利于子女身心健康的情形，不宜与子女共同生活。

第四十七条 父母抚养子女的条件基本相同，双方均要求直接抚养子女，但子女单独随祖父母或者外祖父母共同生活多年，且祖父母或者外祖父母要求并且有能力帮助子女照顾孙子女或者外孙子女的，可以作为父或者母直接抚养子女的优先条件予以考虑。

第四十八条 在有利于保护子女利益的前提下，父母双方协议轮流直接抚养子女的，人民法院应予支持。

第四十九条 抚养费的数额，可以根据子女的实际需要、父母双方的负担能力和当地的实际生活水平确定。

有固定收入的，抚养费一般可以按其月总收入的百分之二十至三十的比例给付。负担两个以上子女抚养费的，比例可以适当提高，但一般不得超过月总收入的百分之五十。

无固定收入的，抚养费的数额可以依据当年总收入或者同行业平均收入，参照上述比例确定。

有特殊情况的，可以适当提高或者降低上述比例。

第五十条 抚养费应当定期给付，有条件的可以一次性给付。

第五十一条 父母一方无经济收入或者下落不明的，可以用其财物折抵抚养费。

第五十二条 父母双方可以协议由一方直接抚养子女并由直接抚养方负担子女全部抚养费。但是，直接抚养方的抚养能力明显不能保障子女所需费用，影响子女健康成长的，人民法院不予支持。

第五十三条 抚养费的给付期限，一般至子女十八周岁为止。

十六周岁以上不满十八周岁，以其劳动收入为主要生活来源，并能维持当地一般生活水平的，父母可以停止给付抚养费。

第五十四条 生父与继母离婚或者生母与继父离婚时，对曾受其抚养教育的继子女，继父或者继母不同意继续抚养的，仍应由生父或者生母抚养。

第五十五条 离婚后，父母一方要求变更子女抚养关系的，或者子女要求增加抚养费的，应当另行提起诉讼。

第五十六条 具有下列情形之一，父母一方要求变更子女抚养关系的，人民法院应予支持：

（一）与子女共同生活的一方因患严重疾病或者因伤残无力继续抚养子女；

（二）与子女共同生活的一方不尽抚养义务或有虐待子女行为，或者其与子女共同生活对子女身心健康确有不利影响；

（三）已满八周岁的子女，愿随另一方生活，该方又有抚养能力；

（四）有其他正当理由需要变更。

第五十七条 父母双方协议变更子女抚养关系的，人民法院应予支持。

第五十八条 具有下列情形之一，子女要求有负担能力的父或者母增加抚养费的，人民法院应予支持：

（一）原定抚养费数额不足以维持当地实际生活水平；

（二）因子女患病、上学，实际需要已超过原定数额；

（三）有其他正当理由应当增加。

第五十九条 父母不得因子女变更姓氏而拒付子女抚养费。父或者母擅自将子女姓氏改为继母或继父姓氏而引起纠纷的，应当责令恢复原姓氏。

第六十条 在离婚诉讼期间，双方均拒绝抚养子女的，可以先行裁定暂由一方抚养。

第六十一条 对拒不履行或者妨害他人履行生效判决、裁定、调解书中有关子女抚养义务的当事人或者其他人，人民法院可依照民事诉讼法第一百一十一条的规定采取强制措施。

五、离　婚

第六十二条 无民事行为能力人的配偶有民法典第三十六条第一款规定行为，其他有监护资格的人可以要求撤销其监护资格，并依法指定新的监护人；变更后的监护人代理无民事行为能力一方提起离婚诉讼的，人民法院应予受理。

第六十三条 人民法院审理离婚案件，符合民法典第一千零七十九条第三款规定“应当准予离婚”情形的，不应当因当事人有过错而判决不准离婚。

第六十四条 民法典第一千零八十一条所称的“军人一方有重大过错”，可以依据民法典第一千零七十九条第三款前三项规定及军人有其他重大过错导致夫妻感情破裂的情形予以判断。

第六十五条 人民法院作出的生效的离婚判决中未涉及探望权，当事人就探望权问题单独提起诉讼的，人民法院应予受理。

第六十六条 当事人在履行生效判决、裁定或者调解书的过程中，一方请求中止探望的，人民法院在征询双方当事人意见后，认为需要中止探望的，依法作出裁定；中止探望的情形消失后，人民法院应当根据当事人的请求书面通知其恢复探望。

第六十七条 未成年子女、直接抚养子女的父或者母以及其他对未成年子女负担抚养、教育、保护义务的法定监护人，有权向人民法院提出中止探望的请求。

第六十八条 对于拒不协助另一方行使探望权的有关个人或者组织，可以由人民法院依法采取拘留、罚款等强制措施，但是不能对子女的人身、探望行为进行强制执行。

第六十九条 当事人达成的以协议离婚或者到人民法院调解离婚为条件

的财产以及债务处理协议，如果双方离婚未成，一方在离婚诉讼中反悔的，人民法院应当认定该财产以及债务处理协议没有生效，并根据实际情况依照民法典第一千零八十七条和第一千零八十九条的规定判决。

当事人依照民法典第一千零七十六条签订的离婚协议中关于财产以及债务处理的条款，对男女双方具有法律约束力。登记离婚后当事人因履行上述协议发生纠纷提起诉讼的，人民法院应当受理。

第七十条 夫妻双方协议离婚后就财产分割问题反悔，请求撤销财产分割协议的，人民法院应当受理。

人民法院审理后，未发现订立财产分割协议时存在欺诈、胁迫等情形的，应当依法驳回当事人的诉讼请求。

第七十一条 人民法院审理离婚案件，涉及分割发放到军人名下的复员费、自主择业费等一次性费用的，以夫妻婚姻关系存续年限乘以年平均值，所得数额为夫妻共同财产。

前款所称年平均值，是指将发放到军人名下的上述费用总额按具体年限均分得出的数额。其具体年限为人均寿命七十岁与军人入伍时实际年龄的差额。

第七十二条 夫妻双方分割共同财产中的股票、债券、投资基金份额等有价证券以及未上市股份有限公司股份时，协商不成或者按市价分配有困难的，人民法院可以根据数量按比例分配。

第七十三条 人民法院审理离婚案件，涉及分割夫妻共同财产中以一方名义在有限责任公司的出资额，另一方不是该公司股东的，按以下情形分别处理：

（一）夫妻双方协商一致将出资额部分或者全部转让给该股东的配偶，其他股东过半数同意，并且其他股东均明确表示放弃优先购买权的，该股东的配偶可以成为该公司股东；

（二）夫妻双方就出资额转让份额和转让价格等事项协商一致后，其他股东半数以上不同意转让，但愿意以同等条件购买该出资额的，人民法院可以对转让出资所得财产进行分割。其他股东半数以上不同意转让，也不愿意以同等条件购买该出资额的，视为其同意转让，该股东的配偶可以成为该公司股东。

用于证明前款规定的股东同意的证据，可以是股东会议材料，也可以是当事人通过其他合法途径取得的股东的书面声明材料。

第七十四条 人民法院审理离婚案件，涉及分割夫妻共同财产中以一方名义在合伙企业中的出资，另一方不是该企业合伙人的，当夫妻双方协商一致，将其合伙企业中的财产份额全部或者部分转让给对方时，按以下情形分别处理：

（一）其他合伙人一致同意的，该配偶依法取得合伙人地位；

（二）其他合伙人不同意转让，在同等条件下行使优先购买权的，可以对转让所得的财产进行分割；

（三）其他合伙人不同意转让，也不行使优先购买权，但同意该合伙人退伙或者削减部分财产份额的，可以对结算后的财产进行分割；

（四）其他合伙人既不同意转让，也不行使优先购买权，又不同意该合伙人退伙或者削减部分财产份额的，视为全体合伙人同意转让，该配偶依法取得合伙人地位。

第七十五条 夫妻以一方名义投资设立个人独资企业的，人民法院分割夫妻在该个人独资企业中的共同财产时，应当按照以下情形分别处理：

（一）一方主张经营该企业的，对企业资产进行评估后，由取得企业资产所有权一方给予另一方相应的补偿；

（二）双方均主张经营该企业的，在双方竞价基础上，由取得企业资产所有权的一方给予另一方相应的补偿；

（三）双方均不愿意经营该企业的，按照《中华人民共和国个人独资企业法》等有关规定办理。

第七十六条 双方对夫妻共同财产中的房屋价值及归属无法达成协议时，人民法院按以下情形分别处理：

（一）双方均主张房屋所有权并且同意竞价取得的，应当准许；

（二）一方主张房屋所有权的，由评估机构按市场价格对房屋作出评估，取得房屋所有权的一方应当给予另一方相应的补偿；

（三）双方均不主张房屋所有权的，根据当事人的申请拍卖、变卖房屋，就所得价款进行分割。

第七十七条 离婚时双方对尚未取得所有权或者尚未取得完全所有权的房屋有争议且协商不成的，人民法院不宜判决房屋所有权的归属，应当根据实际情况判决由当事人使用。

当事人就前款规定的房屋取得完全所有权后，有争议的，可以另行向人民法院提起诉讼。

第七十八条 夫妻一方婚前签订不动产买卖合同，以个人财产支付首付款并在银行贷款，婚后用夫妻共同财产还贷，不动产登记于首付款支付方名下的，离婚时该不动产由双方协议处理。

依前款规定不能达成协议的，人民法院可以判决该不动产归登记一方，尚未归还的贷款为不动产登记一方的个人债务。双方婚后共同还贷支付的款项及其相对应财产增值部分，离婚时应根据民法典第一千零八十七条第一款规定的原则，由不动产登记一方对另一方进行补偿。

第七十九条 婚姻关系存续期间，双方用夫妻共同财产出资购买以一方父母名义参加房改的房屋，登记在一方父母名下，离婚时另一方主张按照夫妻共同财产对该房屋进行分割的，人民法院不予支持。购买该房屋时的出资，可以作为债权处理。

第八十条 离婚时夫妻一方尚未退休、不符合领取基本养老金条件，另一方请求按照夫妻共同财产分割基本养老金的，人民法院不予支持；婚后以夫妻共同财产缴纳基本养老保险费，离婚时一方主张将养老金账户中婚姻关系存续期间个人实际缴纳部分及利息作为夫妻共同财产分割的，人民法院应予支持。

第八十一条 婚姻关系存续期间，夫妻一方作为继承人依法可以继承的遗产，在继承人之间尚未实际分割，起诉离婚时另一方请求分割的，人民法院应当告知当事人在继承人之间实际分割遗产后另行起诉。

第八十二条 夫妻之间订立借款协议，以夫妻共同财产出借给一方从事个人经营活动或者用于其他个人事务的，应视为双方约定处分夫妻共同财产的行为，离婚时可以按照借款协议的约定处理。

第八十三条 离婚后，一方以尚有夫妻共同财产未处理为由向人民法院起诉请求分割的，经审查该财产确属离婚时未涉及的夫妻共同财产，人民法院应当依法予以分割。

第八十四条 当事人依据民法典第一千零九十二条的规定向人民法院提起诉讼，请求再次分割夫妻共同财产的诉讼时效期间为三年，从当事人发现之日起计算。

第八十五条 夫妻一方申请对配偶的个人财产或者夫妻共同财产采取保全措施的，人民法院可以在采取保全措施可能造成损失的范围内，根据实际情况，确定合理的财产担保数额。

第八十六条 民法典第一千零九十一条规定的“损害赔偿”，包括物质损害赔偿和精神损害赔偿。涉及精神损害赔偿的，适用《最高人民法院关于确定民事侵权精神损害赔偿责任若干问题的解释》的有关规定。

第八十七条 承担民法典第一千零九十一条规定的损害赔偿责任的主体，为离婚诉讼当事人中无过错方的配偶。

人民法院判决不准离婚的案件，对于当事人基于民法典第一千零九十一条提出的损害赔偿请求，不予支持。

在婚姻关系存续期间，当事人不起诉离婚而单独依据民法典第一千零九十一条提起损害赔偿请求的，人民法院不予受理。

第八十八条 人民法院受理离婚案件时，应当将民法典第一千零九十一条等规定中当事人的有关权利义务，书面告知当事人。在适用民法典第一千零九十一条时，应当区分以下不同情况：

（一）符合民法典第一千零九十一条规定的无过错方作为原告基于该条规定向人民法院提起损害赔偿请求的，必须在离婚诉讼的同时提出。

（二）符合民法典第一千零九十一条规定的无过错方作为被告的离婚诉讼案件，如果被告不同意离婚也不基于该条规定提起损害赔偿请求的，可以就此单独提起诉讼。

（三）无过错方作为被告的离婚诉讼案件，一审时被告未基于民法典第一千零九十一条规定提出损害赔偿请求，二审期间提出的，人民法院应当进行调解；调解不成的，告知当事人另行起诉。双方当事人同意由第二审人民法院一并审理的，第二审人民法院可以一并裁判。

第八十九条 当事人在婚姻登记机关办理离婚登记手续后，以民法典第一千零九十一条规定为由向人民法院提出损害赔偿请求的，人民法院应当受理。但当事人在协议离婚时已经明确表示放弃该项请求的，人民法院不予支持。

第九十条 夫妻双方均有民法典第一千零九十一条规定的过错情形，一方或者双方向对方提出离婚损害赔偿请求的，人民法院不予支持。

六、附　则

第九十一条 本解释自2021年1月1日起施行。

最高人民法院关于适用《中华人民共和国民法典》继承编的解释（一）

（2020年12月25日最高人民法院审判委员会第1825次会议通过　2020年12月29日最高人民法院公告公布　自2021年1月1日起施行　法释〔2020〕23号）

为正确审理继承纠纷案件，根据《中华人民共和国民法典》等相关法律规定，结合审判实践，制定本解释。

一、一般规定

第一条　继承从被继承人生理死亡或者被宣告死亡时开始。

宣告死亡的，根据民法典第四十八条规定确定的死亡日期，为继承开始的时间。

第二条　承包人死亡时尚未取得承包收益的，可以将死者生前对承包所投入的资金和所付出的劳动及其增值和孳息，由发包单位或者接续承包合同的人合理折价、补偿。其价额作为遗产。

第三条　被继承人生前与他人订有遗赠扶养协议，同时又立有遗嘱的，继承开始后，如果遗赠扶养协议与遗嘱没有抵触，遗产分别按协议和遗嘱处理；如果有抵触，按协议处理，与协议抵触的遗嘱全部或者部分无效。

第四条　遗嘱继承人依遗嘱取得遗产后，仍有权依照民法典第一千一百三十条的规定取得遗嘱未处分的遗产。

第五条　在遗产继承中，继承人之间因是否丧失继承权发生纠纷，向人民法院提起诉讼的，由人民法院依据民法典第一千一百二十五条的规定，判决确认其是否丧失继承权。

第六条　继承人是否符合民法典第一千一百二十五条第一款第三项规定

的“虐待被继承人情节严重”，可以从实施虐待行为的时间、手段、后果和社会影响等方面认定。

虐待被继承人情节严重的，不论是否追究刑事责任，均可确认其丧失继承权。

第七条 继承人故意杀害被继承人的，不论是既遂还是未遂，均应当确认其丧失继承权。

第八条 继承人有民法典第一千一百二十五条第一款第一项或者第二项所列之行为，而被继承人以遗嘱将遗产指定由该继承人继承的，可以确认遗嘱无效，并确认该继承人丧失继承权。

第九条 继承人伪造、篡改、隐匿或者销毁遗嘱，侵害了缺乏劳动能力又无生活来源的继承人的利益，并造成其生活困难的，应当认定为民法典第一千一百二十五条第一款第四项规定的“情节严重”。

二、法定继承

第十条 被收养人对养父母尽了赡养义务，同时又对生父母扶养较多的，除可以依照民法典第一千一百二十七条的规定继承养父母的遗产外，还可以依照民法典第一千一百三十一条的规定分得生父母适当的遗产。

第十一条 继子女继承了继父母遗产的，不影响其继承生父母的遗产。

继父母继承了继子女遗产的，不影响其继承生子女的遗产。

第十二条 养子女与生子女之间、养子女与养子女之间，系养兄弟姐妹，可以互为第二顺序继承人。

被收养人与其亲兄弟姐妹之间的权利义务关系，因收养关系的成立而消除，不能互为第二顺序继承人。

第十三条 继兄弟姐妹之间的继承权，因继兄弟姐妹之间的扶养关系而发生。没有扶养关系的，不能互为第二顺序继承人。

继兄弟姐妹之间相互继承了遗产的，不影响其继承亲兄弟姐妹的遗产。

第十四条 被继承人的孙子女、外孙子女、曾孙子女、外曾孙子女都可以代位继承，代位继承人不受辈数的限制。

第十五条 被继承人的养子女、已形成扶养关系的继子女的生子女可以代位继承；被继承人亲生子女的养子女可以代位继承；被继承人养子女的养子女可以代位继承；与被继承人已形成扶养关系的继子女的养子女也可以代位继承。

第十六条 代位继承人缺乏劳动能力又没有生活来源，或者对被继承人尽过主要赡养义务的，分配遗产时，可以多分。

第十七条 继承人丧失继承权的，其晚辈直系血亲不得代位继承。如该代位继承人缺乏劳动能力又没有生活来源，或者对被继承人尽赡养义务较多的，可以适当分给遗产。

第十八条 丧偶儿媳对公婆、丧偶女婿对岳父母，无论其是否再婚，依照民法典第一千一百二十九条规定作为第一顺序继承人时，不影响其子女代位继承。

第十九条 对被继承人生活提供了主要经济来源，或者在劳务等方面给予了主要扶助的，应当认定其尽了主要赡养义务或主要扶养义务。

第二十条 依照民法典第一千一百三十一条规定可以分给适当遗产的人，分给他们遗产时，按具体情况可以多于或者少于继承人。

第二十一条 依照民法典第一千一百三十一条规定可以分给适当遗产的人，在其依法取得被继承人遗产的权利受到侵犯时，本人有权以独立的诉讼主体资格向人民法院提起诉讼。

第二十二条 继承人有扶养能力和扶养条件，愿意尽扶养义务，但被继承人因有固定收入和劳动能力，明确表示不要求其扶养的，分配遗产时，一般不应因此而影响其继承份额。

第二十三条 有扶养能力和扶养条件的继承人虽然与被继承人共同生活，但对需要扶养的被继承人不尽扶养义务，分配遗产时，可以少分或者不分。

三、遗嘱继承和遗赠

第二十四条 继承人、受遗赠人的债权人、债务人，共同经营的合伙人，也应当视为与继承人、受遗赠人有利害关系，不能作为遗嘱的见证人。

第二十五条 遗嘱人未保留缺乏劳动能力又没有生活来源的继承人的遗产份额，遗产处理时，应当为该继承人留下必要的遗产，所剩余的部分，才可参照遗嘱确定的分配原则处理。

继承人是否缺乏劳动能力又没有生活来源，应当按遗嘱生效时该继承人的具体情况确定。

第二十六条 遗嘱人以遗嘱处分了国家、集体或者他人财产的，应当认定该部分遗嘱无效。

第二十七条 自然人在遗书中涉及死后个人财产处分的内容，确为死者的真实意思表示，有本人签名并注明了年、月、日，又无相反证据的，可以按自书遗嘱对待。

第二十八条 遗嘱人立遗嘱时必须具有完全民事行为能力。无民事行为能力人或者限制民事行为能力人所立的遗嘱，即使其本人后来具有完全民事行为能力，仍属无效遗嘱。遗嘱人立遗嘱时具有完全民事行为能力，后来成为无民事行为能力人或者限制民事行为能力人的，不影响遗嘱的效力。

第二十九条 附义务的遗嘱继承或者遗赠，如义务能够履行，而继承人、受遗赠人无正当理由不履行，经受益人或者其他继承人请求，人民法院可以取消其接受附义务部分遗产的权利，由提出请求的继承人或者受益人负责按遗嘱人的意愿履行义务，接受遗产。

四、遗产的处理

第三十条 人民法院在审理继承案件时，如果知道有继承人而无法通知的，分割遗产时，要保留其应继承的遗产，并确定该遗产的保管人或者保管单位。

第三十一条 应当为胎儿保留的遗产份额没有保留的，应从继承人所继承的遗产中扣回。

为胎儿保留的遗产份额，如胎儿出生后死亡的，由其继承人继承；如胎儿娩出时是死体的，由被继承人的继承人继承。

第三十二条 继承人因放弃继承权，致其不能履行法定义务的，放弃继承权的行为无效。

第三十三条 继承人放弃继承应当以书面形式向遗产管理人或者其他继承人表示。

第三十四条 在诉讼中，继承人向人民法院以口头方式表示放弃继承的，要制作笔录，由放弃继承的人签名。

第三十五条 继承人放弃继承的意思表示，应当在继承开始后、遗产分割前作出。遗产分割后表示放弃的不再是继承权，而是所有权。

第三十六条 遗产处理前或者在诉讼进行中，继承人对放弃继承反悔的，由人民法院根据其提出的具体理由，决定是否承认。遗产处理后，继承人对放弃继承反悔的，不予承认。

第三十七条 放弃继承的效力，追溯到继承开始的时间。

第三十八条 继承开始后，受遗赠人表示接受遗赠，并于遗产分割前死亡的，其接受遗赠的权利转移给他的继承人。

第三十九条 由国家或者集体组织供给生活费用的烈属和享受社会救济的自然人，其遗产仍应准许合法继承人继承。

第四十条 继承人以外的组织或者个人与自然人签订遗赠扶养协议后，无正当理由不履行，导致协议解除的，不能享有受遗赠的权利，其支付的供养费用一般不予补偿；遗赠人无正当理由不履行，导致协议解除的，则应当偿还继承人以外的组织或者个人已支付的供养费用。

第四十一条 遗产因无人继承又无人受遗赠归国家或者集体所有制组织所有时，按照民法典第一千一百三十一条规定可以分给适当遗产的人提出取得遗产的诉讼请求，人民法院应当视情况适当分给遗产。

第四十二条 人民法院在分割遗产中的房屋、生产资料和特定职业所需要的财产时，应当依据有利于发挥其使用效益和继承人的实际需要，兼顾各继承人的利益进行处理。

第四十三条 人民法院对故意隐匿、侵吞或者争抢遗产的继承人，可以酌情减少其应继承的遗产。

第四十四条 继承诉讼开始后，如继承人、受遗赠人中有既不愿参加诉讼，又不表示放弃实体权利的，应当追加为共同原告；继承人已书面表示放弃继承、受遗赠人在知道受遗赠后六十日内表示放弃受遗赠或者到期没有表示的，不再列为当事人。

五、附　则

第四十五条 本解释自2021年1月1日起施行。

最高人民法院关于适用《中华人民共和国民法典》物权编的解释（一）

（2020年12月25日最高人民法院审判委员会第1825次会议通过　2020年12月29日最高人民法院公告公布　自2021年1月1日起施行　法释〔2020〕24号）

为正确审理物权纠纷案件，根据《中华人民共和国民法典》等相关法律规定，结合审判实践，制定本解释。

第一条　因不动产物权的归属，以及作为不动产物权登记基础的买卖、赠与、抵押等产生争议，当事人提起民事诉讼的，应当依法受理。当事人已经在行政诉讼中申请一并解决上述民事争议，且人民法院一并审理的除外。

第二条　当事人有证据证明不动产登记簿的记载与真实权利状态不符、其为该不动产物权的真实权利人，请求确认其享有物权的，应予支持。

第三条　异议登记因民法典第二百二十条第二款规定的事由失效后，当事人提起民事诉讼，请求确认物权归属的，应当依法受理。异议登记失效不影响人民法院对案件的实体审理。

第四条　未经预告登记的权利人同意，转让不动产所有权等物权，或者设立建设用地使用权、居住权、地役权、抵押权等其他物权的，应当依照民法典第二百二十一条第一款的规定，认定其不发生物权效力。

第五条　预告登记的买卖不动产物权的协议被认定无效、被撤销，或者预告登记的权利人放弃债权的，应当认定为民法典第二百二十一条第二款所称的“债权消灭”。

第六条　转让人转让船舶、航空器和机动车等所有权，受让人已经支付合理价款并取得占有，虽未经登记，但转让人的债权人主张其为民法典第二百二十五条所称的“善意第三人”的，不予支持，法律另有规定的除外。

第七条 人民法院、仲裁机构在分割共有不动产或者动产等案件中作出并依法生效的改变原有物权关系的判决书、裁决书、调解书，以及人民法院在执行程序中作出的拍卖成交裁定书、变卖成交裁定书、以物抵债裁定书，应当认定为民法典第二百二十九条所称导致物权设立、变更、转让或者消灭的人民法院、仲裁机构的法律文书。

第八条 依据民法典第二百二十九条至第二百三十一条规定享有物权，但尚未完成动产交付或者不动产登记的权利人，依据民法典第二百三十五条至第二百三十八条的规定，请求保护其物权的，应予支持。

第九条 共有份额的权利主体因继承、遗赠等原因发生变化时，其他按份共有人主张优先购买的，不予支持，但按份共有人之间另有约定的除外。

第十条 民法典第三百零五条所称的“同等条件”，应当综合共有份额的转让价格、价款履行方式及期限等因素确定。

第十一条 优先购买权的行使期间，按份共有人之间有约定的，按照约定处理；没有约定或者约定不明的，按照下列情形确定：

（一）转让人向其他按份共有人发出的包含同等条件内容的通知中载明行使期间的，以该期间为准；

（二）通知中未载明行使期间，或者载明的期间短于通知送达之日起十五日的，为十五日；

（三）转让人未通知的，为其他按份共有人知道或者应当知道最终确定的同等条件之日起十五日；

（四）转让人未通知，且无法确定其他按份共有人知道或者应当知道最终确定的同等条件的，为共有份额权属转移之日起六个月。

第十二条 按份共有人向共有人之外的人转让其份额，其他按份共有人根据法律、司法解释规定，请求按照同等条件优先购买该共有份额的，应予支持。其他按份共有人的请求具有下列情形之一的，不予支持：

（一）未在本解释第十一条规定的期间内主张优先购买，或者虽主张优先购买，但提出减少转让价款、增加转让人负担等实质性变更要求；

（二）以其优先购买权受到侵害为由，仅请求撤销共有份额转让合同或者认定该合同无效。

第十三条 按份共有人之间转让共有份额，其他按份共有人主张依据民法典第三百零五条规定优先购买的，不予支持，但按份共有人之间另有约定的除外。

第十四条 受让人受让不动产或者动产时，不知道转让人无处分权，且无重大过失的，应当认定受让人为善意。

真实权利人主张受让人不构成善意的，应当承担举证证明责任。

第十五条 具有下列情形之一的，应当认定不动产受让人知道转让人无处分权：

（一）登记簿上存在有效的异议登记；

（二）预告登记有效期内，未经预告登记的权利人同意；

（三）登记簿上已经记载司法机关或者行政机关依法裁定、决定查封或者以其他形式限制不动产权利的有关事项；

（四）受让人知道登记簿上记载的权利主体错误；

（五）受让人知道他人已经依法享有不动产物权。

真实权利人有证据证明不动产受让人应当知道转让人无处分权的，应当认定受让人具有重大过失。

第十六条 受让人受让动产时，交易的对象、场所或者时机等不符合交易习惯的，应当认定受让人具有重大过失。

第十七条 民法典第三百一十一条第一款第一项所称的“受让人受让该不动产或者动产时”，是指依法完成不动产物权转移登记或者动产交付之时。

当事人以民法典第二百二十六条规定的方式交付动产的，转让动产民事法律行为生效时为动产交付之时；当事人以民法典第二百二十七条规定的方式交付动产的，转让人与受让人之间有关转让返还原物请求权的协议生效时为动产交付之时。

法律对不动产、动产物权的设立另有规定的，应当按照法律规定的时间认定权利人是否为善意。

第十八条 民法典第三百一十一条第一款第二项所称“合理的价格”，应当根据转让标的物的性质、数量以及付款方式等具体情况，参考转让时交易地市场价格以及交易习惯等因素综合认定。

第十九条 转让人将民法典第二百二十五条规定的船舶、航空器和机动车等交付给受让人的，应当认定符合民法典第三百一十一条第一款第三项规定的善意取得的条件。

第二十条 具有下列情形之一，受让人主张依据民法典第三百一十一条规定取得所有权的，不予支持：

（一）转让合同被认定无效；

（二）转让合同被撤销。

第二十一条 本解释自2021年1月1日起施行。

最高人民法院关于审理建设工程施工合同纠纷案件适用法律问题的解释（一）

（2020年12月25日最高人民法院审判委员会第1825次会议通过 2020年12月29日最高人民法院公告公布 自2021年1月1日起施行 法释〔2020〕25号）

为正确审理建设工程施工合同纠纷案件，依法保护当事人合法权益，维护建筑市场秩序，促进建筑市场健康发展，根据《中华人民共和国民法典》《中华人民共和国建筑法》《中华人民共和国招标投标法》《中华人民共和国民事诉讼法》等相关法律规定，结合审判实践，制定本解释。

第一条 建设工程施工合同具有下列情形之一的，应当依据民法典第一百五十三条第一款的规定，认定无效：

（一）承包人未取得建筑业企业资质或者超越资质等级的；

（二）没有资质的实际施工人借用有资质的建筑施工企业名义的；

（三）建设工程必须进行招标而未招标或者中标无效的。

承包人因转包、违法分包建设工程与他人签订的建设工程施工合同，应当依据民法典第一百五十三条第一款及第七百九十一条第二款、第三款的规定，认定无效。

第二条 招标人和中标人另行签订的建设工程施工合同约定的工程范围、建设工期、工程质量、工程价款等实质性内容，与中标合同不一致，一方当事人请求按照中标合同确定权利义务的，人民法院应予支持。

招标人和中标人在中标合同之外就明显高于市场价格购买承建房产、无偿建设住房配套设施、让利、向建设单位捐赠财物等另行签订合同，变相降低工程价款，一方当事人以该合同背离中标合同实质性内容为由请求确认无效的，人民法院应予支持。

第三条 当事人以发包人未取得建设工程规划许可证等规划审批手续为由，请求确认建设工程施工合同无效的，人民法院应予支持，但发包人在起诉前取得建设工程规划许可证等规划审批手续的除外。

发包人能够办理审批手续而未办理，并以未办理审批手续为由请求确认建设工程施工合同无效的，人民法院不予支持。

第四条 承包人超越资质等级许可的业务范围签订建设工程施工合同，在建设工程竣工前取得相应资质等级，当事人请求按照无效合同处理的，人民法院不予支持。

第五条 具有劳务作业法定资质的承包人与总承包人、分包人签订的劳务分包合同，当事人请求确认无效的，人民法院依法不予支持。

第六条 建设工程施工合同无效，一方当事人请求对方赔偿损失的，应当就对方过错、损失大小、过错与损失之间的因果关系承担举证责任。

损失大小无法确定，一方当事人请求参照合同约定的质量标准、建设工期、工程价款支付时间等内容确定损失大小的，人民法院可以结合双方过错程度、过错与损失之间的因果关系等因素作出裁判。

第七条 缺乏资质的单位或者个人借用有资质的建筑施工企业名义签订建设工程施工合同，发包人请求出借方与借用方对建设工程质量不合格等因出借资质造成的损失承担连带赔偿责任的，人民法院应予支持。

第八条 当事人对建设工程开工日期有争议的，人民法院应当分别按照以下情形予以认定：

（一）开工日期为发包人或者监理人发出的开工通知载明的开工日期；开工通知发出后，尚不具备开工条件的，以开工条件具备的时间为开工日期；因承包人原因导致开工时间推迟的，以开工通知载明的时间为开工日期。

（二）承包人经发包人同意已经实际进场施工的，以实际进场施工时间为开工日期。

（三）发包人或者监理人未发出开工通知，亦无相关证据证明实际开工日期的，应当综合考虑开工报告、合同、施工许可证、竣工验收报告或者竣工验收备案表等载明的时间，并结合是否具备开工条件的事实，认定开工日期。

第九条 当事人对建设工程实际竣工日期有争议的，人民法院应当分别按照以下情形予以认定：

（一）建设工程经竣工验收合格的，以竣工验收合格之日为竣工日期；

（二）承包人已经提交竣工验收报告，发包人拖延验收的，以承包人提交验收报告之日为竣工日期；

（三）建设工程未经竣工验收，发包人擅自使用的，以转移占有建设工程之日为竣工日期。

第十条 当事人约定顺延工期应当经发包人或者监理人签证等方式确认，承包人虽未取得工期顺延的确认，但能够证明在合同约定的期限内向发包人或者监理人申请过工期顺延且顺延事由符合合同约定，承包人以此为由主张工期顺延的，人民法院应予支持。

当事人约定承包人未在约定期限内提出工期顺延申请视为工期不顺延的，按照约定处理，但发包人在约定期限后同意工期顺延或者承包人提出合理抗辩的除外。

第十一条 建设工程竣工前，当事人对工程质量发生争议，工程质量经鉴定合格的，鉴定期间为顺延工期期间。

第十二条 因承包人的原因造成建设工程质量不符合约定，承包人拒绝修理、返工或者改建，发包人请求减少支付工程价款的，人民法院应予支持。

第十三条 发包人具有下列情形之一，造成建设工程质量缺陷，应当承担过错责任：

（一）提供的设计有缺陷；

（二）提供或者指定购买的建筑材料、建筑构配件、设备不符合强制性标准；

（三）直接指定分包人分包专业工程。

承包人有过错的，也应当承担相应的过错责任。

第十四条 建设工程未经竣工验收，发包人擅自使用后，又以使用部分质量不符合约定为由主张权利的，人民法院不予支持；但是承包人应当在建设工程的合理使用寿命内对地基基础工程和主体结构质量承担民事责任。

第十五条 因建设工程质量发生争议的，发包人可以以总承包人、分包人和实际施工人为共同被告提起诉讼。

第十六条 发包人在承包人提起的建设工程施工合同纠纷案件中，以建设工程质量不符合合同约定或者法律规定为由，就承包人支付违约金或者赔偿修理、返工、改建的合理费用等损失提出反诉的，人民法院可以合并审理。

第十七条 有下列情形之一，承包人请求发包人返还工程质量保证金的，人民法院应予支持：

（一）当事人约定的工程质量保证金返还期限届满；

（二）当事人未约定工程质量保证金返还期限的，自建设工程通过竣工验收之日起满二年；

（三）因发包人原因建设工程未按约定期限进行竣工验收的，自承包人提交工程竣工验收报告九十日后当事人约定的工程质量保证金返还期限届满；当事人未约定工程质量保证金返还期限的，自承包人提交工程竣工验收报告九十日后起满二年。

发包人返还工程质量保证金后，不影响承包人根据合同约定或者法律规定履行工程保修义务。

第十八条 因保修人未及时履行保修义务，导致建筑物毁损或者造成人身损害、财产损失的，保修人应当承担赔偿责任。

保修人与建筑物所有人或者发包人对建筑物毁损均有过错的，各自承担相应的责任。

第十九条 当事人对建设工程的计价标准或者计价方法有约定的，按照约定结算工程价款。

因设计变更导致建设工程的工程量或者质量标准发生变化，当事人对该部分工程价款不能协商一致的，可以参照签订建设工程施工合同时当地建设行政主管部门发布的计价方法或者计价标准结算工程价款。

建设工程施工合同有效，但建设工程经竣工验收不合格的，依照民法典第五百七十七条规定处理。

第二十条 当事人对工程量有争议的，按照施工过程中形成的签证等书面文件确认。承包人能够证明发包人同意其施工，但未能提供签证文件证明工程量发生的，可以按照当事人提供的其他证据确认实际发生的工程量。

第二十一条 当事人约定，发包人收到竣工结算文件后，在约定期限内不予答复，视为认可竣工结算文件的，按照约定处理。承包人请求按照竣工结算文件结算工程价款的，人民法院应予支持。

第二十二条 当事人签订的建设工程施工合同与招标文件、投标文件、中标通知书载明的工程范围、建设工期、工程质量、工程价款不一致，一方当事人请求将招标文件、投标文件、中标通知书作为结算工程价款的依据的，人民法院应予支持。

第二十三条 发包人将依法不属于必须招标的建设工程进行招标后，与承包人另行订立的建设工程施工合同背离中标合同的实质性内容，当事人请求以中标合同作为结算建设工程价款依据的，人民法院应予支持，但发包人与承包人因客观情况发生了在招标投标时难以预见的变化而另行订立建设工程施工合同的除外。

第二十四条 当事人就同一建设工程订立的数份建设工程施工合同均无效，但建设工程质量合格，一方当事人请求参照实际履行的合同关于工程价款的约定折价补偿承包人的，人民法院应予支持。

实际履行的合同难以确定，当事人请求参照最后签订的合同关于工程价款的约定折价补偿承包人的，人民法院应予支持。

第二十五条 当事人对垫资和垫资利息有约定，承包人请求按照约定返还垫资及其利息的，人民法院应予支持，但是约定的利息计算标准高于垫资时的同类贷款利率或者同期贷款市场报价利率的部分除外。

当事人对垫资没有约定的，按照工程欠款处理。

当事人对垫资利息没有约定，承包人请求支付利息的，人民法院不予支持。

第二十六条 当事人对欠付工程价款利息计付标准有约定的，按照约定处理。没有约定的，按照同期同类贷款利率或者同期贷款市场报价利率计息。

第二十七条 利息从应付工程价款之日开始计付。当事人对付款时间没有约定或者约定不明的，下列时间视为应付款时间：

（一）建设工程已实际交付的，为交付之日；

（二）建设工程没有交付的，为提交竣工结算文件之日；

（三）建设工程未交付，工程价款也未结算的，为当事人起诉之日。

第二十八条 当事人约定按照固定价结算工程价款，一方当事人请求对建设工程造价进行鉴定的，人民法院不予支持。

第二十九条 当事人在诉讼前已经对建设工程价款结算达成协议，诉讼中一方当事人申请对工程造价进行鉴定的，人民法院不予准许。

第三十条 当事人在诉讼前共同委托有关机构、人员对建设工程造价出具咨询意见，诉讼中一方当事人不认可该咨询意见申请鉴定的，人民法院应予准许，但双方当事人明确表示受该咨询意见约束的除外。

第三十一条 当事人对部分案件事实有争议的，仅对有争议的事实进行鉴定，但争议事实范围不能确定，或者双方当事人请求对全部事实鉴定的除外。

第三十二条 当事人对工程造价、质量、修复费用等专门性问题有争议，人民法院认为需要鉴定的，应当向负有举证责任的当事人释明。当事人经释明未申请鉴定，虽申请鉴定但未支付鉴定费用或者拒不提供相关材料的，应当承担举证不能的法律后果。

一审诉讼中负有举证责任的当事人未申请鉴定，虽申请鉴定但未支付鉴定费用或者拒不提供相关材料，二审诉讼中申请鉴定，人民法院认为确有必要的，应当依照民事诉讼法第一百七十条第一款第三项的规定处理。

第三十三条 人民法院准许当事人的鉴定申请后，应当根据当事人申请及查明案件事实的需要，确定委托鉴定的事项、范围、鉴定期限等，并组织当事人对争议的鉴定材料进行质证。

第三十四条 人民法院应当组织当事人对鉴定意见进行质证。鉴定人将当事人有争议且未经质证的材料作为鉴定依据的，人民法院应当组织当事人就该部分材料进行质证。经质证认为不能作为鉴定依据的，根据该材料作出的鉴定意见不得作为认定案件事实的依据。

第三十五条 与发包人订立建设工程施工合同的承包人，依据民法典第八百零七条的规定请求其承建工程的价款就工程折价或者拍卖的价款优先受偿的，人民法院应予支持。

第三十六条 承包人根据民法典第八百零七条规定享有的建设工程价款优先受偿权优于抵押权和其他债权。

第三十七条 装饰装修工程具备折价或者拍卖条件，装饰装修工程的承包人请求工程价款就该装饰装修工程折价或者拍卖的价款优先受偿的，人民法院应予支持。

第三十八条 建设工程质量合格，承包人请求其承建工程的价款就工程折价或者拍卖的价款优先受偿的，人民法院应予支持。

第三十九条 未竣工的建设工程质量合格，承包人请求其承建工程的价款就其承建工程部分折价或者拍卖的价款优先受偿的，人民法院应予支持。

第四十条 承包人建设工程价款优先受偿的范围依照国务院有关行政主管部门关于建设工程价款范围的规定确定。

承包人就逾期支付建设工程价款的利息、违约金、损害赔偿金等主张优先受偿的，人民法院不予支持。

第四十一条 承包人应当在合理期限内行使建设工程价款优先受偿权，但最长不得超过十八个月，自发包人应当给付建设工程价款之日起算。

第四十二条 发包人与承包人约定放弃或者限制建设工程价款优先受偿权，损害建筑工人利益，发包人根据该约定主张承包人不享有建设工程价款优先受偿权的，人民法院不予支持。

第四十三条 实际施工人以转包人、违法分包人为被告起诉的，人民法院应当依法受理。

实际施工人以发包人为被告主张权利的，人民法院应当追加转包人或者违法分包人为本案第三人，在查明发包人欠付转包人或者违法分包人建设工程价款的数额后，判决发包人在欠付建设工程价款范围内对实际施工人承担责任。

第四十四条 实际施工人依据民法典第五百三十五条规定，以转包人或者违法分包人怠于向发包人行使到期债权或者与该债权有关的从权利，影响其到期债权实现，提起代位权诉讼的，人民法院应予支持。

第四十五条 本解释自2021年1月1日起施行。

最高人民法院关于审理劳动争议案件适用法律问题的解释（一）

（2020年12月25日最高人民法院审判委员会第1825次会议通过　2020年12月29日最高人民法院公告公布　自2021年1月1日起施行　法释〔2020〕26号）

为正确审理劳动争议案件，根据《中华人民共和国民法典》《中华人民共和国劳动法》《中华人民共和国劳动合同法》《中华人民共和国劳动争议调解仲裁法》《中华人民共和国民事诉讼法》等相关法律规定，结合审判实践，制定本解释。

第一条　劳动者与用人单位之间发生的下列纠纷，属于劳动争议，当事人不服劳动争议仲裁机构作出的裁决，依法提起诉讼的，人民法院应予受理：

（一）劳动者与用人单位在履行劳动合同过程中发生的纠纷；

（二）劳动者与用人单位之间没有订立书面劳动合同，但已形成劳动关系后发生的纠纷；

（三）劳动者与用人单位因劳动关系是否已经解除或者终止，以及应否支付解除或者终止劳动关系经济补偿金发生的纠纷；

（四）劳动者与用人单位解除或者终止劳动关系后，请求用人单位返还其收取的劳动合同定金、保证金、抵押金、抵押物发生的纠纷，或者办理劳动者的人事档案、社会保险关系等移转手续发生的纠纷；

（五）劳动者以用人单位未为其办理社会保险手续，且社会保险经办机构不能补办导致其无法享受社会保险待遇为由，要求用人单位赔偿损失发生的纠纷；

（六）劳动者退休后，与尚未参加社会保险统筹的原用人单位因追索养老金、医疗费、工伤保险待遇和其他社会保险待遇而发生的纠纷；

（七）劳动者因为工伤、职业病，请求用人单位依法给予工伤保险待遇发生的纠纷；

（八）劳动者依据劳动合同法第八十五条规定，要求用人单位支付加付赔偿金发生的纠纷；

（九）因企业自主进行改制发生的纠纷。

第二条 下列纠纷不属于劳动争议：

（一）劳动者请求社会保险经办机构发放社会保险金的纠纷；

（二）劳动者与用人单位因住房制度改革产生的公有住房转让纠纷；

（三）劳动者对劳动能力鉴定委员会的伤残等级鉴定结论或者对职业病诊断鉴定委员会的职业病诊断鉴定结论的异议纠纷；

（四）家庭或者个人与家政服务人员之间的纠纷；

（五）个体工匠与帮工、学徒之间的纠纷；

（六）农村承包经营户与受雇人之间的纠纷。

第三条 劳动争议案件由用人单位所在地或者劳动合同履行地的基层人民法院管辖。

劳动合同履行地不明确的，由用人单位所在地的基层人民法院管辖。

法律另有规定的，依照其规定。

第四条 劳动者与用人单位均不服劳动争议仲裁机构的同一裁决，向同一人民法院起诉的，人民法院应当并案审理，双方当事人互为原告和被告，对双方的诉讼请求，人民法院应当一并作出裁决。在诉讼过程中，一方当事人撤诉的，人民法院应当根据另一方当事人的诉讼请求继续审理。双方当事人就同一仲裁裁决分别向有管辖权的人民法院起诉的，后受理的人民法院应当将案件移送给先受理的人民法院。

第五条 劳动争议仲裁机构以无管辖权为由对劳动争议案件不予受理，当事人提起诉讼的，人民法院按照以下情形分别处理：

（一）经审查认为该劳动争议仲裁机构对案件确无管辖权的，应当告知当事人向有管辖权的劳动争议仲裁机构申请仲裁；

（二）经审查认为该劳动争议仲裁机构有管辖权的，应当告知当事人申请仲裁，并将审查意见书面通知该劳动争议仲裁机构；劳动争议仲裁机构仍不受理，当事人就该劳动争议事项提起诉讼的，人民法院应予受理。

第六条 劳动争议仲裁机构以当事人申请仲裁的事项不属于劳动争议为由，作出不予受理的书面裁决、决定或者通知，当事人不服依法提起诉讼的，人民法院应当分别情况予以处理：

（一）属于劳动争议案件的，应当受理；

（二）虽不属于劳动争议案件，但属于人民法院主管的其他案件，应当依法受理。

第七条 劳动争议仲裁机构以申请仲裁的主体不适格为由，作出不予受理的书面裁决、决定或者通知，当事人不服依法提起诉讼，经审查确属主体不适格的，人民法院不予受理；已经受理的，裁定驳回起诉。

第八条 劳动争议仲裁机构为纠正原仲裁裁决错误重新作出裁决，当事人不服依法提起诉讼的，人民法院应当受理。

第九条 劳动争议仲裁机构仲裁的事项不属于人民法院受理的案件范围，当事人不服依法提起诉讼的，人民法院不予受理；已经受理的，裁定驳回起诉。

第十条 当事人不服劳动争议仲裁机构作出的预先支付劳动者劳动报酬、工伤医疗费、经济补偿或者赔偿金的裁决，依法提起诉讼的，人民法院不予受理。

用人单位不履行上述裁决中的给付义务，劳动者依法申请强制执行的，人民法院应予受理。

第十一条 劳动争议仲裁机构作出的调解书已经发生法律效力，一方当事人反悔提起诉讼的，人民法院不予受理；已经受理的，裁定驳回起诉。

第十二条 劳动争议仲裁机构逾期未作出受理决定或仲裁裁决，当事人直接提起诉讼的，人民法院应予受理，但申请仲裁的案件存在下列事由的除外：

（一）移送管辖的；

（二）正在送达或者送达延误的；

（三）等待另案诉讼结果、评残结论的；

（四）正在等待劳动争议仲裁机构开庭的；

（五）启动鉴定程序或者委托其他部门调查取证的；

（六）其他正当事由。

当事人以劳动争议仲裁机构逾期未作出仲裁裁决为由提起诉讼的，应当提交该仲裁机构出具的受理通知书或者其他已接受仲裁申请的凭证、证明。

第十三条 劳动者依据劳动合同法第三十条第二款和调解仲裁法第十六条规定向人民法院申请支付令，符合民事诉讼法第十七章督促程序规定的，人民法院应予受理。

依据劳动合同法第三十条第二款规定申请支付令被人民法院裁定终结督促程序后，劳动者就劳动争议事项直接提起诉讼的，人民法院应当告知其先向劳动争议仲裁机构申请仲裁。

依据调解仲裁法第十六条规定申请支付令被人民法院裁定终结督促程序后，劳动者依据调解协议直接提起诉讼的，人民法院应予受理。

第十四条 人民法院受理劳动争议案件后，当事人增加诉讼请求的，如该诉讼请求与讼争的劳动争议具有不可分性，应当合并审理；如属独立的劳动争议，应当告知当事人向劳动争议仲裁机构申请仲裁。

第十五条 劳动者以用人单位的工资欠条为证据直接提起诉讼，诉讼请求不涉及劳动关系其他争议的，视为拖欠劳动报酬争议，人民法院按照普通民事纠纷受理。

第十六条 劳动争议仲裁机构作出仲裁裁决后，当事人对裁决中的部分事项不服，依法提起诉讼的，劳动争议仲裁裁决不发生法律效力。

第十七条 劳动争议仲裁机构对多个劳动者的劳动争议作出仲裁裁决后，部分劳动者对仲裁裁决不服，依法提起诉讼的，仲裁裁决对提起诉讼的劳动者不发生法律效力；对未提起诉讼的部分劳动者，发生法律效力，如其申请执行的，人民法院应当受理。

第十八条 仲裁裁决的类型以仲裁裁决书确定为准。仲裁裁决书未载明该裁决为终局裁决或者非终局裁决，用人单位不服该仲裁裁决向基层人民法院提起诉讼的，应当按照以下情形分别处理：

（一）经审查认为该仲裁裁决为非终局裁决的，基层人民法院应予受理；

（二）经审查认为该仲裁裁决为终局裁决的，基层人民法院不予受理，但应告知用人单位可以自收到不予受理裁定书之日起三十日内向劳动争议仲裁机构所在地的中级人民法院申请撤销该仲裁裁决；已经受理的，裁定驳回起诉。

第十九条 仲裁裁决书未载明该裁决为终局裁决或者非终局裁决，劳动者依据调解仲裁法第四十七条第一项规定，追索劳动报酬、工伤医疗费、经济补偿或者赔偿金，如果仲裁裁决涉及数项，每项确定的数额均不超过当地月最低工资标准十二个月金额的，应当按照终局裁决处理。

第二十条 劳动争议仲裁机构作出的同一仲裁裁决同时包含终局裁决事项和非终局裁决事项，当事人不服该仲裁裁决向人民法院提起诉讼的，应当按照非终局裁决处理。

第二十一条 劳动者依据调解仲裁法第四十八条规定向基层人民法院提起诉讼，用人单位依据调解仲裁法第四十九条规定向劳动争议仲裁机构所在地的中级人民法院申请撤销仲裁裁决的，中级人民法院应当不予受理；已经受理的，应当裁定驳回申请。

被人民法院驳回起诉或者劳动者撤诉的，用人单位可以自收到裁定书之日起三十日内，向劳动争议仲裁机构所在地的中级人民法院申请撤销仲裁裁决。

第二十二条 用人单位依据调解仲裁法第四十九条规定向中级人民法院申请撤销仲裁裁决，中级人民法院作出的驳回申请或者撤销仲裁裁决的裁定为终审裁定。

第二十三条 中级人民法院审理用人单位申请撤销终局裁决的案件，应当组成合议庭开庭审理。经过阅卷、调查和询问当事人，对没有新的事实、证据或者理由，合议庭认为不需要开庭审理的，可以不开庭审理。

中级人民法院可以组织双方当事人调解。达成调解协议的，可以制作调解书。一方当事人逾期不履行调解协议的，另一方可以申请人民法院强制执行。

第二十四条 当事人申请人民法院执行劳动争议仲裁机构作出的发生法律效力的裁决书、调解书，被申请人提出证据证明劳动争议仲裁裁决书、调解书有下列情形之一，并经审查核实的，人民法院可以根据民事诉讼法第二百三十七条规定，裁定不予执行：

（一）裁决的事项不属于劳动争议仲裁范围，或者劳动争议仲裁机构无权仲裁的；

（二）适用法律、法规确有错误的；

（三）违反法定程序的；

（四）裁决所根据的证据是伪造的；

（五）对方当事人隐瞒了足以影响公正裁决的证据的；

（六）仲裁员在仲裁该案时有索贿受贿、徇私舞弊、枉法裁决行为的；

（七）人民法院认定执行该劳动争议仲裁裁决违背社会公共利益的。

人民法院在不予执行的裁定书中，应当告知当事人在收到裁定书之次日起三十日内，可以就该劳动争议事项向人民法院提起诉讼。

第二十五条 劳动争议仲裁机构作出终局裁决，劳动者向人民法院申请执行，用人单位向劳动争议仲裁机构所在地的中级人民法院申请撤销的，人民法院应当裁定中止执行。

用人单位撤回撤销终局裁决申请或者其申请被驳回的，人民法院应当裁定恢复执行。仲裁裁决被撤销的，人民法院应当裁定终结执行。

用人单位向人民法院申请撤销仲裁裁决被驳回后，又在执行程序中以相同理由提出不予执行抗辩的，人民法院不予支持。

第二十六条 用人单位与其它单位合并的，合并前发生的劳动争议，由合并后的单位为当事人；用人单位分立为若干单位的，其分立前发生的劳动争议，由分立后的实际用人单位为当事人。

用人单位分立为若干单位后，具体承受劳动权利义务的单位不明确的，分立后的单位均为当事人。

第二十七条 用人单位招用尚未解除劳动合同的劳动者，原用人单位与劳动者发生的劳动争议，可以列新的用人单位为第三人。

原用人单位以新的用人单位侵权为由提起诉讼的，可以列劳动者为第三人。

原用人单位以新的用人单位和劳动者共同侵权为由提起诉讼的，新的用人单位和劳动者列为共同被告。

第二十八条 劳动者在用人单位与其他平等主体之间的承包经营期间，与发包方和承包方双方或者一方发生劳动争议，依法提起诉讼的，应当将承包方和发包方作为当事人。

第二十九条 劳动者与未办理营业执照、营业执照被吊销或者营业期限届满仍继续经营的用人单位发生争议的，应当将用人单位或者其出资人列为当事人。

第三十条 未办理营业执照、营业执照被吊销或者营业期限届满仍继续经营的用人单位，以挂靠等方式借用他人营业执照经营的，应当将用人单位和营业执照出借方列为当事人。

第三十一条 当事人不服劳动争议仲裁机构作出的仲裁裁决，依法提起诉讼，人民法院审查认为仲裁裁决遗漏了必须共同参加仲裁的当事人的，应当依法追加遗漏的人为诉讼当事人。

被追加的当事人应当承担责任的，人民法院应当一并处理。

第三十二条 用人单位与其招用的已经依法享受养老保险待遇或者领取退休金的人员发生用工争议而提起诉讼的，人民法院应当按劳务关系处理。

企业停薪留职人员、未达到法定退休年龄的内退人员、下岗待岗人员以及企业经营性停产放长假人员，因与新的用人单位发生用工争议而提起诉讼的，人民法院应当按劳动关系处理。

第三十三条 外国人、无国籍人未依法取得就业证件即与中华人民共和国境内的用人单位签订劳动合同，当事人请求确认与用人单位存在劳动关系的，人民法院不予支持。

持有《外国专家证》并取得《外国人来华工作许可证》的外国人，与中华人民共和国境内的用人单位建立用工关系的，可以认定为劳动关系。

第三十四条 劳动合同期满后，劳动者仍在原用人单位工作，原用人单位未表示异议的，视为双方同意以原条件继续履行劳动合同。一方提出终止劳动关系的，人民法院应予支持。

根据劳动合同法第十四条规定，用人单位应当与劳动者签订无固定期限劳动合同而未签订的，人民法院可以视为双方之间存在无固定期限劳动合同关系，并以原劳动合同确定双方的权利义务关系。

第三十五条 劳动者与用人单位就解除或者终止劳动合同办理相关手续、支付工资报酬、加班费、经济补偿或者赔偿金等达成的协议，不违反法律、行政法规的强制性规定，且不存在欺诈、胁迫或者乘人之危情形的，应当认定有效。

前款协议存在重大误解或者显失公平情形，当事人请求撤销的，人民法院应予支持。

第三十六条 当事人在劳动合同或者保密协议中约定了竞业限制，但未约定解除或者终止劳动合同后给予劳动者经济补偿，劳动者履行了竞业限制义务，要求用人单位按照劳动者在劳动合同解除或者终止前十二个月平均工资的30%按月支付经济补偿的，人民法院应予支持。

前款规定的月平均工资的30%低于劳动合同履行地最低工资标准的，按照劳动合同履行地最低工资标准支付。

第三十七条 当事人在劳动合同或者保密协议中约定了竞业限制和经济补偿，当事人解除劳动合同时，除另有约定外，用人单位要求劳动者履行竞业限制义务，或者劳动者履行了竞业限制义务后要求用人单位支付经济补偿的，人民法院应予支持。

第三十八条 当事人在劳动合同或者保密协议中约定了竞业限制和经济补偿，劳动合同解除或者终止后，因用人单位的原因导致三个月未支付经济补偿，劳动者请求解除竞业限制约定的，人民法院应予支持。

第三十九条 在竞业限制期限内，用人单位请求解除竞业限制协议的，人民法院应予支持。

在解除竞业限制协议时，劳动者请求用人单位额外支付劳动者三个月的竞业限制经济补偿的，人民法院应予支持。

第四十条 劳动者违反竞业限制约定，向用人单位支付违约金后，用人单位要求劳动者按照约定继续履行竞业限制义务的，人民法院应予支持。

第四十一条 劳动合同被确认为无效，劳动者已付出劳动的，用人单位应当按照劳动合同法第二十八条、第四十六条、第四十七条的规定向劳动者支付劳动报酬和经济补偿。

由于用人单位原因订立无效劳动合同，给劳动者造成损害的，用人单位应当赔偿劳动者因合同无效所造成的经济损失。

第四十二条 劳动者主张加班费的，应当就加班事实的存在承担举证责任。但劳动者有证据证明用人单位掌握加班事实存在的证据，用人单位不提供的，由用人单位承担不利后果。

第四十三条 用人单位与劳动者协商一致变更劳动合同，虽未采用书面形式，但已经实际履行了口头变更的劳动合同超过一个月，变更后的劳动合同内容不违反法律、行政法规且不违背公序良俗，当事人以未采用书面形式为由主张劳动合同变更无效的，人民法院不予支持。

第四十四条 因用人单位作出的开除、除名、辞退、解除劳动合同、减少劳动报酬、计算劳动者工作年限等决定而发生的劳动争议，用人单位负举证责任。

第四十五条 用人单位有下列情形之一，迫使劳动者提出解除劳动合同的，用人单位应当支付劳动者的劳动报酬和经济补偿，并可支付赔偿金：

（一）以暴力、威胁或者非法限制人身自由的手段强迫劳动的；

（二）未按照劳动合同约定支付劳动报酬或者提供劳动条件的；

（三）克扣或者无故拖欠劳动者工资的；

（四）拒不支付劳动者延长工作时间工资报酬的；

（五）低于当地最低工资标准支付劳动者工资的。

第四十六条 劳动者非因本人原因从原用人单位被安排到新用人单位工作，原用人单位未支付经济补偿，劳动者依据劳动合同法第三十八条规定与新用人单位解除劳动合同，或者新用人单位向劳动者提出解除、终止劳动合同，在计算支付经济补偿或赔偿金的工作年限时，劳动者请求把在原用人单位的工作年限合并计算为新用人单位工作年限的，人民法院应予支持。

用人单位符合下列情形之一的，应当认定属于“劳动者非因本人原因从原用人单位被安排到新用人单位工作”：

（一）劳动者仍在原工作场所、工作岗位工作，劳动合同主体由原用人单位变更为新用人单位；

（二）用人单位以组织委派或任命形式对劳动者进行工作调动；

（三）因用人单位合并、分立等原因导致劳动者工作调动；

（四）用人单位及其关联企业与劳动者轮流订立劳动合同；

（五）其他合理情形。

第四十七条 建立了工会组织的用人单位解除劳动合同符合劳动合同法第三十九条、第四十条规定，但未按照劳动合同法第四十三条规定事先通知工会，劳动者以用人单位违法解除劳动合同为由请求用人单位支付赔偿金的，人民法院应予支持，但起诉前用人单位已经补正有关程序的除外。

第四十八条 劳动合同法施行后，因用人单位经营期限届满不再继续经营导致劳动合同不能继续履行，劳动者请求用人单位支付经济补偿的，人民法院应予支持。

第四十九条 在诉讼过程中，劳动者向人民法院申请采取财产保全措施，人民法院经审查认为申请人经济确有困难，或者有证据证明用人单位存在欠薪逃匿可能的，应当减轻或者免除劳动者提供担保的义务，及时采取保全措施。

人民法院作出的财产保全裁定中，应当告知当事人在劳动争议仲裁机构的裁决书或者在人民法院的裁判文书生效后三个月内申请强制执行。逾期不申请的，人民法院应当裁定解除保全措施。

第五十条 用人单位根据劳动合同法第四条规定，通过民主程序制定的规章制度，不违反国家法律、行政法规及政策规定，并已向劳动者公示的，可以作为确定双方权利义务的依据。

用人单位制定的内部规章制度与集体合同或者劳动合同约定的内容不一致，劳动者请求优先适用合同约定的，人民法院应予支持。

第五十一条 当事人在调解仲裁法第十条规定的调解组织主持下达成的具有劳动权利义务内容的调解协议，具有劳动合同的约束力，可以作为人民法院裁判的根据。

当事人在调解仲裁法第十条规定的调解组织主持下仅就劳动报酬争议达成调解协议，用人单位不履行调解协议确定的给付义务，劳动者直接提起诉讼的，人民法院可以按照普通民事纠纷受理。

第五十二条 当事人在人民调解委员会主持下仅就给付义务达成的调解协议，双方认为有必要的，可以共同向人民调解委员会所在地的基层人民法院申请司法确认。

第五十三条 用人单位对劳动者作出的开除、除名、辞退等处理，或者因其他原因解除劳动合同确有错误的，人民法院可以依法判决予以撤销。

对于追索劳动报酬、养老金、医疗费以及工伤保险待遇、经济补偿金、培训费及其他相关费用等案件，给付数额不当的，人民法院可以予以变更。

第五十四条 本解释自 2021 年 1 月 1 日起施行。

图书在版编目（CIP）数据

《最高人民法院关于适用〈中华人民共和国民法典〉时间效力的若干规定》案例解读 / 杨立新等编著 .—北京：中国法制出版社，2021.3

（民法典司法解释案例解读丛书）

ISBN 978－7－5216－1776－4

Ⅰ.①最… Ⅱ.①杨… Ⅲ.①民法－法律效力－法律解释－中国 Ⅳ.①D923.05

中国版本图书馆 CIP 数据核字（2021）第 054909 号

策划编辑　谢雯

责任编辑　谢雯　白天园　王紫晶　孙静　　封面设计　杨泽江

《最高人民法院关于适用〈中华人民共和国民法典〉时间效力的若干规定》案例解读

《ZUIGAO RENMIN FAYUAN GUANYU SHIYONG〈ZHONGHUA RENMIN GONGHEGUO MINFADIAN〉SHIJIAN XIAOLI DE RUOGAN GUIDING》ANLI JIEDU

编著/杨立新等

经销/新华书店

印刷/三河市国英印务有限公司

开本/730 毫米×1030 毫米　16 开　　印张/19.25　字数/245 千

版次/2021 年 3 月第 1 版　　2021 年 3 月第 1 次印刷

中国法制出版社出版

书号 ISBN 978－7－5216－1776－4　　定价：68.00 元

北京西单横二条 2 号

邮政编码 100031　　传真：010－66031119

网址：http：//www.zgfzs.com　　**编辑部电话：010－66071862**

市场营销部电话：010－66033393　　**邮购部电话：010－66033288**

（如有印装质量问题，请与本社印务部联系调换。电话：010－66032926）